信访工作用书征订单

为进一步宣传贯彻习近平总书记关于加强和改进人民信访工作重要思想，不断提升信访工作法治化水平，我社特出版一系列信访工作实务与理论工作用书，希望能够为相关工作者开展实务工作与理论研究有所助益。

订购回执

书名	定价	订数	金额
信访工作条例	8		
《信访工作条例》的新意与亮点	39		
信访的分类治理研究	88		
基层信访精准治理研究与实务操作指南	42		
信访与治理研究（2023 年全 2 辑）	120		
信访与治理研究（2024 年全 2 辑）	120		
合计金额	万　　仟　　佰　　元		
订购单位/发票抬头		**邮箱**	
联系人	**地址**	**电话**	

收款人（户名）：中国民主法制出版社有限公司

开户行：中国工商银行股份有限公司北京玉林支行

账号：0200226019200047445

联系人：庞老师　　　　联系方式：15901053868（同微信）

中国政法大学
信访与治理研究中心

信访与治理研究

Research on Public Complaints and Governance

翟校义 伊彤◎主编

01
2024
总第64辑

★论信访工作在推进中国式现代化中的功能价值
★关于信访工作与党的社会工作关系的几点思考
★党建引领基层信访问题源头治理的实施路径
★协商民主视角下信访第三方评议制度构建
★《信访工作条例》的学习与信访实践思考

中国出版集团
中国民主法制出版社
全国百佳图书出版单位

图书在版编目（CIP）数据

信访与治理研究．2024年．第1辑/翟校义，伊彤主编．—北京：中国民主法制出版社，2024.10.
ISBN 978-7-5162-3794-6

Ⅰ．D632.8

中国国家版本馆CIP数据核字第20240XR503号

图书出品人：刘海涛

责 任 编 辑：庞贺鑫

书名/信访与治理研究　**2024年第1辑**
作者/*翟校义　伊彤　主编*

出版·发行/中国民主法制出版社
地址/北京市丰台区右安门外玉林里7号（100069）
电话/（010）63055259（总编室）　63058068　63057714（营销中心）
传真/（010）63055259
http：// www.npcpub.com
E-mail：mzfz@npcpub.com
经销/新华书店
开本/16开　787毫米×1092毫米
印张/15.75　**字数**/213千字
版本/2025年4月第1版　2025年4月第1次印刷
印刷/北京建宏印刷有限公司

书号/ISBN 978-7-5162-3794-6
定价/60.00元

《信访与治理研究》刊物
编委会

目 录

CONTENTS

专家观点

理论视野

信访观察

名家品鉴

学术前沿

论坛与点评

调查与案例研究

专家观点

刘素华　论信访工作在推进中国式现代化中的功能价值

论信访工作在推进中国式现代化中的功能价值

□ 刘素华*

摘　要：党的二十届三中全会决定指出"进一步深化全面改革，推进中国式现代化"。信访工作作为党的群众工作，在推进中国式现代化过程中，具有推进全过程人民民主、弥补公民利益诉求表达渠道不充分、预防矛盾纠纷化解机制失灵等制度不足，对妥善处理人民内部矛盾，维护公民合法权益，促进中国特色社会主义现代化和加强党风廉政建设等具有制度规范功能价值。习近平总书记强调："信访是送上门来的群众工作，要通过信访渠道摸清群众愿望和诉求，找到工作差距和不足，举一反三，加以改进，更好为群众服务。"在信访工作中，通过群众信访活动，保障群众诉愿权和具体权益的实现，促进科学决策、民主决策和依法决策，打通国家治理体系中"最后一公里"的"堵点""难点"，提高基层治理质效，推动国家经济建设持续高速发展，保证全体人民生活水平，为全面建成中国特色社会主义现代化强国，发挥了现阶段其他制度不可替代的多重功能价值。

关键词：信访工作　中国式现代化　全过程人民民主　经济建设　治理能力　功能价值

党的十八大以来，习近平总书记从加强党的领导、保护人民利益、完善基层治理等多方面对加强和改进人民信访工作作出了一系列重要论述，为做好新时代信访工作指明了方向。党的十九大后，我国迈上全面建设社会主义

---

* 刘素华，中共中央党校（国家行政学院）政治和法律教研部教授、博士生导师。

现代化国家的新征程，二十大报告指出我国的现代化既有世界上其他国家的共性，也有我们自己独有的五个特性，其中全体人民共同富裕的现代化是核心内涵，是由中国特色社会主义本质决定的。“全体人民”的共同富裕的现代化目标呼应了国家权力属于全体人民的宪法原则，呼应了我们党成立时确立的为全体人民谋利益的政治纲领。党的二十届三中全会要求“加强人民当家作主制度建设。坚持好、完善好、运行好人民代表大会制度”，“健全吸纳民意、汇集民智工作机制”。信访制度作为人民代表大会根本民主政治制度的重要表现形式，作为公民表达利益诉求的重要补充机制，搭建了党和政府听取民意、汇集民智的桥梁和窗口，对保障全体人民利益、发展全过程人民民主和促进国家治理体系和治理能力现代化发挥着根基性的功能价值。

一、信访工作完善和发展全过程人民民主

党的二十届三中全会指出，“发展全过程人民民主是中国式现代化的本质要求。必须坚定不移走中国特色社会主义政治发展道路，坚持和完善我国根本政治制度、基本政治制度、重要政治制度，丰富各层级民主形式，把人民当家作主具体、现实体现到国家政治生活和社会生活各方面。”信访制度本身是一种民主制度，是人民代表大会政治制度的一项补充制度，具备民主属性。信访工作是信访制度运行的具体表现，其反映信访制度的本质定位。信访工作自身就有“了解民情、集中民智、维护民利、凝聚民心”的特点，将宪法确定的人民民主和人民主权原则具体化，反映社会主义民主政治的精髓。信访制度作为发扬人民民主的制度设计，也是国家民主政治制度体系的有机组成部分（舒晓琴，2019）。

1. 信访工作有助于推进全过程人民民主

坚持走中国特色社会主义的政治发展道路，发展全过程人民民主，是由我国社会主义制度的本质决定的。党的十一届三中全会就特别强调社会主义民主必须制度化、法制化，信访制度本质上是一项法制化的民主制度，民主属性是其天然属性。信访工作通过处理人民来信来访活动，具体落实全过程

人民民主的本质要求，是人民主权的体现。信访工作构建了实现社会主义民主政治建设的重要路径之一，直接促进国家政治文明建设。信访制度监督公权力的民主属性可以追溯到1930年代，我们党在江西瑞金革命根据地设置的控告箱制度，鼓励人民监督各级人民政府（舒晓琴，2019），体现人民民主和人民主权。新中国信访制度建立的起源也是基于人民对国家建设发展提出意见建议的民主监督和政治参与的需要而产生的。新中国成立之初，我们党鼓励民主党派、无党派人士和人民群众为新中国建设建言献策，1951年5月16日，毛泽东同志针对当年前3个月中央办公厅秘书室对人民来信处理情况作出了《必须重视人民来信》的批示，指出："必须重视人民的通信，要给人民来信以恰当的处理，满足群众的正当要求，要把这件事看成是共产党和人民政府加强和人民联系的一种方法，不要采取掉以轻心置之不理的官僚主义态度。"强调党和政府通过人民来信的民主形式，加强对各级党委政府的用权监督，保障人民主权的实现。对此问题，习近平总书记在2022年中央党校春季学期中青年干部培训班开班式上指明了信访工作的民主政治功能。习近平总书记强调，"信访是送上门来的群众工作，要通过信访渠道摸清群众愿望和诉求，找到工作差距和不足，举一反三，加以改进，更好为群众服务"。信访工作以群众工作为出发点，依托宪法框架下的人民民主专政的国体和人民代表大会制度的政体，在密切联系群众的过程中，切实发展推进全过程人民民主，提高国家治理的民主化水平，巩固党的执政基础，不断完善人民当家作主的人民代表大会根本政治制度。

2. 信访工作加强人民当家作主制度建设

社会主义民主政治的制度化、规范化、程序化全面推进了人民代表大会根本政治制度的发展，确定了人民当家作主的根本政治地位。我国宪法第二条规定："中华人民共和国的一切权力属于人民。人民行使国家权力的机关是全国人民代表大会和地方各级人民代表大会。人民依照法律规定，通过各种途径和形式，管理国家事务，管理经济和文化事业，管理社会事务。"信访制度作为一项民主制度，以中国特色社会主义民主政治的形式保障了人民当家作主宪法权力—权利的实现，我国信访制度是人民代表大会制度的重要补充，在全国人民代表大会这一根本政治制度下，信访制度运行的灵活性、方便性，给公民提供了一条便捷、及时、就地参与国家治理，行使人民民主权利，落实人民主权的法律制度，是人民代表大会根本政治制度的补充。信访制度作为人民参与国家管理的民主途径之一，在完善国家权力与基本权利体系中，以民主形式保障公民享有的国家主人宪法地位的实现，在中国式现代化的建设中具有加强人民当家作主制度建设的功能。宪法第二十七条第二款规定：“一切国家机关和国家工作人员必须依靠人民的支持，经常保持同人民的密切联系，倾听人民的意见和建议，接受人民的监督，努力为人民服务。”信访制度为宪法这一规定的实现构筑了常态化的保障机制，在现实社会的治理中，信访工作促进各级国家机关及其工作人员和人民群众的密切联系，接受人民的监督，保证正确用权，按照人民利益推进工作，不断提高社会治理能力，促进宪法规范的落实，落实为人民服务的执政宗旨。同时也是宪法规定的公民政治监督权的具体实现路径，宪法第四十一条规定：“中华人民共和国公民对于任何国家机关和国家工作人员，有提出批评和建议的权利；对于任何国家机关和国家工作人员的违法失职行为，有向有关国家机关提出申诉、控告或者检举的权利，但是不得捏造或者歪曲事实进行诬告陷害。对于公民的申诉、控告或者检举，有关国家机关必须查清事实，负责处理。任何人不得压制和打击报复。由于国家机关和国家工作人员侵犯公民权利而受到损失的人，有依照法律规定取得赔偿的权利。”宪法规定公民享有对国家权力运行的民主政治监督权，以及在公权力侵害公民私权时享有的救济权利，通过信访制度，以信访工作的形式，在现实治理中给公民提供了法律保障机制，以公民民主政治监督权的具体实现保障人民主权的实现，切实推进我国全过程人民民主的发展，加强和完善人民代表大会制度的建设，具体贯彻落实党的二十届三中全会强调的“坚持和完善我国根本政治制度、基本政治制度、重要政治制度，丰富各层级民主形式，把人民当家作主具体、现实体现到国家政治生活和社会生活各方面”。

二、信访工作促进国家经济建设中心工作

长期以来信访工作是围绕国家经济建设展开的，特别是改革开放以来，我国经济持续高速发展，引发社会利益格局重新调整，围绕经济建设出现的各种社会矛盾多发，信访工作在听取民声，化解矛盾争议的过程中，始终坚持服务于改革开放和经济建设这两个中心工作，在促进社会发展和经济建设的各方面，发挥了了解民情，汇集民意，维护民利，凝聚民心，帮助政府科学决策、民主决策、依法决策，构建和维护社会发展秩序，促进国家经济建设中心工作的重要功能。

1. 新中国成立之初，围绕国家建设鼓励人民来信

新中国成立初期，中国共产党从革命党转为执政党，面对百废待兴、满目疮痍的国家，如何建设好新中国，围绕国家经济建设和发展，需要听取社会各界的意见、建议。中国共产党的指导思想是鼓励欢迎人民群众来信、来访，为国家建设献言献策。当时国家建立信访制度的初衷是党和政府倾听人民呼声、意见、建议，处理人民对政府工作存在问题的反映，是宣传党的方针政策，联系人民群众的桥梁和纽带。人民信访的定位就是通过人民的政治参与，促进国家经济建设发展。信访工作以党的群众工作的方式服务于国家经济建设中心工作，从根本上更好地服务于经济社会健康发展和社会稳定，推进社会主义现代化强国的建设。

2. 信访工作助力重大经济项目的落地

随着国家的发展，信访制度的功能不断扩展，从政治监督、政治参与向权利救济功能发展。信访制度作为体现民主、反映民意、实现权利救济的一项特殊制度，在国家整体制度的配置中，作为一种机动性制度，作为人民民主核心政治制度的补充，其在运行中折射出的政治性和经济性，强化了它对核心制度的补充功能。特别是在中国社会转型、经济体制深度转轨的变革期，信访制度作为公民参政、议政、满足人民利益诉求，了解民意、汇集民智、维护民利、凝聚民心，化解社会矛盾的重要法律手段，在促进国家经济建设、经济项目落地、实现私权利救济等方面发挥了积极功能。围

绕国家经济建设项目引发的信访事项，各级党委政府和职能部门必须要面向群众深入基层宣传党的路线、方针、政策，提高宣传组织群众的能力；要深入基层调查研究，掌握基层治理经济建设的第一手资料，提高地方党委和政府科学民主决策能力；要到现场办公，倾听民意，直面矛盾纠纷，调动多元社会力量，将矛盾纠纷化解在基层、化解在萌芽状态，提高解决问题的效率。

新中国成立以来，在社会主义现代化国家的建设中，信访工作协助政府科学决策、化解因经济项目实施引发的社会矛盾冲突，在国家公共利益和群众私人利益之间提供了解决利益冲突、平衡利益和化解矛盾的制度支点。信访制度作为诉讼以外的直接、快速纠纷解决机制，正常程序的信访工作，社会成本低、矛盾冲突化解社会效益好，符合经济项目建设落地的速度要求，发挥中国特色社会主义制度的优越性，集中力量发展重大民生项目，落实人民至上的执政宗旨。

三、信访工作推助国家治理体系和治理能力现代化

党的十九届四中全会决定指出："中国特色社会主义制度是党和人民在长期实践探索中形成的科学制度体系，我国国家治理一切工作和活动都依照中国特色社会主义制度展开，我国国家治理体系和治理能力是中国特色社会主义制度及其执行能力的集中体现。"国家治理体系是一个系统化工程，体现为国家整体治理状态，治理能力是治理体系的具体表现。社会生活中的一切治理活动都是中国特色社会主义制度运行状态的体现。信访工作是国家治理体系中信访制度运行的具体体现，是通过解决信访事项提出的具体治理问题，不断完善国家治理体系和提高治理能力现代化水平。

（一）信访工作推助基层社会治理能力现代化

信访作为人民群众一项低成本、高效率行使民主权利，落实人民主权的法律活动，范围涵盖社会生活的方方面面，可以说在我国有社会活动的领

域，就有信访人的信访活动。信访工作已经集合政治参与、权力监督、权利救济和国家安全等多项功能价值。信访工作的状态，一定程度上代表了国家治理体系和治理能力的状况。特别是我国信访事项80%以上发生在基层，多是民生问题，与公民个体权益息息相关，解决好、处置好这些发生在基层的信访事项，代表着基层党委政府的依法行政能力和化解社会问题的治理能力，事关筑牢国家稳定社会安全的社会根基。习近平总书记强调："基层强则国家强，基层安则天下安，必须抓好基层治理现代化这项基础性工作。"信访工作要坚持从基层抓起，坚持和发展新时代"枫桥经验"，依托国家信访信息系统和基层多元纠纷矛盾化解平台，发挥"数字赋能"优势，要"充分发挥大数据在精准把握群众需求、矛盾纠纷分析、社会风险评估、信息动态研判等方面的优势，提升市县法治建设质效"，通过信息化技术，简化基层治理工作流程，优化基层治理手段，提前预判矛盾纠纷的风险点，不断提高信访事项的处置能力，全面提高基层社会依法治理效能，奠定国家治理体系和治理能力现代化的社会基础。基层治理体系是涉及发展与治理、活力与秩序双向互动的系统性工程。习近平总书记对基层治理工作强调"完善社会矛盾纠纷多元预防调处化解综合机制，切实把矛盾化解在基层，维护好社会稳定"。从工作实践看，基层是群众信访的源头，又是解决信访问题的关键所在。信访工作做得好，基层治理能力强；信访工作做得不好，基层治理能力弱。这就需要有一支高素质的干部队伍，提高基层治理能力。对此，党的二十大报告提出"建设堪当民族复兴重任的高素质干部队伍"，《信访工作条例》第十六条规定"各级党校（行政学院）应当将信访工作作为党性教育内容纳入教学培训，加强干部教育培训"，目的是打造培养一支高素质专业化的信访干部队伍，提高信访工作的能力，进而提高基层治理水平。信访干部在信访工作中解决信访诉求、化解社会矛盾纠纷的同时，充分发挥基层信访部门处置信访事项的基础性作用，推动更多力量向基层下沉，减少信访上行，发挥基层网格治理精准性的优势，整合基层社会治理资源，拓宽社会力量参与信访工作的制度化渠道，能够推进整体基层治理水平的提高。在信访工作中，坚持和发展新时代"枫桥经验"，做到问题不累积、矛盾不升级不上交、风险不扩散。通过信访工作，促进了各级党委政府加强作风建设，严守政治纪律和政治规矩，落实好中央八项规定精神，克服形式主义、官僚主义等突出问题，构建基层良好党群、干群关系，用信访工作实际成效，将党的领导、人民当家作主和依法治国有机统一起来，全面推助国家治理体系完善和提高治理能力现代化水平，为全面建设社会主义现代化国家、全面推进中华民族伟大复兴贡献力量。

（二）解决信访难题，依法提高党的执政能力和国家治理能力

作为执政党，我党的执政宗旨是为人民谋利益。人民利益是由众多个体公民的利益组成的。为人民谋利益，首先要考虑保护每个公民现实的具体合法权益，只有保护个体公民权益的现实，最终才能保护整体人民的权益。实践中，信访工作处置的大量群众诉求是关于民生内容的一些治理难题，必须要有长远的思路和根治对策，这是执政党和政府依法落实法定职责必须面对的社会治理问题。信访难题长期考验着各级党委和政府，需要各级党政干部从“沿着中国特色社会主义道路，集中力量进行社会主义现代化建设”国家根本任务的高度考虑和解决信访问题，只有切实解决每一个信访人的正当合法利益诉求，保障每个公民正当合法利益的实现，才能保障全体人民利益，体现执政党在公共治理中的执政能力，通过信访个案解决国家治理体系中的症结问题，不断提高国家治理能力。如果公民正当性权益不能保障，公民的具体民生问题不能解决，信访人数众多，信访案件长期居高不下，必将引发社会和谐与公共秩序问题，客观上会妨碍正常的经济建设进程和社会发展，将导致执政党在国家生活中的公共治理目标不能如期实现。信访工作的好坏直接反映我党的执政能力和国家治理能力，在政治层面就是反映政党执政与国家权力运行的国家治理状况。信访工作是社会治理的“晴雨表”，也是判断国家整体治理能力和执政能力的重要参考指标。

综上，信访工作在中国式现代化的建设中，其具有的政治功能和社会功能是推进中国式现代化的重要力量。信访工作做不好，将涉及千万人口的利益和社会治理问题，就会延迟中国式现代化的进程。因此，各级党委和政府

必须要站在政治高度，坚持以人民为中心，依法依规做好信访工作，为中国式现代化建设谋全局、利长远、固根基。

参考文献：

舒晓琴，2019，《中国信访制度研究》，中国法制出版社。

理论视野

中国式现代化下信访工作的价值

——行动转化系统和机制研究*

□ 时立荣　翟翊辰**

摘　要：社会主义核心价值观是中国特色信访工作机制的重要指导思想，体现在中国式现代化语境下的信访实践之中。在信访制度体系中，价值观、法律、规范准则、运行程序和信访任务构成了信访价值－行动转化系统，形成了自上而下的社会控制和自下而上的信访双向机制。研究发现，社会主义核心价值观与基层人民信访工作之间包含着分解性对应关联、双向对应性关联、选择性对应关联三种融入关系，它们反映了核心价值观转化为行动守则的内在结构关系和法律化进程，为中国特色信访工作机制改革创新提供了规律性的认识，对推动中国式法治建设和德治建设的有机融合，提升信访法治化效果具有重大意义。

关键词：中国特色　价值－行动转化系统　融入机制　信访治理

中国式现代化语境下的信访实践是以人民为中心的社会主义核心价值观的体现，在新时代社会主要矛盾发生重大变化的环境下，社会主义核心价值观对依法分类调处化解信访矛盾起着不可替代的价值引导功能，不仅是信访制度自信的来源，也是中国特色信访工作机制改革创新的必然要求。

---

* 本文是国家社会科学基金重点项目“民族地区社会企业与社会治理现代化问题研究”(20ASH002) 阶段性研究成果。

** 时立荣，中央民族大学民族学与社会学学院教授，博士生导师，研究方向：组织社会学、社会治理与社会发展；

翟翊辰，中央民族大学社会学专业博士生，研究方向：社会治理与社会发展。

一、相关研究观点

国内已有研究涉及社会主义核心价值观与法治建设、信访制度建设和社会主义核心价值观融入信访工作几个方面。一是关于伦理道德的价值介入问题，法社会学从民间法和国家法之间的关系出发，指出规范从社会层面上升为法律层面的过程即法律化过程（郭星华，2011），揭示了伦理道德等价值规范的融入实质。法理专业从法与规之辨的角度出发，指出了从价值观的分层定位到分位阶性对接是价值观和法律规范的衔接规则（张启江，2020），强调了具体操作转化程序，为社会主义核心价值观融入信访制度指出了对接规律，反映了价值观的法律化过程，为避免“直入、盲入和滥入”提供了科学根据。在已有的研究中出现的对尊重、公平、法治、诚信核心价值观要素与信访实践的比照研究，初具融入衔接的味道（陶艳华，2015），还有案例研究展现了信访工作实践过程中价值观要素的作用情况（周尚君，2019；廖永安，2019；陈旭辉，2019）。上述研究均为深化研究社会主义核心价值观融入信访制度的内在逻辑提供了有益的帮助。二是社会主义核心价值观与法治建设理论研究。（1）关于社会主义核心价值观融入法治建设的指导理论研究，从学理上定义了社会主义核心价值观对中国法治建设的引领作用以及社会主义核心价值观在国家、社会、公民三个层面的取向与法治建设的指导与被指导关系（卓泽渊，2017；张文显，2019）。（2）关于社会主义核心价值观融入法治建设的过程与方法，研究者们认为，社会主义核心价值观融入法治建设是一项系统性工程，不仅要解决规范性问题，还要解决策略性问题；既有原则遵循，也有实施路径，需要在各个层面协同推进（陈延斌，2015；刘风景，2017；孙德超，2018；李泽泉，2018；赵蓉、黄明理，2018）。（3）关于社会主义核心价值观融入立法实践研究，提出科学与民主立法原则，具体、明确、合理立法技术和平衡与衔接立法策略，研究既包括整体性的立法路径探析，也包括对文化等各个领域的立法讨论（杨福忠，2018；王怡，2019）。（4）社会主义核心价值观融入法治建设的司法（于洋，2019；周尚坤 、邵珠同，2019 ）、民法（崔建远，2017）、执法（周佑勇、周维栋，2021）等涉及各个领域的法律关系以及立改废释依据和路径研究。三是依据国家和社会关系聚焦信访制度的理论研究和实践研究。在理论方面，有研究认为，信访制度的形成和调整是一个高度理性化的选择过程，综合国家意志与功能、国家与社会这两对矛盾在不同历史阶段的相互作用，呈现为以“社会动员”为主导的阶段和以“冲突化解”为主导的阶段（冯仕政，2012）。以信访制度的救济功能为标准，分为大众动员型信访、拨乱反正型信访和安定团结型信访（应星，2001、2004）。学界对信访制度的研究经历了信访大格局论（赵东辉，2003）、信访废除论（黄钟，2004；于建嵘，2005）、信访改良论（应星，2004；童之伟，2011），直到信访法治化确立的过程（李宏勃，2007；杨小军，2013、2016；范愉，2014）。四是关于社会主义核心价值观融入信访工作的法治化研究，总体上偏重应然论述，对具体机理的研究还显得很弱。研究认为，在信访工作中社会主义核心价值观的法治化内容包括：①社会主义核心价值观在国家、社会、公民层面的价值目标、价值取向、价值准则是一个完整体系，其在信访实践中完整展现为价值观认知、情感和行为的交互作用。所以，民主、友善、尊重的社会主义核心价值观可以发挥整体协同的功能。②尊重群众主体地位，信访人也要在尊重自身权利的同时认知自身义务。③公正对待合理的和不合理的利益诉求。④严格执行信访法定程序，以法律规范精确度量、平衡利益关系，对非法信访行为依法进行规制（陶艳华，2015）。对被信访人、信访人、信访受理人都应该在日常的思想政治教育活动中融入社会主义核心价值观的内容，建立符合社会主义核心价值观的信访制度（秦雪婧，2016）。另外，虽然信访制度在全世界范围内独具特色，但也有对现行信访制度和国外请愿制度进行比较的研究成果（舒晓琴，2019）。

国外针对我国信访制度的学术研究不多。有以制度解释视角说明我国信访制度的社会控制功能的观点（Wooyeal Paik，2011、2018），有的主张以正式的政治或法律制度作为反映民众诉求的通道，改变或取消信访制度（Minzer 2009，Davis 2009），也有把我国的信访制度同英国、法国、美国的请愿制度做比较研究的，认为在中国大规模请愿成功率并不高（Minzner，

Carl F. , 2006），因为请愿制度与信访制度相仿，但性质不同。来自法社会学的研究讨论了法治和德治结合控制的重要性。由帕森斯（T. Parsons）提出来的社会控制机制理论的重要内容之一就是加强主导性文化模式的地位，以文化模式中的观念，如价值观、信仰、意识形态为合理性依据，为与社会互动提供共同的“情景定义”，对社会秩序和均衡的维持起着重要作用，从而实现社会整合（Jonathan H. Turner，2004）。自下而上从社会层面上升为法律层面的法律化过程实质是规范的遴选过程，有多种社会资源能够进入法律规范的创造体系，包括道德义愤、对秩序的崇高追求、对于潜在威胁的回应、政治手段和技巧（Austin T. Turk，1972）。这为审视核心价值观入法入规的原则性和过程选择性提供参考。法律规范体系与文化系统中其他非法律的价值规范体系的关系定位观点认为，要使法律规范成为控制调整行为的有用工具，人们关于法律的价值共识不能过高也不能过低：如果社会关于一个法律的价值共识接近百分之百，法律不再被需要，一种非法律的规范可能就足够了；相反，如果接近于零，法律是否有可能被执行就值得怀疑了（William M. Even 1990）。一个可供遵循的由抽象的哲学观到具体行为的伦理过程，是经由信念—态度（包含准则和守则）—行为的过程（Abbott，Ann A. ，1988）。所以，研究核心价值观融入法治建设问题，特别需要考虑何者入法入规及其层次、关系程度、预期执行效果。上述观点对研究价值观的法治化层次和融入机制具有启发意义。

总之，已有文献倡导培育类的研究多，关注融入模式的少，即便对融入方式、方法和路径的研究也多呈现为“应然论述”的特点。在研究深度上，缺乏将制度设计、政策法规制定、行政行为等置于核心价值观理念的统摄之下的对标研究。研究关注立法、司法、行政诉讼和思想文化等领域的融入较多，关注信访工作实践中融入不足。而信访部门的政策性工作内容是最直接的，更需要在社会主义核心价值观引领下，做好中国式现代化道路的信访治理创新工作。

二、社会主义核心价值观融入信访工作的价值－行动转化系统

社会主义核心价值观融入信访工作机制的机理是什么？它与信访制度之间有着怎样的层级关系？只有建立社会主义核心价值观在信访调解制度中的融入机制，才能推进其法律化过程，因此，研究融入机制的有效性问题就变得非常有意义。要从科学性和规律性上研究理论命题、逻辑结构和变化机理，构建并分析社会主义核心价值观融入信访调解的机制，以回应理论有效性问题；与此同时，要研究社会主义核心价值观融入的分解、对应、选择关系，以形成精准对应机制，关注道德规范法律化的选择有效性问题。遵循马克思主义认识来源于实践又高于实践和指导实践的社会实践论观点，要把社会主义核心价值观融入信访调解机制，就要将认识贯彻到实践，将价值观转化为行动。

（一）社会主义核心价值观与信访工作的结构分层体系与融入关系

何为融入？融入是指一种对应关系，既包括从价值到行动的分层定位，也包括分位阶性对接关系，我们可以将之视为衔接规则。在社会主义核心价值观融入信访调解机制的命题中，融入不仅指核心价值观与政策制度、法律法规之间的对应关系，还包括它们与信访调解程序和工作任务之间的彼此对应关系及其运行。对应关系包括自上而下的社会控制机制和自下而上的信访机制之间的双向功能性对应，它们之间的互动构成了一个价值－行动转化网络系统。

根据社会主义核心价值观与信访工作结构运行要素，遵循法与规从价值观的分层定位到分位阶性对接规律，信访工作由理论到实践呈现出法理结构分层位阶关系与上下层之间的对应关系。其一，位阶关系反映了融入的法律化过程，法律化过程指出了价值观的指导性和层级的延展，包含从价值观选择到实务操作的连续位阶，反映了价值观的融入操作化过程。在这个网络系统中，法与规的价值分层定位为：信访思想引领层次的社会主义核心价值观，信访工作指导层次上的法律法规、政策、守则，信访工作实践运作和具

体信访任务执行四个层次。其二，位阶层间的对应关系反映了内化于信访调解制度及其任务之间的多重的对应性分工；法与规的分位阶对接反映在层与层之间的三种关联对应关系上，包括分解性对应关联、双向对应性关联和选择性对应关联。其三，融入过程机制就是对社会主义核心价值观与政策制度、法律法规之间的多种对应关系的定位，包括并列关系结构要素和垂直层间关系的互动及其控制约束，它们通过信访工作程序运行和信访任务的执行发挥功能，也就是信访工作机制发挥作用的过程。

与社会主义核心价值观相对应的融入关系的内容包含价值观、法律、规范准则、运行程序和信访任务。具体指法律法规、党的政策规定、工作守则三类核心价值观的载体；接访受理、信访办理、调处化解、督查复核四个执行程序；非法律性利益诉求、政策合理性诉求、解决困境困难诉求、不合理诉求四类信访诉求任务的操作化。其中，对应关联定位是融入发生关联的技术核心。（见图 1）

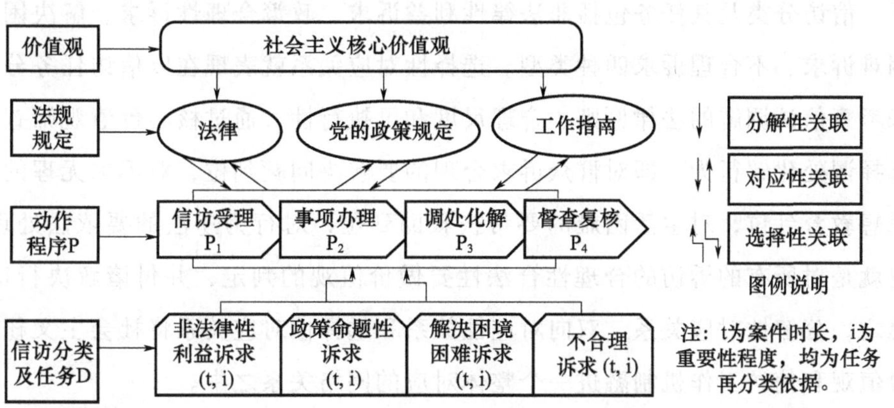

图 1　结构分层与对应关系图

（二）三种对应关联关系

在社会主义核心价值观融入信访工作机制的价值－行动转化网络结构中，位阶关系和分位阶的关联定位体现为三种关联关系：一是分解性对应关系。分解性关系研究由抽象性到具体性的位阶表达，是融入的第一层对应关系。分解性关系是指社会主义核心价值观具体分化为信访工作的法律法规、党的政策规定、信访工作守则三个部分，这三个部分与社会主义核心价值观形成了上下层级对应关系，是核心价值观融入的具体表达形式，也是核心价值观融入信访政策法规和信访调解实践的科学依据或规则。即社会主义核心价值观具体下沉为法律规定层面，涵盖信访工作的法律法规、党的政策规定、信访工作守则。二是双向对应性关系。双向对应性关系是指法律法规、党的政策规定、工作准则与信访工作程序之间的关联。信访工作程序包括信访受理、事项办理、调处化解、督查复核。两个层面在价值观、道德观、工作守则和信访调解行动之间形成传递关系和互动反馈空间，是融入的第二层对应关系。双向对应关系展现授权、协调和信息联结过程，以各个对应要素之间的互动形成关联，展开运作机制。它是考察具体行动如何融入价值观的核心要件，即信访工作的法律法规、党的政策规定、信访工作守则和信访工作运作程序之间是双向对应关系。三是选择性对应关系。选择性对应关系是指信访程序和信访分类及任务之间的对应关系，也是融入的第三层对应关系。信访分类及其任务包括非法律性利益诉求、政策合理性诉求、解决困境困难诉求、不合理诉求四种类型。选择性对应关系就表现在以信访任务分类来考察信访调解的法律原则、合理尺度和可执行性，通过核心价值观筛查去选择调处化解行为，即对群众诉求合理的要解决问题到位，对诉求无理的要思想教育到位，对生活困难的要帮扶救助到位，对行为违法的要依法处理。也就是对所有的诉访的合理性合法性要做价值观的判定，并付诸解决行动。总之，分解性对应关系、双向对应性关系和选择性对应关系将社会主义核心价值观和信访工作机制融进一个整体对应的网络关系之中。

（三）以任务—操作实践为基础的融入互动机制

融入机制就是对应关系的定位和互动，因此，找准了对应关系就找到了融入机制。在社会主义核心价值观融入信访调解机制的价值—行动转化系统中，第三个层次的选择性对应关系即信访调解各个程序和信访类型及任务之间的彼此对应关系是最为复杂的，也是对应关系及其对应程度之间对标的重点。以信访调解任务—操作实践程序为基础，将社会主义核心价值观与信访调解制度各个环节进行有序对接，才能揭示由价值观到调解机制的行动转化融入规律。每一类信访工作内容和各个运行程序组合，都能够与法律—党的政策规定—工作守则中任何一个方面的某一个或多个要素发生相同程度或不同程度的依赖关系，只有这些方面和要素之间的对应关系成立，才能形成融入机制。以任务—操作程序为基础的价值观与实践对应关系遵循着价值观—态度（道德行为准则、工作伦理原则、具体规范守则）—行动的双向互动过程。通过这个双向互动，价值观从抽象层次到具象层次得以落地生根。这是判断是否把社会主义核心价值观融入信访工作的依据，也是准确判断哪个层面的哪个价值观念需要入法或需要入规的依据。

三、融入机制对信访法治化建设改革创新的意义

社会主义核心价值观是社会主义法治建设的灵魂，法律与道德作为国家治理和社会有序运行的重要手段广泛地存在于社会各个领域。社会主义核心价值观融入信访法治化建设思想是中国式现代化的法治化理论内涵，它能够为人民信访制度的立法立规和实际调处化解行动提供价值观和理论指导。十三届全国人大一次会议通过的宪法修正案，增写了国家倡导社会主义核心价值观，研究社会主义核心价值观与信访制度的融入对接问题具有前沿性和较强的时事性。在法社会学视角下，从道德规范法律化过程的视角来考察核心价值观在信访中的立法需求问题，也是一种学术探索和创新，不仅完善和补充了中国特色的信访法治化理论内涵，推进了德治与法治关系的融合，还在中国特色信访工作机制改革创新实践上对信访部门调处化解矛盾纠纷提供了规范化的指导。

（一）新时代诉访复杂性要求信访治理必须重视治理理念的价值引导

新时代我国社会主要矛盾变化给信访工作带来新挑战。一是信访主体多元化。随着我国经济和社会急速变化，社会群体也出现了多元分化现象，涌现出许多新兴利益群体。多元化利益群体在追求利益最大化目标的驱动之下，相互之间具有不同的、有时甚至是对立的利益冲突，带来以利益诉求为主要表达的信访主体多元化现象。二是信访诉求多重利益叠加。当前，群众

的信访诉求已从单一的物质利益诉求转向多重利益诉求。最低层次的物质供给已无法满足日益广泛的新的层次与内容的要求。群众不仅对物质生活提出了更高要求，而且在民主、法治、公平、正义、安全、环境等公共生活方面和个人权利方面的要求日益增长。三是信访利益主体相互之间的攀比日益严重。信访诉求作为反映社情民意的一个“窗口”，与经济社会发展情况密切相关，在我国社会生产力总体水平显著提高背景下，发展不平衡不充分成为突出的问题。从近年各地的情况看，部分政策群体要求共享改革发展成果、满足美好生活需要的诉求更加多样化。利益主体的多元化造成不同群体、不同阶层、不同地域的人们之间出现了“利益传导—心态搅动”（陆益龙，2018），群体之间严重攀比，加深了信访调处化解的难度。当前我国信访事项的诱发因素日益多元，涵盖党风廉政建设问题、涉法涉诉、“三农”问题、土地征收问题、土地征用问题、城镇建筑物拆迁问题、公民生产生活的各类问题等多重因素。复杂的信访诱发因素必然要求信访工作机制改革创新，必须加强法治信访以维护群众合法权益。由此，我们可以理解社会主义核心价值观融入法治建设的“共同情景定义”就是指全社会的“共同思想道德基础”，而入法入规是以制度化方式内化价值观，希图通过价值观调整间接和复杂的社会单位之间的关系模式。

（二）社会主义核心价值观融入机制推动了信访治理法治化进程

社会主义核心价值观的融入机制问题以信访调解任务—操作程序为基础，分析人民信访与社会主义核心价值观之间的对应性关系，其目的是要在基层人民信访工作中体现鲜明的价值导向，将有效的德治规范转化为具有刚性约束力的法律规定，并完成价值观转化为行动守则的法律化传导过程。以任务和运作程序为基础的融入原理遵循了价值观—态度（道德行为准则、伦理原则、具体规范守则）—行动的过程规律，通过对应关系遴选规则，将价值观从抽象层次落地于具象层次。研究融入关系，其理论意义在于指出社会主义核心价值观与基层人民信访法治化的融入机制，丰富道德法律化理论，促进实践中行之有效的道德、政策制度及时上升为法律法规，回应新时代新问题新需求，促进法治建设和德治建设的有机融合，深化依法分类调处化解信访问题的学理支撑；其实践意义在于，通过对信访工作的实践研究，揭示社会主义核心价值观入法入规的衔接路径，关注的是实践有效性问题；通过对社会主义核心价值观与信访治理的分解、对应、选择关系研究，进而形成精准的对应机制，关注的是规范选择有效性问题。

总之，研究从社会主义核心价值观指导信访工作实践角度指出了如何依法治理的路径。党的十八届三中、四中全会以及党的十九大都强调要将信访纳入法治化轨道，2022 年 5 月 1 日起修订施行的《信访工作条例》明确要坚持依法按政策解决问题，将信访纳入法治化轨道。在社会主义核心价值观指导下，要探索依法按政策解决信访问题、依法分类处理群众诉求、确保各类信访事项通过相应法定途径妥善解决、教育引导群众依法理性表达诉求、推动形成依法维权和理性信访的治理秩序，使信访治理取得成效。诱发越级上访的复杂动因需要理顺各个主体之间在工作机制上的对应性关联和信访调解上的选择性关联，做到人性化关怀，理性化治理。

（三）社会主义核心价值观入法入规增加了信访治理的规范性

信访工作作为党和政府的一项重要工作和社会治理的基础性工作，是中国式信访治理现代化的必然要求。正确对待群众来信来访是完善正确处理人民内部矛盾有效机制的重要一环。我国信访制度的建立与党的群众路线紧密相关，群众路线是党的根本工作路线。信访工作是送上门来的群众工作，依法解决群众合理诉求、维护群众合法权益是信访工作的出发点和落脚点。所以，将社会主义核心价值观融入中国特色信访工作机制之中就是坚持党对信访工作的绝对领导，坚守信访工作为群众服务的根本立场，牢牢把握信访工作推动解决群众问题的鲜明导向，不断推进中国特色社会主义信访制度的创新发展。2017 年 7 月习近平总书记在对第八次全国信访工作会议的批示中指出，“要切实依法及时就地解决群众合理诉求，注重源头预防，夯实基层基础，加强法治建设，健全化解机制，不断增强工作的前瞻性、系统性、针对性，真正把解决信访问题的过程作为践行党的群众路线、做好群众工作的过程”，党的二十大指出要健全完善与现代化相适应的信访治理理念、治理方式，畅通和规范群众诉求表达、利益协调、权益保障信访通道。信访治理的社会主义核心价值观融入机制研究，不仅彰显了中国式现代化背景下的信访治理的思想理念，还找到了价值—行动转化系统的内在运行规律。通过分解性对应关系、双向对应性关系和选择性对应关系的分类，形成了多样化的诉访治理工作方式。这不仅能够增强信访治理的有效性，还能促进信访治理从粗放治理向理性治理的现代化转变。

参考文献：

郭星华，2011，《法社会学教程》，中国人民大学出版社。

舒晓琴，2019，《中国信访制度研究》，中国法制出版社。

冯仕政，2012，《国家政权建设与新中国信访制度的形成及演变》，《社会学研究》第 4 期。

应星，2004，《作为特殊行政救济的信访救济》，《法学研究》第 3 期。

张文显，2019，《社会主义核心价值观与法治建设》，《中国人大》第 19 期。

卓泽渊、王瑶，2017，《热话题与冷思考——关于“把社会主义核心价值观融入法治建设”的对话》，《当代世界与社会主义》第 4 期。

范愉，2014，《申诉机制的救济功能与信访制度改革》，《中国法学》第 4 期。

陆益龙，2018，《社会主要矛盾的转变与基层纠纷的风险》，《学术研究》第 6 期。

张启江，2020，《社会主义核心价值观入法入规的重点、方向和方式》，《湖湘论坛》第 4 期。

李泽泉，2018，《社会主义核心价值观融入法规的基本形式》，《浙江学刊》第 1 期。

刘风景，2017，《社会主义核心价值观入法的理据与方式》，《当代世界与社会主义》第 4 期。

赵蓉、黄明理，2018，《社会主义核心价值观融入法治建设的逻辑理路》，《理论探讨》第 5 期。

孙德超、周媛媛，2018，《法治中国建设吸纳社会主义核心价值观的过程机理研究》，《理论探讨》第6期。
周佑勇、周维栋，2021，《社会主义核心价值观如何融入执法建设》，《中共中央党校（国家行政学院）学报》第6期。
陈旭辉，2019，《社会主义核心价值观如何融入行政诉讼——基于138份裁判文书的实证分析》，《中共青岛市委党校（青岛行政学院学报）》第5期。
廖永安、王聪，2019，《路径与目标：社会主义核心价值观如何融入司法——基于352份裁判文书的实证分析》，《新疆师范大学学报（哲学社会科学版）》第1期。
陈延斌、田旭明，2015，《社会主义核心价值观大众认同的有效路径——基于近年来地方道德建设经验的研究》，《马克思主义研究》第4期。
李宏，2018，《社会主义核心价值观融入民法典的理论意蕴》，《河南师范大学学报（哲学社会科学版）》第3期。
周尚君、邵珠同，2019，《核心价值观的司法适用实证研究——以276份民事裁判文书为分析样本》，《浙江社会科学》第3期。
陶艳华，2015，《运用社会主义核心价值观指导信访工作》，《共产党员》第12期。
杨福忠，2018，《培育和践行社会主义核心价值观的立法路径》，《治理现代化研究》第3期。
王怡，2019，《社会主义核心价值观如何入法——一个立法学的分析框架》，《法学》第9期。
于洋，2019，《论社会主义核心价值观的司法适用》，《法学》第5期。
崔建远，2017，《我国〈民法总则〉的制度创新及历史意义》，《比较法研究》第3期。
彭中礼、王亮，2019，《司法裁判中社会主义核心价值观的运用研究》，《时代法学》第4期。
赵东辉，2003，《信访的体制瓶颈亟待突破——让民意顺畅上达》，《瞭望新闻周刊》第40期。

黄钟，2004，《“同罪不同刑”挑战司法均衡》，《南风窗》第8期。
于建嵘，2005，《对信访制度改革争论的反思》，《中国党政干部论坛》第5期。
童之伟，2011，《信访体制在中国宪法框架中的合理定位》，《现代法学》第1期。
李宏勃，2007，《法制现代化进程中的人民信访》，清华大学出版社。
杨小军，2013，《信访法治化改革与完善研究》，《中国法学》第5期。
杨小军，2016，《信访功能法治化理论思考》，《西北大学学报（哲学社会科学版)》第2期。
Davis Megan. 2009. " International Human Rights Law, Women's Rights and the Intervention. " *Indigenous Law Bulletin*, 7 (10) .
Turner. 2004. *The Structure of Sociological Theory*。Beijing: Peking University Press.
Schwartz R D , Evan W M. 1990. "Social structure and law : theoretical and empirical perspectives. " *Contemporary Sociology*, 20 (3) .
Austin T. Turk. 1972. *Legal Sanction and Social Control*. Rockville, MD: National Institute of Mental Health.
Abbott, Ann A. 1988. *Professional Choices: Value at Work*. Silver Spring Md: National Association of Social workers.
Minzner, Carl F. 2006. "Xinfang : An Alternative to Formal Chinese Legal Institutions. " *Stanford Journal of International Law* 42.
CarlMinzner. 2009. "China's Citizen Complaint System: Prospects for Accountability" Statement Prepared for *the Congressional – Executive Commission on China*, December 4.
Wooyeal Paik. 2018. "The Institution of Petition and Authoritarian Social Control in Contemporary China" Issues & Studies: *A Social Science Quarterly on China, Taiwan, and East Asian Affairs*, Vol. 54, No. 2.

协商民主视角下信访第三方评议制度构建*

□ 邹东升　赵　祺**

摘要：信访制度是具有中国特色的独特政治优势和宝贵制度资源，充分体现了中国共产党以人民为中心的治国理政理念。随着经济社会转型升级，社会矛盾逐渐复杂化，信访工作中被动的权利救济功能不断强化导致其民主参与功能逐渐弱化。协商民主作为体现我国人民民主的重要形式，是党的群众路线在政治领域的重要体现，与人民信访工作具有高度的契合性。信访第三方评议制度引入第三方凝聚不同社会阶层力量，坚持以人民为中心，搭建平等协商对话的平台，丰富了协商民主参与基层信访治理的形式，推动新时代信访工作的高质量发展。本研究致力于从协商民主视角出发探究信访第三方评议制度，回归信访工作的价值自觉，识别信访第三方评议主体、过程、结果效力等方面存在的困境，进而构建协商民主导向下的信访第三方评议工作路径。

关键词：协商民主　信访　第三方评议

一、问题缘起

中国信访制度深深扎根于中国传统历史文化中，为现代信访制度奠定了

---

* 本文是国家信访局2024年信访理论研究重大项目“习近平总书记关于加强和改进人民信访工作的重要思想研究”（2024AG0106）的成果。

** 邹东升，西南政法大学教授、博士生导师、信访工作法治化研究中心主任，重庆市人民政府立法咨询专家；

赵祺，硕士，山西杏花村汾酒集团有限责任公司工作人员。

深厚的基础。古代上书陈情制度在历史的长河中不断演进，古代尧舜禹时代的进善之旌、诽谤之木，西周朝外放置的“肺石”，秦朝的公车司马府负责接待和安排上书请求面见皇帝陈言的吏民，倾听百姓对社会治理的建议或批评。从古代的上书陈情制度，经现代的请愿制度，到如今的信访制度，其本意都是在为人民群众搭建可以表达诉求、议政建言的渠道，是维护社会稳定的需要。信访制度是极具中国特色的，在不同的历史阶段发挥着不同的作用，作为中国特色社会主义民主政治制度的有益补充，信访制度发挥了解民情、集中民智、维护民利和凝聚民心的重要作用。习近平总书记反复强调信访是送上门来的群众工作，把人民群众来信来访作为了解群众期盼、总结为政得失的一面“镜子”。信访工作关乎百姓的急难愁盼和社会稳定，信访制度有助于加强群众对党和政府的信任，厚植党长期执政的群众基础，彰显了中国特色社会主义制度的政治优势。目前，我国正处于社会转型与制度变革的攻坚时期，各种纷繁复杂的社会矛盾纠纷不断涌现，并呈现出类型多样化、主体多元化、内容复合化、调处疑难化、矛盾易激化等特征（郭志远，2014）。新时代我国社会主要矛盾和纠纷样态的转变，致使信访工作逐渐演变为侧重于维稳功能，强调维护社会稳定，被动的权利救济功能逐渐替代民主参与功能，致使信访与民主的理念相背离。未来信访工作的改革方向需要朝着民主化出发，牢记坚持走群众路线、以人民为中心的信访制度本质，满足信访人渴望其诉求被重视的需求，运用评议的形式实现民主的协商，但如何推动协商民主制度化、发展贯彻落实信访民主化，回归信访制度的价值自觉，仍然是我们需要研究的重点。

党的二十大报告明确指出：“健全共建共治共享的社会治理制度，提升社会治理效能。在社会基层坚持和发展新时代‘枫桥经验’，完善正确处理新形势下人民内部矛盾机制，加强和改进人民信访工作，畅通和规范群众诉求表达、利益协调、权益保障通道。”共建共治共享的社会治理制度强调通过组织多元社会力量参与信访工作，依托社会自治的成长和民主的发展的支撑，整合各方资源发挥其专业优势，提升信访治理能力现代化。2023 年 2 月，党的二十届二中全会审议通过的《党和国家机构改革方案》提出组建中央社会工作部，将国家信访局由国务院办公厅管理的国家局调整为国务院直属机构，由中央社会工作部统一领导国家信访局，统筹指导人民信访工作，指导人民建议征集工作，突出强调人民信访工作的重要性，从顶层设计提升信访工作的地位。信访第三方评议制度正是新时代第三方参与信访工作制度改革创新的生动实践，充分倾听人民群众意见，调动社会主体积极性。充分发挥第三方主体中立性，为信访人和信访有权处理机关搭建沟通平台，由“局外人”来评判信访工作的合理性，维护群众合法权益，提升信访工作公信力，推动信访积案有效化解。

二、信访第三方评议的演进历程

信访工作引入第三方力量是为了有效化解社会矛盾纠纷，对矛盾纠纷的调解渊源来自中华传统文化“以和为贵”的思想，中国古代社会矛盾纠纷调解以礼治为主，通过发挥社会所认可的乡绅乡贤力量对矛盾纠纷进行评理，通过礼治的权威处理问题，如乡贤评理堂通过乡贤发挥地缘优势，坚持以和为贵评理准则，积极化解社会矛盾纠纷。但随着城乡一体化发展及乡村空心化问题的出现，传统矛盾纠纷解决方式适用性逐渐减弱。社会矛盾纠纷逐渐呈现出涉及主体繁多、遗留时间较长，甚至存在责任主体不明确，最终导致问题难以化解。此外，城市化进程使人口向城市流动加速导致社会关系弱化，乡贤乡绅的人缘地缘优势转弱，群众对于非行政调解人员的信任度不足，社会力量参与矛盾纠纷化解的效力不足。乡土情结的弱化致使中华传统文化以礼治为主的治理方式必须转变，未来必须结合时代特征创造新的社会矛盾纠纷化解方式以维护社会和谐稳定。

近年来，为推动国家治理体系和治理能力现代化，中央强调信访工作要改革，并发布了一系列文件来推动第三方参与信访治理。2014 年，中共中央办公厅、国务院办公厅出台《关于创新群众工作方法解决信访突出问题的意见》，提倡建立第三方参与信访工作机制，组织动员社会力量参与，依法及时解决群众合理诉求。各地开始积极引入社会组织参与信访工作，发挥好社会组织的积极作用。2017 年，国家信访局、司法部出台了《关于深入开展律师参与信访工作的意见》，对深入开展律师参与信访工作进行了全面详细的规定（孔凡义，2020）。各地开始发挥第三方律师的力量化解矛盾纠纷，通过释法明理向群众提供法律服务，从公平公正的角度对信访案件进行评判，有效推动政府依法行政。2021 年，中共中央、国务院发布了《关于加强基层治理体系和治理能力现代化建设的意见》，提出完善基层民主协商制度，县级党委和政府围绕涉及群众切身利益的事项确定基层协商重点，由党委主导开展议事协商，完善座谈会、听证会等协商方式，注重发挥人大代表、政协委员作用。体现出构建基层治理体系强调推动国家和社会的良性互动与协同治理，是基层信访工作的重要实践机制。各地在吸收社会力量参与信访治理的实践中，依据地方特色培养出适合地方矛盾纠纷化解的第三方参与模式，为其可持续、体系化、高效能、实质性参与和解决信访纠纷提供制度保障，实现了信访部门和社会资本的互惠共生。2022 年《信访工作条例》（以下简称为《条例》）规定各级机关、单位应当拓宽社会力量参与信访工作的制度化渠道，发挥群团组织、社会组织和“两代表一委员”、社会工作者等作用，反映群众意见和要求，引导群众依法理性反映诉求、维护权益，推动矛盾纠纷及时有效化解。新时代信访工作需重视社会资本、社会组织、行业协会等自治力量在矛盾纠纷化解中的作用，为社会力量可持续、体系化、高效能参与矛盾调处化解提供更多的保障与支持。

在提高全面依法治国和国家治理能力的背景下，国家体制在改革发展的过程中，政治经济体制的转型步伐加快，导致社会基层矛盾纠纷不断凸显，相对于司法的高成本，信访逐渐成为群众表达自身诉求的有效渠道。但随着社会新兴矛盾的特点转换，矛盾纠纷涉及多元主体，引入第三方力量成为信访工作化解矛盾的有效途径。信访中的第三方力量主要是指独立于信访人与信访有权处理机关之外的其他客体，多数是指具有化解矛盾纠纷能力的调解者或组织，如律师、社会组织、社会工作者、群团组织、心理咨询师等贤能人士。信访第三方评议工作主要是针对信访处理意见不予认同的疑难复杂案件，由第三方力量构建成第三方评议组织，根据信访事项选取相关人员组成第三方评议组，并邀请信访人的亲属、邻居等参与旁听，通过调查事实、陈述、质询、辩论最终达成一致意见以供有权处理机关参考。从“浙江省海宁市百人评议团”到“四川省建立第三方评议专家库”再到“深圳市社会矛盾第三方评议与调解中心”的信访第三方评议实践，以提升评议队伍主体的专业性，规范评议过程民主的协商，推动信访机关改进工作作风，增加群众对于调解专业性的信任感，提升公信力促进有效化解信访积案。

三、信访第三方评议的创新实践

（一）海宁市：“信访评议团”

2014 年，浙江省海宁市为了化解疑难信访案件，提高信访工作公信力，减少“重复访”，吸纳社会力量组成“信访评议团”参与疑难信访案件化解。浙江海宁“信访评议团”借鉴国外的陪审团模式，是由基层代表、政协委员、群众代表、律师、人民调解员、职能部门专业人员等组成的 100 人信访评议队伍。其中基层群众代表占 60%，基层社会工作者占 28%，政府部门代表占 12%，重点在于发挥群众代表的力量，运用群众力量化解难题。2014 年浙江省海宁市颁布的《海宁市信访评议团公开评议特殊疑难信访事项办法》明确了信访评议范围为群众关注度高、涉及面广、难度大的重大疑难信访事项。信访评议是在市信访工作联席会议和信访局领导下提出建议评议人数，由信访人自主抽取选择评议陪审团成员。现场评议由信访人与信访处理主体分别根据事实进行陈述，信访人及信访单位双方进行辩论，评议人员进行质询，信访人和信访事项分别总结陈述，评议员进行评议分析并指出信访人诉求是否合理，以及处理意见是否成立。再组织评议员根据事实、证据、陈述，进行合议并达成一致意见，并出具信访评议报告作为信访机关处理信访问题的重要依据。

海宁的信访评议团充分发挥基层群众力量，根据信访评议情况评选优秀评议员并进行奖励，调动评议团成员积极性，制定关于信访评议员的管理办法，优化评议团组织队伍建设。首次明确了信访评议范围及规范了评议程序，打造真正公开、阳光、公平的信访。充分发挥第三方社会力量的作用，将信访问题公开化打造阳光信访，情理法融合，对事实进行客观评议，从事实本身出发说事明理化解矛盾纠纷。第三方评议相较于传统的信访问题处理方式正是以群众的方式化解群众矛盾纠纷，结合评议说事明理、表决意见、情绪疏导方式解决矛盾纠纷。

（二）四川省："信访事项第三方评议专家库"

四川省重点推动"阳光信访"信访体制改革，探究引入第三方社会力量参与信访治理化解信访积案难案问题。2016 年，四川省信访局与四川省社科院签订合作协议，合作推动第三方评议创新实践，并组建了"信访事项第三方评议专家库"，建立健全信访事项第三方评价机制。四川省的信访事项第三方评议源于 2013 年部分地级市的探索，例如，巴中、绵阳、泸州等地的实践探索，目前已建立省市两级的信访评议队伍。评议组由第三方专家库根据信访问题选取相关评议专家组成，并邀请信访人员的社会关系人参加，从而达成群体可以认同的结果以减少个体可能存在的不合理诉求，运用信访人的社会关系，对其加以道德规范达成化解问题的结果，同时能对社会公众形成借鉴作用，明确信访问题的处理原则以及形成对评议的客观公正的认同感。此外，为保持第三方评议主体的中立性，设置专家回避制度，避免评议专家可能存在的偏向性，以保证评议有效化解信访问题。通过吸纳具有专业性、权威性的第三方人员，充分发挥人大代表、政协委员的民主特性，人民代表为人民，围绕人民群众的急难愁盼开展评议，加之各领域、各行业的专家学者，从理论性及实践性角度对专业领域事件进行诠释，解释到位让信访人信服。同时，多元主体运用丰富经验多角度解释安抚，真正通过独立性的思维和专业性的知识以及客观合理的处理方式，加强信访群众的信任和信赖。

该模式在完全打破传统的信访问题处理方式基础上，以第三方为主导，由省社科院专家组织建立的信访事项第三方评议中心开展评议。运用社会组织的客观性和专业性优势，严格评议信访人的合理诉求，在实践中树立人民群众所信任的队伍，打造阳光信访评议。信访评议主要有现场评议和书面评议两种方式，现场评议通过听取信访人及信访处理机关的陈述、辩论后，由评议组成员结合上述情况发表意见，倾听信访人的总结陈述、评议组会商合议形成最终评议意见，作为行政机关处理信访问题的重要依据。四川省的信访事项第三方评议创新实践，重点突出评议队伍的专业性及规范性，民主化推动化解社会矛盾纠纷。但仍然存在制度保障不健全、评议操作规范有待进一步细化的问题，同时，对于信访问题的评议结果效力也有待明确，如何进一步优化第三方评议队伍仍然是需要继续探究的问题。

（三）光明区：“五老评理信访案件”

广东省深圳市光明区，在信访局的组织下，运用第三方力量开展的信访评理活动是信访第三方评议的生动实践。为了有效化解矛盾纠纷，光明区于2019年搭建“群众诉求服务中心”，广泛提供纠纷调解、法律服务、心理服务、投诉建议、帮扶救助五项服务。始终坚持全面贯彻习近平新时代中国特色社会主义思想，以基层党建为引领，2022年，光明区位列中国社会治理百强县（市、区）名单第二名，其基层社会治理经验十分值得深入研究。光明区组建了规模达3.6万人的平安志愿者队伍，设立主要以社区“五老”人员、政府部门一线工作人员、社区综合治理队员、社工、义工、“两代表一委员”为主的14类工作力量。有效发挥其对于社区的熟悉以及对于基层工作的擅长优势，并且通过对化解案件进行奖励以调动队伍积极性，从源头预防防控矛盾纠纷事项，推动信访问题化解。注重发挥基层的力量，问题源于社会，基层人员容易打消信访人的疑虑，取得信访人的信任，在解决信访问题方面具有客观性和独特优势。

光明区信访局建立了“五老”评理信访案件制度，邀请社区“五老”（老党员、老干部、老教师、老战士、老模范）等群众代表公开评议信访诉求，目前社区“五老”评理员在库人员106名。同时，组织“五老”及“两代表一委员”作为评理团成员，与信访人户籍所在地的工作人员对重点信访案件进行评审。通过信访人及信访处理机关的陈述，并经过评理成员进行质证审查证据材料，对信访案件的诉求合理性、合法性以及信访有权处理机关的处理情况进行评议，评理团成员们通过辩论、表决等环节最终达成一致意见，作为处理信访案件的重要依据。该区建立的“五老”评理模式，通过公开公平公正的评议过程，进一步增强信访人及社会公众的信服度，维护信访人的合理诉求，从而提升政府公信力。

（四）深圳市：“社会矛盾第三方评议与调解中心”

2023年7月，广东省深圳市信访局正式成立“社会矛盾第三方评议与调解中心”，通过与民办非营利组织南方民间智库、广东南都全媒体网络科技有限公司奥一网签约建立伙伴关系，探索推动信访积案难案妥善化解。与其他信访评议模式不同，该信访评议模式强调充分发挥评议主体的独立性，组建第三方评议专家库队伍负责信访评议，并健全第三方评议机制，创新评议工作方法，形成多元共治参与第三方评议信访治理模式。近一年来，南方民间智库共参与近20场评议会，参与评议500件信访案件，有效化解疑难信访案件，并在实践中不断探索健全完善信访第三方评议机制，搭建良好的沟通平台，由局外人进行评议，实现多元社会力量合力化解信访矛盾的长效机制。

南方民间智库以“聚众智、谋良策”为准则，组成了以各行业、各领域专家学者、人大代表、政协代表，以及各社会阶层市民代表为主的多元化第三方评议专家库，围绕评议会议的需求以及信访案件的性质挑选专家人选，协助信访案件化解，充分发挥专家库的专业性及独立性。通过对信访案件进行前期讨论和筹备，现场听取信访人与信访有权处理机关陈述事实，评议专家对各方进行质询，评议专家进行协商后达成一致意见，通过票决的方式按照少数服从多数原则进行表决，并形成书面评议意见，作为信访处理机关处理意见的重要依据。在评议过程中研判群众诉求，充分发挥人民群众的力量，运用舆论正确引导群众合理表达诉求，采用伦理道德观念融合情理法化解矛盾，减少行政成本的浪费。深圳市信访第三方评议，将信访者导入沟通平台，规范信访评议程序，保证各方充分表达自身利益需求，评议成员在研判事实基础上明确存在的问题与矛盾关键所在，真正倾听人民的声音，严格遵循解决信访问题的“三到位一处理”，真正做到讲明道理安抚情绪，凝聚民心，维护社会稳定和谐。

四、构建民主导向的信访第三方评议原则

（一）坚持以人民为中心

我国的信访制度是中国共产党独创的密切与人民群众联系的体制机制，中国特色的信访制度设立的初衷就是更好地实现人民群众与党和政府有效沟通，信访制度是从中国共产党的群众观念中诞生的，群众路线构成了信访制度的基本底色，是中国共产党践行群众路线和人民政治观念的重要制度载体（田先红，2018）。作为党实践群众路线的重要方式，信访工作是党和政府密切联系群众的“连心桥”、了解社情民意的“晴雨表”、维护社会稳定的“减压阀”、总结为政得失的一面“镜子”，政治性是其根本属性。信访制度的功能与中国共产党的根本宗旨相一致，力求为广大人民谋利益，信访制度始终坚持以人民为中心的民主理念，调动广大人民参与政治生活。党的二十大报告中明确提出要求完善协商民主体系，统筹推进政党协商、人大协商、政府协商、政协协商、人民团体协商、基层协商以及社会组织协商，健全各种制度化协商平台，推进协商民主广泛多层制度化发展。信访评议充分运用协商民主维护人民权益，一方面，其面向广泛的信访群体且评议事项范围较广，依据信访机关或信访人提出申请，通过信访评议推动矛盾化解，根据少数服从多数原则投票决定的方式，通过直接民主维护人民的利益；另一方面，信访第三方评议组织吸纳“两代表一委员”、各行业专家学者、基层群众代表，通过评议的形式，坚持民主协商、平等对话、公众参与的协商原则，运用民主协商化解信访矛盾纠纷。通过对信访工作开展协商讨论，充分发挥各评议主体的优势从多角度出发评判是非，如此，更容易达成对于信访问题的认同，以公正平等的协商方式令信访人真正信服。

（二）明确评议工作的中立性

国家信访局 2022 年修订印发了《信访事项办理群众满意度评价工作办法（试行）》，明确要求逐步推行信访事项办理群众满意度评价，把办理工作置于群众监督之下。信访工作必须要让人民群众满意，信访工作应该让人

民评价，接受人民群众的监督。信访评议制度的创新实践正是在信访部门主导下，引入第三方多元社会主体对信访事项进行居中评议，以提升信访工作的群众满意度。首先，信访评议主体身份的独立性，信访第三方评议关键在于突出强调第三方评议组织身份的独立性，评议组织由党代表、人大代表、政协委员、法律工作者、社会工作者等社会力量组成评议组织，既不受信访机关的影响也不被信访人影响，主要通过听取双方陈述，依据事实开展调查核实，最终通过票决的方式提出评议意见。其次，信访评议主体地位的中立性，作为非营利性的评议组织，评议组织需保障评议结果的客观性，不倾向任何主体，根据评议事项抽取相关领域的专家对信访案件进行综合评议，保障评议结果效力客观公正。此外，为保障信访评议的公正性，设立专家回避制度，明确规定与信访事项有利害关系的专家应当主动申请回避。

（三）运用评议主体的专业性

2021 年 4 月 28 日，中共中央、国务院发布了《关于加强基层治理体系和治理能力现代化建设的意见》，提出基层治理是国家治理的基石，坚持和发展新时代“枫桥经验”，构建“自治、法治、德治相结合的基层治理体系”。信访第三方评议广泛动员社会力量共同参与信访积案化解，全面建立“两代表一委员”、法律工作者、社会团体等第三方参与信访工作机制。构建信访第三方评议专家库，发挥“两代表一委员”的作用，将代表委员的履职触角从“两会”延伸到信访工作，结合实际实事求是，倾听老百姓呼声、化解社会矛盾，直接服务群众，真正成为党和政府与人民之间沟通的桥梁与纽带。同时吸纳国土资源、环境保护、农业农村、劳动保障等多领域专家学者，充分发挥专业人员优势，从专业知识角度出发化解信访问题，提高信访评议的公信力。此外坚持协商民主，注重运用教育、劝解、协商、疏导等手段和法治规范、舆论引导、心理调适等方法，真正为人民排忧解难。

（四）规范评议程序的公开性

第三方信访评议组织搭建信访人与信访机关平等对话的平台，充分保障信访人合法权益，将信访评议事项在规定范围内进行公开，并且按照规定程序运用公开透明的方式解决群众的诉求，尊重人民的知情权，保障信访评议工作的公开度和透明度，倒逼信访机关提升治理效能。信访第三方评议方式，对信访工作开展协商讨论，从多角度出发评判是非，这样更容易达成对公共利益的认同，同时避免个人诉求的不合理性。信访主体既具有个体理性，也具有公共理性，信访辩论要求辩论的参加者不仅要考虑个人利益，更要超越自身利益、观点、需求的局限，考虑到集体利益和公共利益（何包钢，2018）。在充分发挥各评议主体的优势基础上，运用评议的方式，让人民群众参与信访工作的治理，融合人民群众与社会的力量，提高信访主体的认同感，以公正平等的协商方式起到令信访人真正信服，打造具有认同感的信访评议队伍，提升政府的公信力。信访机关依法办事，合理处理矛盾纠纷，加之经过评议组织通过查清事实、辩清事理、推动问题依法理性解决，最终形成公平公正的调处建议，同时邀请信访人亲属、邻居等人员参与评议，运用社会力量的软约束治理，评议意见信访人接受程度较高，并且将评议结果形成书面意见，作为信访机关处理意见的重要依据，有效提升矛盾纠纷化解能力，真正实现情理法三治融合。

五、构建民主导向的信访第三方评议存在的短板

（一）评议组织缺乏公信力

随着第三方评议队伍的完善，多元化的专家带来优势的同时，也造成了评议可能存在的问题。目前趋于完善的信访评议组织的代表涵盖面较为广泛，但选出的代表是否能够充分代表民意以及如何选出代表，不同信访评议所采用的方式不同。经过调查研究发现，以群众代表为主的评议会通过民主选举产生，能够较好体现民意的代表性，但评议成员的能力相对较弱。而以专家学者为主的评议组织具备较强的专业性和权威性，通常依靠政府机关主导结合地方实际情况及项目支持组建评议队伍，普遍存在一定的主观性且民意代表性不足等问题。信访第三方评议以民主化的基层协商形式推动信访治

理，需要建立信访人、处理机关与评议主体之间的信任，在建立信任的基础上开展工作以保障信息的完整性和减少评议工作中的不确定性，平衡评议队伍的专业性和代表性建立主体间信任，提升评议工作的效率。

信访评议队伍的能力和素质会影响评议组织的公信力。评议信访工作根据信访事项选择评议人员，导致评议团队的非固定性，并且在信访评议事项从准备到评议的过程中，需要评议成员在短时间内作出正确的评议结果。并且对信访工作的熟悉度和了解度也难以在短期内形成，这就要求评议成员自身具备较高的综合素质，具备高度责任感，自觉提升处理矛盾纠纷的能力以保证评议结果的公正性。各行各业的专家学者共同参与信访评议工作，习惯从各自专业角度出发，与政府工作人员的思维方式也有一定的差别。信访矛盾的多元化致使信访问题涉及多个领域，而不同思维和角度也可能存在一定的差别，难以按统一的标准进行规范。很有可能存在基于法律事实已经依法认定的情况，但由于情理中存在的不合理性，需要面临情理法的平衡问题。

（二）评议过程中立性偏移

信访评议工作关键在于发挥评议组织身份的独立性及地位的中立性，通过公开透明的信访评议让信访人信服。但评议组织通常由政府购买服务方式引入或组建，并在信访机关领导下开展评议工作，如果第三方评议组织在评议过程中未能保持其独立性，反而依据政府部门的意愿开展工作异化为政府的工具时，那么社会公众对于其认可度会十分有限，因此如何保证第三方评议在工作时不被影响或偏向某方当事人将是未来信访评议工作的重点所在。习近平总书记强调我们要随时随刻倾听人民呼声、回应人民期待，要切实把为人民服务的宗旨贯穿信访工作全过程。信访评议工作做得好不好，关键就看信访人的合法权益和诉求是否得到依法保障，广大人民群众是否满意。信访评议队伍的社会公信力需要依赖于长期公平公正评议积累的社会认同感。此外，由于信访评议过程参与主体较多、涉及信访事项范围较广，通过各方表达利益诉求，以评议主体的认知为评判标准进行评判，如果出现某些评议成员个人行为的失范或某件评议案件流程的非规范性，会导致信访人对评议工作公正性的质疑，造成对信访评议工作的不认同。因此，为保证第三方评议的本质初心，评议组织在信访评议中应当合理把控与信访部门的关系，既要合法合规开展信访评议工作，也要保证第三方评议组织的相对独立性，客观公正不偏不倚开展评议，开展令人民满意的信访评议工作。

（三）评议主体参与动能不足

在第三方评议过程中，通过研究发现，首先，目前存在着信访评议与职能部门主体之间的信息壁垒，影响了信访评议效能。信访第三方评议需要充分了解事实，包括信访人的信访事实诉求、处理机关的处理过程及结果。因所需评议事项往往较为复杂，往往涉及多个职能部门，并且信访事项的解决是由具体涉及的相关职能部门进行处理，信访评议需明确涉及的职能部门主体的信访事项全过程处理情况及处理依据，以及信访事项相关的其他情况。但各职能部门在共同参与信访事项过程中，因流程的复杂性及处理过程的公开性问题，可能存在职责不明晰导致推卸责任的情况，并且在评议实践过程中，某些信访人或处理机关为了防止对自身权益的损害，可能隐瞒部分对自身不利的信息，甚至存在扭曲事实或误导评议专家，在未掌握信访事项全态及处理全过程的前提下，导致信访评议的公允性偏差。

其次，评议主体参与信访评议的动能不足。协商民主机制需要信访人和职能部门主体、评议主体充分积极开展协商评议。从信访人角度而言，为了维护自身利益，信访人保持积极的态度应对评议过程，但人民群众所具备的能力多数难以达到评议成员专家和职能干部的水平，因此在表达自身的诉求和协商过程中，往往处于被动状态，不能在短期协商评议过程中保证充分且正确地表达自己的诉求，弱化了其观点的说服力。部分处理机关认为信访事项处理是信访机关的责任，其主要职责只是辅助配合，以至于在协商过程中未能积极配合信访评议。而对于评议专家库而言，以“两代表一委员”、各领域各行业专家学者为主体的评议成员多数为兼职人员，自身的工作也较为忙碌，因此信访评议必须协调多方评议专家的时间，并且衡量专家学者对于信访事项的相关性，这些因素导致评议存在一定的挑战。面对这些问题，如何建立相应的激励机制，调动评议专家成员的积极性，同时考虑第三方主体与政府组织的关系，避免因资金支撑来源产生对政府的依赖导致评议的偏向性。

六、构建民主导向的信访第三方评议路径

（一）激发信访评议主体的责任意识

信访制度的回应特质，与大众民主、实质民主一脉相承，既要“为人民执政”，又要“靠人民执政”（刘正强，2021）。引入第三方社会力量参与信访评议工作，是贯彻落实中央有关决策部署的制度创新，要充分发挥第三方评议组织的力量，必须强化评议成员的责任意识。《宪法》第 2 条第 3 款规定人民依照法律规定，通过各种途径和形式，管理国家事务，管理经济和文化事业，管理社会事务。广大党代表、人大代表、政协委员应当全面践行落实信访工作的为党分忧、为民解难的政治责任和政治本色，发挥人大代表汇聚民意、反映民意的作用。通过信访评议密切与人民群众的联系，全心全意为人民服务，从信访事项中挖掘问题源头，收集意见与建议，推动改进政府工作。广大专家学者发挥其专业优势，从专业化角度对问题进行剖析，从实践案例出发，结合理论与实际拓展其学术研究。此外，凝聚不同社会阶层的信任和力量，在注重引入专家学者的同时，也应当充分考虑专家学者之外的普通群众的意见，提高群众对信访事项意见与决策的感知及认同程度，生动体现信访工作中的民主，同时有助于增强政府公信力，打消以前部分信访人对信访事项处理过程中存在“官官相护”问题的质疑和误解。此外，为提升信访评议工作质量，明确评议工作范围，信访工作评议主要围绕人民群众广泛关注或者其他社会影响较大的、案情较为复杂的信访事项，针对性化解重大、疑难信访事项。

（二）强化信访评议主体的中立性

信访评议主体主要是通过构建信访评议组织发挥其非官方性、非营利性和专业性强的特点，以中立态度搭建双方平等表达其意愿的平台，消除信访人对信访工作的不信任，从而起到解决信访问题处理时的问题或消解信访人

的不合理诉求。信访评议效力的关键在于评议组织的中立性，因此信访评议必须坚持中立原则，秉持公平正义原则。为完善评议工作的中立性，信访评议组织独立开展评议工作，信访机关及信访人应当为评议组织了解事实和处理情况提供相关数据信息支撑，减少信息壁垒，同时，保障评议组织依据事实合理公正进行评议。这是第三方维持其中立性，获取双方信任的关键。此外，规范信访评议程序，制定相关标准细化信访评议流程和步骤，严格按照规定进行评议，增强信访评议的公开透明度，从评议会议召开前的公告发布到评议会议结束后的评议结论都应予以公开，实现公众知情权的最大化。真正发挥第三方评议组织的独立性、中立性、客观性、程序公正性优势，以第三方角度公平、公开、公正地对信访人所反映的信访问题开展评议。在评议过程中准确研判群众诉求，充分发挥人民群众的力量，正确引导群众合理表达诉求，采用伦理道德观念融合情理法化解矛盾，减少行政成本的浪费。积极发挥人民建言献策和监督作用，增强信访评议组织的科学性和民主性，公开评议过程同时起到警示教育作用，树立信访评议权威，打造阳光信访。

（三）释法明理纾解群众信访回应之困

第三方评议应当优化评议指标体系，从情理法多角度进行考量，在以法律为准绳的基础上，同时考虑其情理层面的合理性。情，就是要对信访群众有真感情，千方百计为群众排忧解难，真正把信访工作做到群众心坎儿上；理，就是要综合运用法律、政策、经济、行政等手段给信访群众讲清道理，妥善处理群众信访合理诉求；法，就是要以事实为依据、以法律为准绳，坚决依法依规处理信访问题（邹东升，2019）。面对老百姓的心结、困惑，应坚持情理法的综合运用，弯下腰来，耐心听取民情、民意，疏导群众的信访心结、情结。同时系统、辩证地运用情理法，结合自治、法治、德治，将社会主义核心价值观融入这些疑难复杂信访案件的评议中，尤其注重把握好情理法之间的边界和尺度，再三权衡，既讲法理也讲情理，充分保障人民群众的合法权益，维护社会和谐稳定。评议主体与信访人及处理机关面对面交流沟通，明确存在的问题与矛盾关键所在，进行客观评价，在研判事实基础上，讲明道理安抚不满，真正倾听百姓的声音，严格遵循解决信访问题的“三到位一处理”，凝聚民心，维护社会稳定和谐。

七、结论

信访是群众工作的重要组成部分，需要围绕全面建设社会主义现代化国家的总体布局，聚焦社会稳定，完善信访第三方评议制度，推动信访工作高质量发展，推动国家治理能力现代化，推动信访领域全过程人民民主的落实落细。信访第三方评议制度中包含了民主逻辑，但民主不是装饰品，不是用来做摆设的，而是用来解决人民要解决的问题的。习近平总书记强调“有事好商量，众人的事情由众人商量，是人民民主的真谛”，要“加强协商民主制度建设，形成完整的制度程序和参与实践，保证人民在日常政治生活中有广泛持续深入参与的权利”。信访第三方评议制度推进基层协商民主发展，通过第三方多元社会主体协商参与评议信访事项，以其地位的独立性及主体的专业性，保证评议过程及结果的民主性，促进社会力量共同参与社会治理，体系化、高效能、实质性参与和解决信访纠纷，实现了信访部门和社会资本的互惠共生。信访评议制度是对新时代信访工作制度创新的生动实践，但如何保障信访评议主体的中立性，规范信访评议的制度建设，降低信访评议调动多元社会主体的成本，这些问题仍然有待进一步研究。未来信访工作应当继续朝着民主化轨道前进，逐渐完善信访第三方评议制度，贯彻落实民主化，不断回归信访制度的本心。

参考文献：

郭志远，2014，《我国基层社会矛盾预防与化解机制创新研究》，《安徽大学学报（哲学社会科学版）》第2期。

孔凡义，2020，《农民上访与送法下乡：律师参与基层纠纷化解研究》，《湖北社会科学》第11期。

邹东升、黄琦，2018，《信访评议制度的地方实践与经验启示——浙江海宁模式探析》，《重庆行政（公共论坛）》第6期。

深圳市光明区诉求服务中心，2020，《光明区群众诉求服务中心手册》。
田先红，2018，《人民政治：基层信访治理的演绎与阐释》，中国社会科学出版社。
封蔚然，2021，《以人民为中心的行政信访功能论》，《理论月刊》第2期。
中央信访工作联席会议办公室，国家信访局，2022年，《信访工作条例辅导读本》，中国法制出版社。
何包钢、王锋，2018，《信访机制的民主化——协商民主的视角》，《浙江大学学报（人文社会科学版）》第1期。
钟伟军、黄玥，2022，《迈向全过程人民民主：基层信访治理的逻辑及其转型》，《江苏行政学院学报》第5期。
刘正强，2021，《厚植与补强：信访制度链接超大型国家治理的政治逻辑》，《思想战线》第4期。
邹东升、陈思诗，2019，《违法信访的社会心态解析与情理法融合治理》，《行政论坛》第4期。

关于信访工作与党的社会工作关系的几点思考

□李霄音　杨中华　吴明霞　季　冰*

摘　要：作为新一轮党和国家机构改革的重大举措之一，中央社会工作部的组建，体现了党中央统筹推进“五位一体”总体布局、着力加强社会建设的创新思路。同时，此轮改革明确由中央社会工作部统一领导国家信访局，将信访工作统筹纳入党的社会工作大局，为信访工作的发展提供了新的契机。本文通过探讨信访工作与党的社会工作之间的内在逻辑，提出应立足党的领导、体制机制、基层首创等信访工作优势，吸收社会工作理念与方法，以系统思维、法治思维加强和改进人民信访工作，积极服务于党的社会工作新格局。

关键词：信访　信访工作　群众工作　党的社会工作

党的二十届二中全会通过的《党和国家机构改革方案》将中央社会工作部设置为党中央职能部门，负责统筹指导人民信访和人民建议征集工作、统筹推进党建引领基层治理和基层政权建设、社会领域党建等工作，标志着党建引领社会建设、社会治理的改革思路渐趋成型。同时，方案明确提出，中央社会工作部统一领导国家信访局，并将国家信访局调整为国务院直属机构，充分体现了党中央对信访工作的高度重视和殷切期望。为此，应进一步

* 李霄音，安徽省信访局督查督办处副处长；
杨中华，安徽省信访局研究室主任；
吴明霞，安徽省信访局办公室副主任；
季冰，时任安徽省阜阳市颍东区袁寨镇北照村党支部副书记（挂职）。

树立大局观念和系统观念，准确把握信访工作与党的社会工作的关系，积极主动服务党的社会工作大局，切实推进信访工作法治化，以信访工作的高质量发展为中国式现代化作出新的更大贡献。

一、审视内在逻辑，信访工作已经成为党的社会工作的重要组成部分，党的社会工作也为信访工作提供了广阔发展空间

社会建设是中国特色社会主义事业“五位一体”总体布局的重要组成部分。党的社会工作是社会建设的重要载体，是党领导、整合社会的活动过程，既包括党向社会宣传党的路线、方针、政策，动员社会力量为党的事业奋斗的过程，也包括党通过自身政治优势组织力量、联系群众、凝聚社会、协调利益的过程。同时，党的社会工作也是党的群众工作与基层党建工作以及传统意义上注重社会服务、助人利他的专业性社会工作的有机结合，既具有鲜明的党性与群众性，也体现了科学性、专业性和职业化的要求。具体而言，其包括完善社会政策、保障改善民生、健全社会组织、提供社会服务、创新社会治理、化解社会矛盾、促进社会发展等。而信访工作是送上门来的群众工作，也是党和政府了解民情、集中民智、维护民利、凝聚民心的一项重要工作，面向广大群众，协调多方利益，化解矛盾纠纷，直接服务于党的社会工作大局，实践中已经成为党的社会工作的重要组成部分。

首先，从价值理念看，信访工作与党的社会工作天然契合。一是初心使命一致。党的社会工作根本使命是保证党的领导和党的事业最广泛地赢得社会的支持，主要围绕联系群众、凝聚社会共识、协调利益展开，其出发点是密切党群关系，其落脚点是巩固党的执政基础。信访工作是送上门来的群众工作，既是党和政府联系人民群众的桥梁纽带，也是各级各部门接受群众监督、改进工作作风的重要途径。做好信访工作，事关人民群众切身利益、社会大局和谐稳定。二是工作方法相通。随着我国改革进程的不断深入，国家、市场和社会逐步分离，大量涌现的社会事务难以采用行政管理的命令式

或市场经济的契约式等刚性手段调节。因此，党的社会工作强调发挥专业社会工作的利他性特点及其助人、救难、解困和发展等功能，通过沟通教育、关怀救济等柔性化方式解决社会问题，避免隐性社会风险的显性转化。同样，信访工作综合运用法律、政策、经济、行政等手段和教育、协商、疏导等办法，多措并举化解矛盾，进而减少社会矛盾“触点”、抬高“燃点”。三是目标功能相融。在了解民情、集中民智方面：党的社会工作覆盖面广、动态性强，依托基层党组织、“两新”组织等，全方位、多渠道监测社会矛盾，确保基层社会问题能及时传递给决策者和领导机关。而信访工作通过矛盾纠纷排查化解、信息汇集分析等机制，使民情、民意、民智得以顺畅上达，为完善政策、改进工作提供了依据。在多元治理、维护民利方面：党的社会工作通过科学界定基层党组织功能、吸纳多元社会治理力量，发挥其社会服务功能，消除矛盾滋生土壤，舒缓社会对立情绪，有效维护社会公平。信访工作贯穿社会治理的全过程，通过解疑释惑、保障权益，使群众感受到诉求有人回应、利益有人维护，进而疏导情绪、化解矛盾、弥合撕裂。在政治参与、凝聚民心方面：党的社会工作直面基层社会民众，确保了政治参与的广泛性、直接性、有效性。信访制度是人民群众政治参与的重要渠道，是实现全过程人民民主的重要途径。人民群众通过信访渠道反映诉求、化解矛盾、协调关系，有利于凝聚民心，巩固党的执政基础。

其次，从现实作用看，信访工作为做好党的社会工作提供了重要实现途径。一是促进上下互为联动。信访工作将“四下基层”与新时代“枫桥经验”有机结合，坚持领导干部与人民群众有来有往、高位推动与基层自治双向发力，起到了推进党的社会工作的实际作用。一方面，领导干部接访、下访、约访，直面基层矛盾与困难，倾听群众呼声与诉求，推动更多人力、物力、资源要素、服务管理向基层下沉，夯实党的社会工作基础，切实保障和改善民生。另一方面，充分发扬新时代“枫桥经验”，依靠城乡社区群众自治组织、动员广大社会群众、发挥综治中心等矛盾纠纷多元化解平台功能，切实提升社会治理效能。二是推动前后实现贯通。信访工作通过事前预防、事中解决、事后修复系统工程形成了矛盾化解、问题解决的全闭环。在事前预防阶段，党和政府通过信访渠道接收来信来访、征集意见建议，及时发现化解带有苗头性、普遍性、倾向性、趋势性的问题；在事中解决阶段，通过督查督办、监督追责，推动各级各部门履职尽责，解决群众合理诉求，避免小问题拖成大问题、一般性问题演变成突出问题；在事后修复阶段，综合运用疏导教育、帮扶救助等手段，提供社会服务，化解群众心结；有针对性地改进工作举措，完善社会政策。三是兼顾情法包容并举。信访工作坚持“三到位一处理”原则，兼顾法与情、刚与柔。在解决群众合理诉求中，有效维护群众正当权益和社会公共利益，修复党群干群关系，避免社会矛盾激化；在教育无理诉求群众过程中，宣传解释国家法律法规，纠正群众误解误判，避免社会资源浪费；在帮扶救助生活困难群众中，有效关怀关爱社会弱势群体和边缘人群，弥补社会保障漏洞；在依法处理违法行为中，有效震慑缠访、闹访等信访活动中的违法犯罪行为，将信访问题的处理引导到法治轨道上来，保障正常的社会秩序。

最后，从改革方向看，纳入党的社会工作部门统一领导有利于信访工作的高质量发展。一是改进工作理念。党的社会工作统筹信访工作，有利于信访工作发挥“减压阀”“晴雨表”作用，也为长久以来过度敏感化的信访工作提供难得的转型机遇。信访工作的话语体系需要因时因势而进，突出更具整体性、时代性、专业性的“社会”特征，业务范围从聚焦基层向覆盖社会转变，工作侧重从强调权利救济到兼顾集中民智转变，工作导向从维护稳定向维护法治转变，从而更好适应形势发展需要，补齐党在社会建设方面的短板。二是强化工作效能。党的社会工作统筹信访工作，有利于充分发挥党在组织、宣传、社会等方面的政治优势。通过强化人民建议征集功能，可以更好检验执政得失，对政策及时作出调整；通过统筹推进党建引领基层治理和基层政权建设，可以更有针对性地选齐配强基层党组织领导班子，强化基层战斗堡垒作用，及时将矛盾纠纷化解在萌芽状态；通过统筹指导混合所有制企业、非公有制企业和新经济组织、新社会组织、新就业群体党建工作以及志愿者服务队伍，可以拓宽社会力量参与信访工作的制度化渠道，充分发挥社会人士作用，补强信访工作力量。三是推动法治保障。党的社会工作统筹信访工作，有利于宣传倡导“助人利他”的社会工作理念，向人民群众彰显平等、自愿、公平、诚信、绿色、尊重公序良俗的基本法治思维。同时，通过社会力量、舆论力量的干预，更好敦促各级各部门及工作人员切实提升运用法治方式解决问题、化解矛盾的能力水平，引导信访人理性表达诉求、依靠法律手段解决纠纷，促进信访工作依法规范运行，更好保障群众合法权益、实现公平正义。

二、客观分析现状，既要充分肯定信访工作已有体制机制优势，也要清醒看到差距和不足

党的十八大以来，以习近平同志为核心的党中央顺应时代要求、现实需要和人民群众的期待，对信访制度进行与时俱进的改革创新，全国信访形势呈现出一系列积极可喜的变化，信访工作体制机制更加健全、业务不断规范、质效明显提高、保障坚强有力，新时代信访工作格局基本形成，彰显出中国特色社会主义信访制度的显著优势。

首先，党的领导优势。我国的信访制度是我们党领导建立的人民信访制度，其创立、发展以及不断走向完善的每一次探索、每一次进步，都是在党的领导下进行的。信访工作是党委办公厅职能的延伸，它从最初承担党委领导同志接收群众来信的办理职能，到履行“为民解难、为党分忧”的政治责任，在密切党群干群关系、解决群众合理诉求、缓和社会矛盾等方面始终发挥着至关重要的作用。2022 年 2 月，中共中央、国务院颁布施行《信访工作条例》，是全面规范信访工作的第一部党内法规，构建了“党委统一领导、政府组织落实、联席会议协调、信访部门推动、各方齐抓共管”的信访工作格局。在党的领导下，中央、省、市、县四级普遍建立了信访工作联席会议制度，通过发挥统筹协调、整体推进、督促落实职能作用，形成上下联动、左右协调、运转高效、综合施治的信访工作合力。

其次，体制机制优势。全国信访工作点多、线长、面广、队伍庞大。如果没有一个科学有效的体制机制，上级的决策不能顺畅抵达基层，就会造成上情下达的“肠梗阻”；基层的问题不能得到及时解决和反映，小问题可能

变成大问题，就会形成下情上达的“堰塞湖”。党的十八大以来，中办、国办及中央信联办、国家信访局出台了一系列制度机制文件，从信访工作受理、办理、督办、考核等各个环节进行规范。特别是，信访工作调度、督查、通报、考核等机制，运用“一竿子插到底”的工作方法，将责任压实到属地和主管职能部门，从源头上控增量、减存量、防变量，依法及时就地解决信访问题，切实维护群众合法权益，维护社会和谐稳定。

最后，基层首创优势。人民群众是历史的主体，是社会物质财富和精神财富的创造者，是变革和创新社会制度的决定性力量。信访工作始终坚持尊重基层首创精神，坚持和发展新时代“枫桥经验”，充分尊重人民群众在信访制度改革中的主体性地位，广泛汇聚人民群众的智慧和力量，为信访工作注入不竭动力。安庆市桐城市“六尺巷”工作法，挖掘“六尺巷”典故蕴含的“和为贵”文化内涵，发扬谦和、礼让精神调解矛盾纠纷，走出了“党建领事、礼让和事、群众说事、多元解事、网格管事、群力防事”的基层善治新路径。阜阳市颍州区西湖镇白行社区“四事四权”工作法，通过“网格管事、五老调事、支部说事、群众议事”，保障群众对村级事务的“知情权、监督权、参与权和决策权”。黄山市“作退一步想”工作法，挖掘儒家思想和古徽州文化中“谦仁礼让”“以和为贵”“退一步想”的处世之道，有效化解基层矛盾纠纷。

但也要清醒看到，我国各类矛盾和风险仍处于易发多发期，信访工作依然面临不少难题，信访工作任重道远。一是风险挑战依然巨大。从国际环境看，“百年未有之大变局”加速演进，在复杂严峻的国际政治环境和经济下行压力下，各种矛盾往往会暴露出来并日益尖锐，要准备经受风高浪急甚至惊涛骇浪的重大考验。从国内形势看，经济社会发展不平衡不充分问题仍然突出，一些热点、难点、焦点问题难以回避。信访总量仍处于高位运行，并有上升态势，城乡建设、农村农业、劳动社保、涉众金融等领域信访问题较为突出。二是源头治理存在短板。部分党政机关的程序意识不断增强，但集中民智、科学决策、高效执行的能力和水平还有待提高：有的在定政策、上项目时缺乏全过程人民民主的自觉，征集人民意见的广度、深度不足；有的存在效率为先的惯性思维，决策时缺乏社会稳定风险评估；有的落实政策不能做到“一碗水端平”，引发群众攀比。此外，信访、“12345”热线及其他投诉平台过多，多头交办，浪费行政资源。基层综治、信访、司法行政及各类调解组织、社会志愿者组织管理框架不同、考核体系不同，在处理矛盾纠纷时难以形成工作合力。三是工作机制亟待优化。从信访工作流程看，预防、受理、办理、监督追责、维护秩序各环节之间还存在程序不优化、实体不到位、衔接不顺畅等问题。从群众认识看，他们的维权意识虽不断增强，但依法逐级理性表达诉求的法治观念还有待提高。从功能作用看，有的“维权”与“维稳”不分，简单地把信访工作当成维稳工作来抓；有的对以访施压、以访牟利行为，处置措施不当，选择“花钱买平安”。从信访工作监督看，考核通报体系和责任追究体系还不够完全科学合理。调研中，一些基层干部反映，他们承受着信访事项化解、稳控和倒查问责的三重压力，对从事信访工作有怨言、缺乏归属感。

产生上述问题的原因有很多，但归根结底还是由于原有的体制优势已不能完全解决新形势下产生的新问题。对此，以习近平同志为核心的党中央审时度势、英明决策，果断决定组建中央社会工作部，将信访工作纳入党的社会工作统筹。因此，站在新的历史起点，面对纷繁复杂的形势，既需要我们“顺着信访看信访”，妥善解决发展进程中出现的各类具体问题，更需要我们“跳出信访看信访”，将信访工作放在党的社会工作大局中去考量，防止将长期目标短期化、系统目标碎片化、把持久战打成突击战，以实实在在的改革措施主动求变、自我革命。

三、展望未来发展，既要立足信访工作现有基础，更要发挥党的社会工作优势，积极服务改革大局

社会问题源于人民内部矛盾。矛盾不断出现，又不断解决，这是事物发展的客观规律。展望未来，应准确把握机构改革背景下信访工作的变与不变，坚持发挥党的社会工作优势，以系统思维、法治思维加强和改进人民信访工作，积极服务改革发展稳定大局。

首先，坚持党总揽全局、协调各方的政治优势，在信访工作定位上处理好“长远”与“当下”的关系。长远与当下是辩证统一的关系，体现了事物发展的阶段性与过程性。只有既立足当下，通过一定的途径、方式和措施，解决现实中存在的显性信访问题，又着眼长远，从制度、机制上改善产生信访问题的隐性社会土壤，才能切实把信访制度优势转化为治理效能。一是预防在前。健全人民建议征集机制，推动各地出台具体实施意见，定期开展优秀人民建议评选、表彰活动，鼓励社会各阶层通过信访渠道就公共问题、民生问题提出意见和建议，同时推进信访工作从参与保障向参与决策转变，从事后处置向事前干预转变。二是评估在先。发挥信访部门掌握大量诉求信息的优势，积极参与社会稳定风险评估协调联动体系，对可能引发矛盾纠纷的激烈程度和持续时间、涉及人员数量以及对策方案的可行性、可控性进行定量分析，为重大项目实施、重大政策调整提供决策参考。三是考核在优。发挥考核“指挥棒”作用，完善信访工作考核体系。充分考虑地区人口、地域面积、经济发展状况，增强可比性。统筹好“有数量的质量”和“有质量的数量”，既防止基层“重数量，轻解决；重稳控，轻化解”的倾向，又防止个别信访人利用现有考核体系以访施压、以访牟利。对涉法涉诉信访事项，可由政法机关结合自身实际，设置考核指标，由其自行测评，信访部门统计汇总。强化顶层设计，统筹综治、公安、司法行政、信访等工作考核指标，倒逼各系统同向发力、形成合力。

其次，坚持党的领导与人民当家作主有机统一，在社会矛盾化解上处理好“前端”与“末端”的关系。信访工作处于末端，是送上门来的群众工作，具有“被动”性。社会工作处于前端，提早谋划部署，防止矛盾激化，具有“主动”性。因此，化解社会矛盾，既要抓末端、治已病，更要抓前端、治未病。一是实现上下联通。弘扬“四下基层”工作法，常态化组织党员领导干部到困难多、群众意见集中、工作打不开局面的地方和单位，接访下访、现场办公、协商恳谈，倾听群众呼声，摸清社情民意，提出改进举措。坚持和发展新时代“枫桥经验”，继续完善包片联户、网格化管理、信访代理等机制，推动基层干部围绕教育、养老、医疗和物业、托育等民生热点问题就地开展议事协商，解决好群众关心的“关键小事”；丰富党员服务基层载体，统筹运用好志愿者服务、“两新组织”等多方面力量，积极开展公共文体活动、结对帮扶行动，努力将“原子化社会”转化为“组织化社会”，提升群众自我管理、自我服务、自我教育、自我监督的自治能力。二是注重左右协同。落实“民呼我为”“接诉即办”工作机制，归集信访、12345市民服务热线等现有平台，建立全国性的矛盾纠纷多元化解信息系统，实现“马上就办、一网通办”，避免“多头交办、重复交办”。参照各级政务服务中心模式，打造市县两级“一站式”社会服务中心暨“信访超市”，整合政法机关、信访部门、群众诉求重点部门及各类调解组织入驻，做到让群众投诉“只进一扇门，最多跑一地”，努力在信访渠道之外解决社会问题。三是加强前后衔接。强化对矛盾纠纷的全过程要素管理，做到调解优先、分层递进、司法兜底，同时引入社会工作全程介入。着力加强人民调解，推动基层组织善于运用调解手段来“钝化”矛盾。行政复议机关、政法机关、仲裁机构、信访部门等，要优先鼓励当事人通过和解、调解方式化解矛盾；调解不成的，引导当事人通过仲裁、行政裁决、行政复议等途径解决；再不服的，引导提起诉讼。社会工作应全流程介入矛盾调处，运用好市场、公益、慈善等途径，努力把各行各业的专业人员组织起来，使其在解决信访问题、化解矛盾纠纷等方面最大限度释放正能量。同时，要健全完善社会风险应急预案，确保一旦出现突发情况，能够快速反应，避免矛盾扩大。

再次，坚持党的领导与依法治国有机统一，在信访问题处置上处理好“维权”与“维稳”的关系。坚持在法治轨道上推进国家治理体系和治理能力现代化，是实现良法善治的必由之路。推进信访工作法治化，关键是要落实“五个法治化”“四个到位”等要求，督促各级各部门依法按政策预防和解决信访问题，引导群众依法理性维护自身权益，实现社会公平正义，确保社会安定有序。一是信访受理应更加精准。坚持问题导向和实践导向，进一步完善和细化分类处理工作指南。可围绕登记量排名靠前的信访热点问题逐一制定“路线图”，明确在什么情况下可以调解，在什么情况下可以仲裁、诉讼、行政复议，在什么情形下信访程序才需要发挥补充救济作用。完善甄别分流转接机制，借鉴各地行政服务中心行政审批服务首席代表制度，引入政府法律顾问、公职律师等专业人士担任群众投诉受理首席代表，开设“专家门诊”，根据矛盾纠纷的不同特点以及当事人的实际状况，综合运用调解、复议、仲裁、信访、诉讼等各种“治疗”手段，现场“会诊”并提出“治疗”方案。二是信访办理应更加高效。严格落实首办责任，避免将建议意见和检举控告错登为申诉求决件办理。对涉法涉诉信访事项，避免简单以诉访分离为由撒手不管，应进一步强化政法机关、信访部门以及有关单位的有效衔接、密切配合、跟踪督办。对属于信访三级程序受理的事项，要综合运用听证评议、专家论证、实地勘察、约谈当事人等多种手段处理，该维持的维持，该纠正的纠正。其中，对信访人满意处理意见的，可及时达成和解、调解协议并努力引导其进入司法确认程序，增强化解整体效果。对于重复登记次数较多的疑难复杂信访问题，应落实领导包案、工作专班、逐案复盘评查，切实推动“三到位一处理”。对“三跨三分离”信访事项，下级信访部门协调未果的，建议上级信访部门靠前一步，帮助厘清户籍地、常住地、事发地的责任关系。对信访事项已经复查复核和涉法涉诉信访事项已经依法终结的，应坚持不再受理、不再统计、不再考核，同时由基层党委政府以及专业化社会组织做好后续疏导工作。对已经作出信访事项处理、复查意见或判决、裁定，但信访人又拒不提出复查、复核请求或上诉、申诉且继续重复越级信访的，应建立起内部评查制度，完善法律程序。对已纳入终结退出范围的信访事项，但信访人仍重复信访的，上级信访部门可通过实地督查、案卷评查等方式抽检。三是“双向规范”应更加坚定。充分发挥监督追责利剑作用，努力实现“预防、受理、办理、监督问责、维护秩序”等环节全链条、全覆盖、嵌入式监督。及时向党委政府督查工作机构开展督查调研提供信访突出问题线索，向巡视巡察机构提供被巡视地区、单位领导有关信访举报或当地重要信访问题。对督查中发现的违反《信访工作条例》问题，应切实履行“三项建议权”，涉及追责问责建议的同步抄送相关纪检监察、干部监督等部门，并适时通报或者公开曝光，真正树立信访部门权威，更好维护群众合法利益。要认真落实“两高一部”《关于依法处理信访活动中违法犯罪行为的指导意见》，对以访施压、以访牟利、滋事扰序、缠访闹访等违法信访行为，应依法果断予以处置，并有步骤、有计划曝光极少数以信访为名实施违法犯罪行为的典型案例，更好地树立维护社会秩序的鲜明导向，推动形成良好的法治生态。

最后，坚持党管干部、党管人才原则，在能力素质建设上处理好“队伍”与“人才”的关系。事业的发展离不开队伍的建设，社会的进步离不开人才的支撑。当前，信访任务十分繁重，做好今后工作既要用好党内资源、行政资源，加强干部队伍自身建设，也要用好党外资源、社会资源，做到“聚天下英才而用之”。一是强化党员干部社会工作能力。特别重视在社会矛盾冲突最激烈的一线部门培养党员干部，通过接触、解决社会矛盾，提高党员干部对社情民意的客观认识，增强其对全局和形势的把握能力，为其下一步工作奠定实践基础。对在决策机关工作的干部，应结合其联系的工作领域，定期安排到该项工作较为薄弱的地区或者部门挂职锻炼，努力做到带着问题下沉基层、带着答案回到机关、形成实效回馈社会。二是提升信访干部专业化水平。定期开展岗位练兵、实战比武、业务论坛，推动信访干部提升社会、法律、心理等多学科知识储备，强化专业素质。注重选派从事社会、法律实务的公职人员到信访部门挂职锻炼，多招录具有相关学历背景的人才进入信访队伍，逐步补强工作力量。强化信访智能化平台建设，为信访部门分析形势、协调案件、起草文书提供更为高效的辅助服务，为群众表达诉求、维护权益提供更为人性化的服务。关心关爱信访干部自身成长进步，适时开展心理疏导，激发干部队伍活力。三是推动社会力量参与信访工作。建立健全由“两代表一委员”以及相关领域人士组成的信访工作专家库，为解决好信访问题提供支撑支持。以购买服务或者项目化运作等方式，引入专业律师、心理咨询师定期坐班，参与日常接访、调解、回访等工作。更好发挥城乡基层生活服务类、公益事业类、慈善互助类、专业调处类、治保维稳类等社会组织的作用，积极探索经营主体、社会力量广泛参与的工作新模式，充分吸收借鉴个案工作、团体工作、社区工作等社会工作方法，帮助信访人解决生活中的实际困难，摆脱心理阴霾，回归正常轨迹。健全完善志愿服务的组织机制，吸纳有知识、有素养的青年一代志愿者，为社会工作、信访工作注入新鲜血液。

参考文献：

施凯，2006，《党的社会工作导论》，上海人民出版社。

肖堃涛，2006，《党的社会工作探索》，上海人民出版社。

赵一红，2016，《社会工作与党的执政能力关系研究》，中国社会科学出版社。

舒晓琴，2019，《中国信访制度研究》，中国法制出版社。

国家信访局，2022，《信访工作条例辅导读本》，中国法制出版社。

孟天广，2023，《信访、党的社会工作与社会治理创新》，《信访与治理研究》第2辑。

信访观察

党建引领基层信访问题源头治理的实施路径*

——基于上海市奉贤区的调查分析

□ 胡洁人　宋春艳　舒启燕**

摘要：在全面贯彻落实党的二十大精神和推广“枫桥经验”和“浦江经验”背景下，本文以中国共产党的群众史观和群众路线为理论依据，聚焦于如何借助党建引领，将基层信访工作从被动应对转变为主动服务，真正实现“为了群众”与“依靠群众”有机结合的治理目标。上海市奉贤区基层信访工作高度重视党建引领，强调“以人民为中心”、令人民群众满意。本文通过深度调研、案例分析和半结构式访谈，对上海市奉贤区党建引领下基层信访在中国特色社会主义现代化进程中面临的新变化和新挑战进行深入分析，通过提炼和总结奉贤区信访工作的特色、亮点、现状不足和问题成因，系统构建党建引领下信访问题源头治理的对策建议和具体实施路径。本文的研究为当前我国基层信访问题源头治理提供了切实可行的方案和可供推广的经验借鉴，有助于推进“回应型政府”的构建和完善，对进一步推动我国基层治理现代化和社会和谐稳定的发展具有重要意义。

关键词：党建引领　信访　源头治理　稳定和谐

---

* 本文是国家信访局理论课题“深入推进信访工作法治化的关键机制及实施路径研究”的阶段性成果。

** 胡洁人，浙大城市学院法学院特聘研究员，博士生导师；
宋春艳，上海市奉贤区信访办副主任；
舒启燕，上海公益社工师事务所高级社工师。

一、研究背景与研究问题

党的二十大报告强调了完善正确处理新形势下人民内部矛盾机制的重要性，其中包括加强和改进人民信访工作，畅通和规范群众诉求表达、利益协调、权益保障通道。2023 年 3 月，中共中央、国务院印发了《党和国家机构改革方案》，对党和国家机构进行了一系列重要调整。其中，一项重要的改革举措就是组建中央社会工作部。中央社会工作部的组建，旨在加强党在社会领域的引领，统筹指导人民信访工作和建议征集工作，整合社会资源，重塑党和社会的关系。这一举措充分体现了党中央、国务院高度重视信访工作，积极推动社会治理体系和治理能力现代化，努力构建共建共治共享的社会治理格局。

党建引领下的信访工作需要将党的组织优势和党员的先锋模范作用融入工作的质效提升中，更好地服务人民群众的利益。党的全面领导是习近平总书记对党的领导与建设理论的重要创新和发展，它需要体制机制的保障。2022 年 2 月 25 日，中共中央、国务院发布了《信访工作条例》，坚持将党的全面领导确立为基本原则，并通过一系列配套制度来贯彻实施。因此，作为中国共产党群众工作的重要组成部分，如何在信访工作中充分发挥党建引领的作用、激发和提升党员干部特别是基层信访干部的工作积极性和主动性，沿着正确的政治方向、紧贴人民群众的新要求新期待，在信访工作中担负起为民解难、为党分忧的政治责任，充分保障人民群众的合法权益，提升人民群众的获得感和幸福感，是当前信访工作亟待解决的重点问题，亦是难点问题。

党的二十大报告提出，“加强和改进人民信访工作，畅通和规范群众诉求表达、利益协调、权益保障通道”。这为做好新时代信访工作指明了努力方向、提供了重要遵循。如何通过党建引领推动基层信访工作从“堵”到“疏”，实现矛盾纠纷源头预防和有效化解？如何改变基层信访干部从“被动应付”到“主动下访”？如何真正实现“为了群众”和“依靠群众”两者的有机结合，吸纳和协调社情民意以推动建设以人民为中心的“回应型政府”?

为回答上述问题，本文以上海市奉贤区基层信访工作为重点研究对象，深度分析该区在基层信访问题源头治理中党建如何引领党员干部、党员干部如何引领群众，在信访纠纷解决中发挥先锋模范作用，通过展示奉贤区信访工作的特色经验、现状不足及其原因，提出构建党建引领下基层信访问题源头治理的新机制和新模式，从而更好地解决我国基层信访问题面临的新变化和新挑战、完善我国信访制度，令群众在信访问题处理过程中相信共产党能办事、能办好事，对提升党的凝聚力、战斗力和创造力具有重大意义。

二、信访矛盾纠纷源头治理的理论基础

群众路线是毛泽东思想活的灵魂，是党领导革命和建设力量的源泉。一切为了群众，一切依靠群众，从群众中来、到群众中去是群众路线的基本内涵。群众路线是伴随着毛泽东开辟中国革命道路的历史进程、思考解决中国革命的出路和基本问题而提出、建立并逐步成熟的。毛泽东的群众路线不仅全面反映了马克思主义的唯物史观，强调人民群众是物质财富、精神财富的创造者；而且充分展示了马克思主义的认识论，突出强调从群众中来的理性认识过程和到群众中去的客观实践过程。

毛泽东的群众路线观对习近平新时代中国特色社会主义思想建设具有重要意义和价值。新时代“枫桥经验”作为我国社会治理的重要创新实践，从浙江诸暨发端向全国发展，凝结着一代代中国共产党人带领人民创新社会治理的探索。2013 年，习近平总书记就坚持和发展“枫桥经验”作出重要指示，“各级党委和政府要充分认识‘枫桥经验’的重大意义，发扬优良作风，适应时代要求，创新群众工作方法，善于运用法治思维和法治方式解决涉及群众切身利益的矛盾和问题，把‘枫桥经验’坚持好、发展好，把党的群众路线坚持好、贯彻好”。2020 年，习近平总书记在基层代表座谈会上提出要加强和创新基层社会治理，坚持和完善新时代“枫桥经验”，加强城乡社区建设，强化网格化管理和服务，完善纠纷预防调处综合机制，切实把矛盾化解在基层。2022 年，党的二十大报告也指出要健全共建共治共享的

社会治理制度，提升社会治理效能，在社会基层坚持和发展新时代“枫桥经验”，完善正确处理新形势下人民内部矛盾机制，畅通民意诉求表达通道，进一步推进完善基层治理平台。2023年，习近平总书记提出坚持和发展新时代“枫桥经验”，要把准群众诉求，及时解决基层群众的困难和矛盾。正是由于习近平总书记高度重视并创新发展了“枫桥经验”，才使得“枫桥经验”能够不断适应经济社会发展变化和社会主要矛盾深刻变化而与时俱进、历久弥新。当下，新时代“枫桥经验”更加强调党的领导、彰显法治思维、关注社会参与，对推进中国式现代化，加强法治社会建设具有重要意义。

信访是中国自古以来独树一帜的传统制度，源远流长。随着社会的不断发展和进步，信访法治化进程历经创建时期、探索调整期、恢复重塑期、法制起步期、功能转型期、创新加速期、法治完善期等阶段（李晓瑜，2020）。深入推进信访工作法治化，是贯彻习近平法治思想和习近平总书记关于加强和改进人民信访工作的重要思想的必然要求。习近平总书记指出，把信访纳入法治轨道，要强化法律在化解矛盾中的权威地位，引导群众依法表达诉求，让当事人切实感受到依法按程序就能公正有效解决问题。这就要求基层在新时代信访工作总体布局中突出法治的规范、保障和引领作用，把信访工作法治化摆到更加突出、更加重要的位置，不断提高运用法治思维和法治方式深化改革、推动发展、化解矛盾、维护稳定、应对风险的能力。

这些理论为本文探索上海市奉贤区基层信访问题的源头治理提供了重要的参考依据，是构建基层党建引领推动信访源头治理的新机制和新模式的出发点，也是当前进一步推动实现矛盾纠纷“诉源治理”的立足点。

三、上海市奉贤区基层信访问题源头治理的现状

上海市奉贤区历来高度重视基层信访工作，以贯彻党的群众路线为基本方针，以坚持对群众有感情，把群众的事当作自己的事为基本理念，强调党建引领，将信访工作与党委各项重点工作结合起来，坚决贯彻落实信访工作“有流程、可操作、能追溯”的全过程人民民主理念。奉贤区信访办长期以来一直将信访问题的源头治理作为工作重点。通过党建引领、联席会议机

制、法治思维和社会力量的参与等多种方法，尤其在信访问题源头治理方面取得了显著的成效。

首先，强调党建引领在信访问题源头治理中的核心作用。党组织在信访工作中发挥着领导和示范作用，通过建立和完善党建引领信访工作的机制和模式，有效地提高了信访问题的解决效率和治理质量。奉贤区党委和政府高度重视信访工作，视其为重要政治任务，加强了组织领导，明确了责任分工，并且推动了信访工作的深入发展。此外，基层党组织在信访工作中的引领作用还表现在积极推动党员干部下沉一线，深入了解群众需求，及时解决信访问题，从而在源头上减少信访问题的产生。

其次，建立并不断推动信访工作联席会议制度的更新和完善。通过“签约合作”的方式，奉贤区实现42个部门与信访办签约实现多部门紧密协同合作的工作机制，推动及时有效解决信访矛盾纠纷，特别是预防群体性事件的发生。信访工作联席会议制度的实施促进了部门之间的有效沟通和协调，形成了强大的工作合力，从而提高了信访问题解决的效率和质量。联席会议的常态化运行确保了信息的畅通和问题的及时反馈，为源头治理提供了坚实的支持。同时，联席会议制度还加强对信访问题的预警预测，提前制定应对措施，提高了信访问题解决的主动性。

再次，高度注重法治在信访治理中的重要性。认真贯彻落实习近平总书记关于加强和改进人民信访工作的重要思想，增强“四个意识”、坚定“四个自信”、做到“两个维护”，牢记为民解难、为党分忧的政治责任，坚守人民情怀，坚持底线思维、法治思维，服务党和国家工作大局，维护群众合法权益，化解信访突出问题，促进社会和谐稳定。同时，严格按照《信访工作条例》规定，坚持依法按政策解决问题。将信访纳入法治化轨道，依法维护群众权益、规范信访秩序。通过加强法律宣传教育、提升法治意识和推动法治建设，有效地化解了信访矛盾。各级政府和相关部门坚持依法行政，依法解决信访问题，确保公平公正处理矛盾纠纷。法治思维和法治方式的引入，使信访工作更加规范化和有序化，从而提升了信访问题解决的质量和效果。

最后，积极引入社会力量参与信访问题的解决。奉贤区政府鼓励社会组织、专业机构和志愿者等社会力量参与信访工作，丰富了信访工作的参与主体，提升了工作的效能和治理水平。同时，社会力量的参与不仅扩大了信访问题解决的范围，也为信访工作带来了更多的智慧和创新力。

综上所述，上海市奉贤区在信访问题源头治理方面采取了一系列有力举措，取得了显著的成效。然而，为了更好地服务于民众，还需要进一步深化改革，解决存在的问题和挑战，不断提升信访工作的水平和质量，从而为老百姓提供更加优质的公共服务。

四、奉贤区党建引领信访问题源头治理的典型案例

（一）人民建议征集的重视和发展

奉贤区始终坚持以人民为中心的发展思想，贯彻落实“人民城市”重要理念，为了更好地倾听民意、汇聚民智，奉贤区积极响应《上海市人民建议征集若干规定》，广开言路、广汇民智、广泛宣传。自 2023 年 8 月开始，奉贤区委宣传部牵头开展“贤城问计 人民建言”主题征集活动，通过“随申办”App、“上海奉贤”门户网站、“上海奉贤”微信公众号等线上平台，借助专题座谈、大调研、早餐圆桌会等线下载体，邀请全区市民关心城市建设、关注身边变化，为奉贤发展建言献策，共同为城市建设出谋划策。

短短 3 个月，奉贤新城推进办、区农业农村委、区经委等部门围绕“贤城问计 人民建言”主题，面向“两代表一委员”、基层村居干部、广大基层群众，开展各类建议征集活动 80 余次。区信访办联动各街镇联系点征集建议近 700 条。其中，如土生土长的奉贤市民李女士通过这个活动，提供了一条好建议：她发现，去国妇婴奉贤院区的就诊人群，主要是通过私家车、出租车、公共交通三种方式前往，但大部分人群以私家车出行为主。由于道路条件受限，就诊高峰时段，大量车辆涌入，往往造成医院周边道路长时间拥堵，“建议公交车高峰时段适当缩短发车间隔，增加车次，为患者提供更多便利；希望增设从地铁站至医院的短驳便民班车，减少私家车出行”。

这条建议很快就得到了奉贤区建设和管理委员会（奉贤区交通委员会）的书面答复。在答复中明确讲到，近期区建管委将会同国妇婴、公交公司开展区域公交出行需求调研，并结合高峰期客流情况研究优化公交线路班次和作业计划。还将调查分析就诊者就医个性化出行需求，从而研究针对就诊人群提供定制客运服务的可行性。这让李女士颇为感慨和激动："能为自己的家乡出一份力，感到非常光荣。"

2023 年，奉贤区通过各种渠道征集人民建议 2672 件，整理报送市区两级 280 件，获市领导批示 5 件，区主要领导批示 7 件。这不仅进一步扩大了群众的话语权，将民意始终贯穿于工作的全过程，更有助于政府部门提前了解民众诉求和需要，积极回应社会关切，通过汇集更多具有针对性、全局性、前瞻性、创新性、可行性的意见建议，问计、问政、问策，进一步提升广大市民的满意度、获得感和幸福感。

（二）信访代理服务的实施和拓展

根据国家信访局提出的让群众"最多访一次"工作要求，奉贤区进一步完善以村（居）为基础、街镇为支撑、区为统筹的三级联动机制，以深化信访代理服务为抓手，广泛发动和借助社会力量开展信访工作，方便群众反映诉求、解决问题，力争实现"小事不出站点，大事不出村居，难事不出街镇"的工作目标。通过 3 年的探索实践，在全区建设了 303 个村（居）信访代理服务站和 163 个信访代理服务点，通过"老百姓动嘴，代理员跑腿"的代理服务模式，变"群众上访"为"替群众跑腿"，变被动化解矛盾为主动解决问题。在这样的信访代理服务模式下，不仅解决了群众不会访、无序访和走弯路的问题，还实质性地化解了一批涉及老百姓切身利益的信访难题。通过信访代理服务，奉贤区进一步畅通、优化信访渠道，让群众在家门口就能反映诉求，进一步关注"沉默的少数"，发动民间调解，整合各方资源，发挥群众智慧，为群众提供更加便捷、高效的服务。

特别是自第二批主题教育开展以来，奉贤区进一步注重党建引领、拓展信访代理服务，以解决"加强基层社会治理，就地及时解决群众诉求"等方面存在的不足。这一举措旨在加强社会治理，让群众诉求能够在本地及时得到依法解决，最终实现“最多访一次”的目标。海湾镇将在1个镇信访代理服务窗口、3个生活驿站信访代理服务站、8个居委信访代理服务点的基础上，增设1个蓝湾信访代理综合服务站及2个新成立居委（海兴、云樱）信访代理服务点。落实镇党政班子信访接待、“两代表一委员”社区接待、职能部门信访接待等制度，广泛征集人民意见。健全信访代理“一站式”服务，完善“1+4+X”的“信访代理服务中心、站、点”三位一体服务体系，着力构建解决纠纷的“纵横网”。

在具体实践上，首先，在基层社会治理载体生活驿站和睦邻四堂之间建立信访代理服务站，将信访服务延伸至基层社区，全区303个村（居）已设立信访代理服务站，打造15分钟信访服务圈。其次，奉贤区丰富了信访代理服务内容，包括政策解读、法治宣传、法律咨询、建议征集等服务。同时，坚持属地管理、群众自愿、公益无偿、公平公正、排疏结合的原则，确保信访事项及时有效解决。最后，奉贤区鼓励更多志愿者参与信访代理服务工作，包括法官、律师、大学生村官、乡贤、退休老干部等。这一举措使信访代理服务惠及更广泛的基层群众，提高了信访问题的解决效率。

（三）“外卖式”信访机制的尝试

上海市奉贤区庄行镇的城乡建设快速发展、乡村振兴全面推进，居民利益诉求多样复杂、矛盾纠纷频繁多发、信访问题新老交织，社会治理面临不少难题。在这样的背景下，庄行镇以党建统领为核心，通过22个村（居）级“外卖式”信访服务点，构建“家门口”信访服务场所矩阵。依托“信访外卖e见答”数字化平台迭代升级“互联网+信访”服务，通过“顾客”下单—“商家”接单—“外卖员”配送—“顾客”评分四步，畅通民意诉求反映渠道。如今，“信访外卖e见答”数字化平台二维码已覆盖全镇21个村（居）及周边商超等100多个点位，将信访服务由原先的1个“主阵地”辐射至全镇100多个扫码“微阵地”，形成了便捷、高效、贴心的10分钟民意圈，更将“5×8小时”的“限时服务”延伸至“7×24小时”的“全时段服务”，实现信访“触手可及”，时效升级和排忧解难“零等待”。针对辖区老年人口多的特点，结合老年用户的使用习惯，在“信访外卖e见答”数字化平台中植入语音输入功能，无须打字即可反映诉求，过程便捷、省时省力。而对于不会操作智能手机的老年人、行动不便的特殊群体等，则依托辖区内36个信访代理服务站（点），由信访代理员代为下单或上门“跑腿”，着力破除老年人的“数字鸿沟”，实质性减轻群众“访累”。

“每到周末，孩子们都会开车过来看我。他们到了小区后，虽然有空余的公共停车位，但这些车位却被人私自安装了地锁，导致有‘位’不能停……”这是一封市民何女士向庄行镇信访服务点发来的信。私装地锁侵占公共资源、易引发意外伤害。但由于部分居民不愿配合，以自己下班晚、每次回来都没有停车位为由，导致居委会无法拆除地锁。无奈之下，何女士通过小区内的“信访外卖e见答”二维码，在线投诉了这一问题。收到市民诉求后，庄行镇信访办第一时间将此事项列入“上门办信”，联系相关职能部门及属地居委会共同开展“外卖式”信访服务。

丽水湾居委会副主任黄超作为社区信访服务二级案长，与镇信访办工作人员及镇综合行政执法队队员一同进小区走访。通过镇综合行政执法队的法律指导和居委会工作人员的耐心沟通，让居民们逐渐意识到，私装地锁是一种侵占公共资源的行为。对于个别坚持不肯拆除地锁的居民，庄行镇信访办通过邀请全国劳模、政协委员等，充分运用人熟、事熟、理熟的优势，多次上门与居民谈心，在拉家常中解开心结，说服他们配合整治行动，以群众“身边人”解决群众“身边事”。通过高效拆除私装地锁解决居民烦心事，这是“外卖式”信访服务化解居民矛盾的一个典型案例。

“外卖式”信访服务自运行以来，累计配送服务559单，涉及奉贤区庄行镇22个村居、2个毗邻街镇、外区1个街镇及省外1个区县，累计调解化解各类矛盾纠纷461起，镇处级领导参与配送185单，主动约访、上门下访218次，全镇信访总量年均降幅约15%，矛盾化解率提升39%，复访倒流率仅1.8%，群众满意度持续保持100%。“外卖式”信访服务在得到了庄行群众认可的同时，也得到了国家信访局、《人民政协报》等各级部门、多家媒体的广泛宣传报道，并被编入《奉贤年鉴》，纳入奉贤区政府工作报告，至今接待各级领导及各兄弟单位参观19批600余人次。

（四）基于联席会议制度升级多元解纷机制

为了进一步加大和提升各部门之间的联动合作，协调配合及时有效预防和化解矛盾纠纷，奉贤区聚焦人民群众急难愁盼，打造联席会议的“奉贤品牌”。其中，庄行镇与42个责任单位分别签订信访工作“备忘录”，建立信访工作协作机制，加强访调对接。

多年来，区联席办汇总上报市联席会议提请市政府主要领导、分管领导先后协调解决青村镇北港苑、奉城镇奉馨苑等产证办理历史遗留“瓶颈”问题，帮助奉贤区减免办证产生费用近亿元。同时，3年多来，区联席办共化解重大疑难矛盾36起，特别是解决南桥镇、金海街道、海港地区等历史遗留动迁问题，南桥镇何某司法征收矛盾，头桥任某拆违矛盾以及费某户口错改转性等信访事项，得到区领导大力指导和支持，诉求合理的解决到位，得到群众的认可，信访群众多次向区联席办送锦旗致谢。

此外，奉贤区积极扩大公民公共参与，实现治理的多元化。通过制定《关于深入开展律师参与信访工作的实施意见》，引入第三方律师全面参与信访工作。这一举措进一步推动人民调解和专业性行业调解组织等在信访矛盾纠纷的解决中发挥作用。同时引入心理专家，成立心理咨询室和心理帮助点等，参与接待工作，有助于疏导民众情绪。正是因为建立了常态化、长效化的矛盾化解机制，才能有效化解大量矛盾纠纷。

在联席会议的基础上，奉贤区也积极构建“三所一庭”多元化解矛盾纠纷工作机制，将其应用于各类纠纷的预防和解决。如柘林镇于2022年7月起就通过联合法庭、公安派出所、律师事务所和司法所，发挥各自专长，形成紧密联系、相互支撑、优势互补的矛盾纠纷排查化解共同体。2023年，柘林镇又在“三所一庭”基础上不断创新，充分整合基层资源，打造“3+1+N”多元矛盾纠纷化解新格局，深化“诉调对接”“警调对接”“访调对接”“仲调对接”，对于辖区内的矛盾纠纷迅速响应、及时转派、联合调解、跟踪回访，确保实现“矛盾不上交、平安不出事、服务不缺位”工作目标。可见，奉贤区所建立的“一间室”，将多个平台融合于一处，包括“公共法律服务工作室”“村（居）警务室”“奉法客堂间”“信访代理服务站”等（余东明、张海燕，2023）。这些平台为矛盾纠纷的解决提供了直接指引和支持，有效协同各部门和社会组织，以提供综合性的解决方案。

通过联席会议，奉贤区强化了信访工作合作治理的环境，促进不同部门之间的协作。如区检察院与区生态环境局进行协作，对区域内信访矛盾较为突出的企业进行现场联合检查，加大违法线索、监测数据等信息共享力度。这种形式的合作帮助不同部门更好地共享信息，共同解决问题，以提升信访治理效果。

（五）数字化解纷模式的推广

为了更充分地运用数字技术提升信访治理的效果，奉贤区除了推进线下专业调解，还推出了线上“纠纷调处预约”小程序，统筹线上线下矛盾调处及综合治理。并且，小程序持续更新，全新的“视频调解”模块，实现调解责任人在既定时间内发起线上语音、视频通话，满足了那些有事“脱不开身”的群众的调解需求。此外，在“预约指派责任人”一栏的选项里多了信访、安监等镇属其他职能部门，便于处理不同类型纠纷时一同邀请介入，专事专调，保障调解过程的顺畅与调解结果的公正，有效促进“一盘棋”合作的大调解工作格局正在奉贤悄然形成。

全区信访接待中心均以视频连线形式实现区—镇—村（居）三级联动形式的“云接访”，让群众不出家门，便能跨省（市）、跨层级、跨部门反映相关诉求，并在线协调解决。“云接访”区镇连线6批8人次，村镇连线22批35人次，均得以及时有效化解。通过高效便捷的信访处理模式，政府架起了联系群众的数字“连心桥”，用心用情画好信访服务“工笔画”。基层治理具有高度复杂性，奉贤区党委、政府高度重视利用现代化技术手段，将智治手段嵌入基层治理体系，根据群众多元化需求，优化基层治理数字化平台，推动服务触角延伸到群众“家门口”，实现基层治理的数字化、精准化、智能化和智慧化。

五、奉贤区基层信访问题源头治理的问题与原因

（一）体制机制有待完善

在基层信访部门的运作中，体制机制的不完善性是导致信访问题处理效率低下的关键因素。这主要表现在工作流程的不清晰、责任分配的不明确以及专业处理能力的缺乏三个方面。首先，工作流程的不清晰使得信访问题在处理过程中容易出现延误和重复劳动。一个完善的信访工作流程应当包括接待、受理、办理、反馈和跟踪等环节，而实际运作中，每个环节的协调衔接有待进一步提升，以更好地提高工作效率和信访纠纷处理的满意度。其次，信访部门的信息化数字化应用程度有待进一步提升，以便更好地应对复杂多样的矛盾纠纷。特别是在面对一些专业性较强的问题时，如金融、环保、土地等方面的问题，工作人员可以借助人工智能、算法和大数据优势，有效实现问题的前端预防和预警，实现矛盾纠纷的源头预防。这些方面的完善有助于信访工作满意度的提高，实现矛盾纠纷及时有效得以解决。此外，在信访工作中也要注意尽可能避免访民对问题处理的不满而引发其他方面的矛盾纠纷，从而加剧社会矛盾。

（二）信息共享有待进一步畅通

在信访问题的处理中，各部门之间的信息共享存在显著障碍。信息孤岛现象的普遍存在导致了信息不对称的问题，阻碍了对信访问题的全面了解。这种现象的出现，使得各部门在处理信访问题时无法及时、全面地获取相关信息，从而影响了对问题的深入理解和准确把握。进一步来说，这种信息隔阂不仅减缓了问题处理的速度，而且严重影响了处理的效果和质量。因此，打破信息壁垒，实现部门之间信息的有效流通，对于提高信访工作的效率和效果至关重要。

（三）数字赋能信访工作有待加强

在数字赋能信访工作的过程中，数字化与实际工作结合得还不够紧密，体现为更多关注技术的先进性而较为忽略纠纷的实质性解决，数字赋能信访

工作的科学规划和管理有待进一步提升，以及数字技术尚未深度应用于实际工作。这种脱节不仅降低了信访工作效率和质量，还可能对数字化治理的长远发展产生负面影响。

上述问题产生的原因包括缺乏有效的协调机制和高效共享的信息平台、数字赋能的效果有待提升。

首先，组织体制的不完善是导致信访问题处理低效的核心原因。在奉贤区，信访工作责任划分不清晰，这直接导致信访问题处理效率的降低。这是因为缺乏高效的协调机制导致各部门之间协作不畅，进而出现处理滞后和重复的情况。此外，基层信访工作人员普遍缺乏专业的处理能力，这不仅减弱了对问题的精准把握，也降低了解决问题的能力。

其次，信息共享不畅是影响信访问题源头治理效果的另一个关键原因。由于缺乏统一高效的信息共享平台，信息传递在各部门之间效率低下，难以实现及时、全面和准确的信息流动。这种信息的壁垒不仅延缓了问题处理的速度，而且降低了问题解决的质量。此外，信息公开和透明度不足导致公众参与度低，进一步影响了信息共享的效果。

再次，虽然数字化技术在信访工作中得到了应用，但其与智能化处理的差距成为问题的源头之一。在奉贤区，一些基层信访部门对数字化治理的理解仅停留在表面，过度依赖于技术的先进性，而忽视了实际需求和科学性的投入，缺乏深度分析和智能化处理能力。因此，尽管数字化提高了一定的工作效率，但在处理和解决复杂信访问题方面仍显不足。

最后，缺乏专业的技术人员和数据分析能力，使得基层信访工作机构无法充分利用大数据等技术手段提供精准的建议和预警。

六、党建引领基层信访问题源头治理的优化路径

（一）充分发挥党员在基层治理中的先锋模范作用

首先，要完善党建引领的体制机制，提升基层社会治理的整体效能，使其更具有针对性和有效性。基层信访干部在具体的信访纠纷解决过程中，其

言行都应当充分展现出对党的忠诚，其对人民的服务精神和对工作的敬业态度应成为居民学习和效仿的榜样。例如，在解决邻里纠纷、组织公益活动、推进社区环境改善等方面，党员干部要积极前行，用实际行动诠释“为人民服务”的宗旨。同时，应当在日常工作中变被动为主动，定期定点深入了解社区居民的需求和诉求，积极参与社区的日常管理和服务工作，将社区居民的声音传递给党和政府，将党和政府的政策、方针传达给社区居民，促进他们对政策的理解和执行，从而形成上下联动的社会治理机制。党员干部在参与志愿服务、社区巡逻、纠纷调解等活动的过程中，不仅要为居民提供帮助和服务，还要发挥凝聚力，引导和激励更多社区居民加入到社区治理中来，共同维护社区的和谐稳定。

其次，建立健全党员考核机制，设置明确的工作目标和责任体系，明确奖惩机制。定期评估党员在社区治理中的表现和贡献，确保党员能够不断提升自身素质，并在社区治理中发挥应有作用。同时，对于在社区治理中表现突出的党员，应给予适当的表彰和奖励，激励更多党员积极参与社区治理。通过考核指标，更加注重提高党员干部服务意识和责任感。同时，应当加强党内教育和培训，强化党员干部的党性修养和为民服务的宗旨。通过与大学和专业机构合作，邀请教授、专家来为信访工作的基层干部提供讲座教学和案例分析，不断加深党员干部对服务群众重要性的认知和理解。同时，通过建立有效的考核机制，将党员干部的工作绩效与其服务质效和群众满意度直接挂钩，以此激励他们更好地履行职责。

最后，定期进行民意调查和满意度评估，及时反馈给党员干部，帮助他们了解自己的工作成效和改进方向。在工作目标和责任体系方面，应该做到：一是目标要明确，确保每位党员干部都清楚自己的工作方向和期望成果；二是责任要明确，让每位党员干部都明白自己的职责范围和责任界限。另外，要奖惩分明，对于表现优异的党员干部，不仅要给予精神表彰，激发其荣誉感，还要给予物质奖励，以增强他们的获得感。与此同时，要对工作不力的党员干部进行必要的纠正和处罚。这既是对党的事业的负责，也是对党员干部个人的关爱。可以通过批评教育、组织调整等方式，帮助他们找出问题，改进工作，实现自我提升。

（二）引入“诉源预防”理念，优化源头治理

在基层信访问题的源头治理中，引入“诉源预防”的理念至关重要。这种前瞻性思维的引入，不仅关注问题的即时解决，更着眼于问题的预防和早期干预。通过提前介入和预防措施，可有效控制问题的发生和扩散，从而降低信访压力。这种策略的实施对于实现信访问题的长效治理具有不可忽视的战略意义。

首先，加强党的领导在信访问题源头治理全过程中的核心作用，这是预防和解决信访问题、维护社会稳定的有效途径。要进一步强化党在信访问题源头治理中全方位、全过程的领导作用，确保其在预防、解决和监督各阶段的有效性。在信访问题的预防阶段，党的领导能够充分发挥政治优势和组织优势，加强对信访问题的预警和排查。通过深入了解民情、充分沟通民意，及时发现潜在的矛盾和问题，有针对性地制定信访预防措施。在信访问题的解决阶段，党的领导能够确保信访问题得到妥善处理，维护社会稳定。通过充分发挥党的领导作用，可以提高解决问题的效率，使信访群众得到及时、公正的待遇。在信访问题的监督阶段，党的领导能够确保信访工作的透明度和公开性。通过加强监督，保证信访问题得到彻底解决，防止矛盾化解不彻底、问题反弹。

其次，推动前端化解工作的进一步前移。坚持“诉源预防”的理念，一方面，进一步借助人工智能和大数据手段提升前端化解工作的进一步前移，转变为更为主动的前端预防策略。尤其是以早期识别和干预潜在问题点的方式，有效减少信访案件的发生，从而在问题显现之前防止矛盾产生。另一方面，加大基层信息员的预警意识和预防能力，第一时间干预，并提供专业培训提升其化解矛盾的能力和技巧。

再次，为适应和满足多样化的调解需求，建议源头治理纳入多样化的纠纷解决机制，以适应日益增长的多元化调解需求。如进一步增强调解机制的灵活性和包容性，通过设立专业的不同领域的调解委员会，与社会力量合作，结合法律、社会和心理领域的多方面资源，提升调解的效果，满足不同

群体的需求。

最后，监测与分析信访数据和社会动态。系统化的信访数据监测，可以帮助党和政府全面了解社会矛盾和问题的分布情况，以及这些问题的发展趋势。在此基础上，可依据问题的严重程度和紧迫性，合理分配治理资源，确保问题得到及时解决。对社会动态进行实时监测分析，有助于第一时间发现问题和深入了解问题的根源，发现问题的内在联系和规律，从而制定出更加有效的解决方案，防止问题扩大化，使源头治理更精准及时。

(三) 打造“党建+信访”的大联动机制

在党建引领下，构建“信政共建”机制，即信访办与政府其他部门的协作机制。这种机制旨在加强信访办与政府其他部门的协作，特别是与法律机构等的紧密联动，实现信息共享和综合研判，为制定综合性调解方案提供坚实基础。这不仅有利于快速响应新问题，还能形成合力，完善有效的沟通协调机制，从而提高问题解决的效率和效果。

首先，加强与政府部门间的联动。信政共建机制的核心在于政府部门间的紧密协作。为此，建立高效的沟通与协作机制至关重要。这种机制应包括定期会议、联络员制度、共享平台等，确保信息能够实时共享，各部门能够协同工作。此外，建立跨部门工作小组或者任务组，处理特定类型的信访问题，可以有效提升处理效率和质量。

其次，综合研判与方案制定。在信政共建框架下，应强调对案件的综合研判。这包括分析案件的具体情况、纠纷的起因、根源和背景等。通过这种综合性分析，可以更准确地制定出适应各类情况的调解方案。同时，应考虑到当事人的具体需求和心理状态，确保方案的人性化和实用性。

最后，整合和创新治理机制。在党建引领下，应整合相关治理资源，构建多元合力的治理机制。这涉及政府、法院、检察院等机构的密切协作，形成一个更为高效、全面的信访问题治理体系。同时，积极引入社会组织、媒体等外部力量，加强对信访问题的全方位治理。例如，可以通过社区组织、专业调解机构和志愿者团队的参与，增加信访工作的覆盖面和深度。利用媒体平台进行普法教育和宣传，提升公众的法律意识，从而在源头上预防和减少纠纷的发生。

“党建+信政共建”协调机制的建立，对于提升信访问题的解决效率和效果具有重要意义。通过加强政府部门间的联动、综合研判与方案制定，以及整合和创新治理机制，可以有效地提升信访工作的质量，确保社会稳定和公民满意。这种机制的成功实施，需要党的坚强领导、各部门的紧密协作以及社会各界的广泛参与。

(四)“党建+联勤联动”快速处置机制

为了进一步凸显信息共享平台的重要性，提高信访问题的快速处理能力，畅通“党建+联勤联动”快速处置机制至关重要。这一机制重视高效的部门协同工作和广泛的调解参与，将解决矛盾的力量扩展到基层，确保迅速而有效地响应各类问题。通过多元化的解决方法，该机制能够有效处理纠纷，为信访工作的高效推进提供坚实支持。

首先，建立高效的协同平台。有效的“党建+联勤联动”机制依赖于部门间的高效协同。为此，建立一个跨部门的协同平台至关重要。这个平台应该能够实现信息的实时共享，协助各相关部门协同行动，加快问题的处置过程。例如，可以通过建立在线平台或者移动应用，让各部门能够实时上传和共享信访信息、处理进度和解决方案。此外，定期的跨部门会议和工作汇报也是协同工作的重要组成部分，其有助于提高沟通效率，确保各部门对信访问题的快速反应。

其次，坚持快速处置原则。“党建+联勤联动”机制应遵循“快速处置”的原则。这意味着对各类信访问题进行有效分类，并为每一类问题制定明确的处理流程和标准。这种分类处理方式不仅提高了问题处理的效率，还为信访工作的执行提供了明确的操作指南。“快速处置”原则还要求在问题发生后尽快启动处理流程，确保得到及时响应和高效解决。例如，对于涉及民生的紧急问题，应立即启动紧急处理程序，快速调动必要的资源和人员进行干预和解决。

通过“党建+联勤联动”快速处置机制，可以在源头上有效防止问题的扩大化。同时，这一机制还强调了基层的参与和作用，通过将解决矛盾的力量下沉到基层，能够更准确地把握问题的实际情况，制定更合适的解决方案。此外，该原则还促进了跨部门的合作和资源的最优配置，提高了整体的治理效率和效果。通过这些措施，可以确保信访工作的快速、有效进行，进而提升公民满意度和社会稳定性。

(五)“党建＋智慧信访服务”机制

在当今信息时代，为了更有效地引导和处理基层信访问题，建立一个集成化的“智慧信访服务”平台是一种前瞻性的举措。这一平台结合了大数据采集、分析技术和可视化工具，旨在实现信访管理的透明化、法治化和智能化。通过这个平台的实施，可以极大地加强政府与民众之间的沟通，将信访工作转化为一个高效的了解民情、智慧集聚、利益维护和民心凝聚的渠道。

首先，实现大数据的高效采集与深度挖掘。“智慧信访服务”平台可以通过高效的数据采集系统实时获取信访数据，确保信息的时效性和全面性。采用先进的大数据挖掘技术，可以深入分析这些数据，揭示潜在的关联和趋势。通过深度分析，政府可以获得更深层次的见解，预测可能出现的问题，提前采取措施。例如，可以通过分析历史数据，识别特定地区或领域中信访问题的集中趋势，并据此进行针对性的预防和干预。

其次，应用可视化技术。在“智慧信访服务”平台中，广泛应用的可视化技术能够将复杂的数据转换为易于理解的图表和图形。这种直观的数据展示方式不仅能够帮助决策者更清晰地理解问题的本质，而且能够支持快速有效的决策。通过动态图表、热力图和趋势图等，决策者能够一目了然地看到信访问题的分布、类型、趋势等，从而有助于制定更加精确和有效的策略。此外，该平台还可以集成人工智能和机器学习算法，以提高数据处理和问题预测的准确性。例如，通过机器学习模型分析文本数据，可以快速识别信访内容中的关键词和情绪倾向，从而更有效地分类和处理信访案件。

在保障民众利益和提升社会治理效率方面，“智慧信访服务”平台发挥着重要作用。它不仅能够提升信访工作的透明度和公正性，还能加强民众与政府之间的互动和信任。通过智能化的数据分析和直观的信息呈现，这一平台有助于政府更好地了解民情，有效维护民众利益，并促进社会的和谐稳定。

（六）“党建＋调解”高效解决机制

鉴于奉贤区当前信访工作存在的问题，建立“党建＋调解”工作站具有重要意义，因为这些工作站不仅可以有效推动专业调解力量的基层下沉，还可以强化社区层面甚至村级层面的纠纷解决能力。这些工作站可以在镇街设置，配备专职或兼职党员调解员，专注于深入的调解工作，有效处理民间矛盾和纠纷。

首先，拓展专业调解力量。在基层设立“党建＋调解”工作站，旨在将信访办的调解职能扩展到基层，从而增强调解工作的实地效果和影响力，并更为直接地响应和处理民众的纠纷和诉求。通过提供司法调解、面对面的咨询和人民调解服务，使得调解过程更加贴近和方便群众，满足群众的各类需求。此外，这些工作站也可以包括但不限于专业调解员，同时纳入乡贤骨干、退休社区工作者等调解力量，并定期组织调解知识和技能培训，提高调解员的专业水平，确保调解过程的专业性和公正性。

其次，进一步发挥人民法庭的作用。针对复杂或难以通过普通调解解决的矛盾纠纷，及时邀请人民法庭介入是非常必要的。人民法庭及其调解员的参与，不仅为调解提供法律支持和指导，还有助于确保调解的合法性和有效性。人民法庭的调解员可以定期参与行政调解培训，以规范行政调解的范围和程序，推动法治政府建设的实质性进展。此外，人民法庭可以在处理纠纷时，提供更多的法律解释和建议，确保调解结果的合理性和合法性。

通过“党建＋调解”工作站的设立，可以大幅提升基层的纠纷解决能力。这种机制不仅有助于及时化解社区层面的矛盾和纠纷，还能在更广泛的范围内传播正面的社会影响。这些工作站的设立，标志着党建工作与民众生活的深度融合，展现了党建工作在社会治理中的实际成效。通过这种模式，可以更好地保障社区层面的和谐稳定，加强民众对法治和公正的信任，进而促进社会的整体和谐发展。

（七）完善监督问责和反馈机制

在深化基层信访问题源头治理的过程中，强化监督和问责机制显得尤为关键。这不仅包括建立和完善监督体系，更要注重监督体系的有效运作和实际效果。要实现这一目标，首先，需要明确监督的范围和对象，确保所有参与信访工作的个体和部门都在监督范畴之内。这不仅涵盖了对信访工作流程的监督，也包括对于处理结果的监督。

其次，落实基层社会风险防控的责任机制。重视专项治理工作的落实，成立专项治理工作领导小组和工作专班，针对发现的风险隐患进行深入排查和化解。实施党政领导负责制，确保党政领导在社会风险防控中承担主要责任，通过定期会议和工作推进，实现对社会风险治理的全面监督和管理。同时，强化领导干部接访下访和包案化解制度，确保领导干部直接参与群众信访问题的处理，加强对“信访积案”的解决力度，提升群众诉求的初信初访化解率。

再次，充分利用现代信息技术完善监督体系。比如利用大数据和云计算技术，对信访工作的各个环节进行实时监控和数据分析。这样可以及时发现问题，防止不当行为或失职行为的发生。此外，问责机制的建立应当明确公开性、严肃性和公正性。对于任何违反规定或未能履行职责的个体和部门，应当依法依规进行严肃问责，包括但不限于行政处罚或者组织处理。这样的问责机制将极大增强信访工作的正规性和权威性。

最后，为确保政策的有效执行，还要建立及时有效的信息反馈机制。在党建引领下，建立及时有效的信息反馈机制是确保政策顺利实施的关键。这包括建立畅通的信息反馈渠道，如热线电话、在线平台等，确保群众能够及时反映问题和意见。同时，党组织应定期组织调研，深入基层收集群众意见，确保信息的准确性和全面性。党组织还应建立信息反馈的定期分析机制，对收集到的信息进行系统整理和分析，为政策调整提供科学依据。

七、总结

本课题研究聚焦于基层信访工作所面临的压力与挑战，特别是党建引领下基层信访问题源头治理的实践和创新方法，选取上海市奉贤区作为案例，探讨了党建引领在基层信访问题源头治理中的有效性及其必要性，并突出了党建在解决复杂社会问题以及促进社会和谐中的关键作用。

本研究回应了一个核心问题：如何通过党建引领，将基层信访工作从被动应对转为主动治理。研究发现，党建在基层信访问题源头治理中起到了决定性的推动作用。通过实施信访代理服务和多元化解纷机制，党建引领有效促进了信访工作的转型。此外，本研究还强调了党建在基层治理中的独特地位，提出了以党建为核心的基层治理新模式，通过更高效应对和解决社会矛盾和纠纷，以此提升政府的公信力和治理能力。同时，研究指出，基层治理工作应始终坚持以人民为中心的发展思想，重视群众的实际需求和合法权益，及时回应和解决群众诉求，以确保人民民主的全程实践。这要求基层治理不断创新工作方法和手段，提升治理的科学性、精准性和有效性。此外，本研究还强调了在基层治理中加强法治建设的重要性，以保证信访工作在法律框架内的高效运行。

本文通过对上海市奉贤区作为典型案例的党建引领信访问题源头治理的深入研究，为基层信访治理提供一个专业性的治理样本。首先，通过对上海市奉贤区在不同层级信访问题预警、介入、调解、解决的全过程分析，总结出成功的经验和做法。这些经验和做法可以为其他地区的基层治理提供有力的指导和借鉴，提升基层治理的能力和水平，推动基层社会治理体系的现代化建设。其次，信访问题是基层治理中的热点和难点问题，若处置不当，容易对社会和谐稳定造成负面影响和挑战。通过对党建引领基层信访问题源头治理的研究，本文突出信访纠纷源头治理中党的元素的核心地位和价值。这对提高基层治理效能、满足人民群众的合法诉求和利益需求，从而促进社会和谐稳定发展具有重要意义。

参考文献：

李晓瑜，2020，《当代中国信访法治化进程的回顾与展望》，《领导科学》第4期。

余东明、张海燕，2023，《线上接单线下调解“三所一庭”多元解纷》，《法治日报》9月25日。

朱灿焕、宋贵林、刘带，2017，《毛泽东、邓小平关于党的群众路线观研究》，《教育教学论坛》第20期。

夏行，2014，《毛泽东群众路线思想的哲学思考及其当代传承》，《领导科学》第5期。

江大伟、唐艺，2023，《毛泽东思想世界观方法论及其时代价值——以〈反对本本主义〉为中心的考察》，《毛泽东研究》第3期。

潘信林、韩雪，2014，《毛泽东群众路线思想及其当代价值》，《湘潭大学学报（哲学社会科学版）》第4期。

曹建军，2021，《诉源治理的本体探究与法治策略》，《深圳大学学报（人文社会科学版）》第5期。

牛正浩，2023，《新时代“枫桥经验”视域下诉源治理现代化路径构建》，《学术界》第9期。

基于权责关系分析框架的信访属地管理研究

□ 孔凡义　徐张欢*

摘要：基于权责关系为分析框架，以基层信访治理为例，分析属地管理下上下级政府和相关部门之间的权力分配机制和责任分配机制，以及在属地管理下权责之间的冲突及其基层政府应对策略。研究发现：在属地管理下，因为条块分割、等级科层制和社会流动，基层权责关系可能失衡并出现权责冲突，这也是当前值得关注的重要治理议题。

属地管理广泛应用于社会治理的各个领域，其中包括信访治理、创文创卫、社区治理、农产品质量安全、妇幼临床、安全管理、计划生育、医疗保险、综合执法、财政收入、河流治理、公共卫生及重大传染病治理等数十项工作。2005年，《信访条例》把“属地管理、分级负责”作为工作原则；2022年的《信访工作条例》继续将“属地管理、分级负责”作为工作原则。由此，属地管理也在信访治理中被广泛贯彻。本文以信访属地管理为研究中心，以权责关系为分析框架，结合实际案例梳理出信访属地管理的权责配置样态，探讨属地管理体制运行的实践逻辑。

一直以来，我国行政体系都有着“条块结合”的管理传统。通过对条块关系的优化调整，来不断适应新社会形势下行政管理体制的发展要求。而以条为主和以块为主分别对应着垂直管理和属地管理两种不同的制度形式。

* 孔凡义，武汉大学信访制度研究中心主任、教授、博士生导师；
徐张欢，中南财经政法大学湖北省信访理论研究基地助理研究员。

垂直管理一般是指中央政府部门对其在地方设立的分支机构或派出机构实行垂直领导的一种组织形式，可以分为实体性垂直管理和督办性垂直管理两种模式。与垂直管理不同，在属地管理体制下，地方职能部门受地方政府和上级部门“双重领导”，其中主管部门负责工作业务的“事权”，而地方政府管理“人、财、物”。关于两者的效能比较，刘爽和王宇分别从行政效率、职能部门工作积极性调动、行政效益、条块矛盾协调、权力寻租、配套机制等六个方面进行优势和劣势的分析。皮建才从任务分开和合并对治理难度和风险增加程度的影响来决定对属地管理或垂直管理制度的采用。尹振东等则基于事中监督的博弈分析，对两种管理体制分别进行监管努力、企业生产方式、中央政府选择、反腐败、经济增长等方面的绩效比较，结果发现大多数情况下，属地管理都优于垂直管理。而王赛德和潘娇瑞则认为，在委托一代理的理论框架下，垂直管理的任务激励效果优于属地管理。

我国行政管理体制具有一定的结构韧性和灵活性，可以通过对条块关系的不断调整来平衡中央与地方的关系。当中央政府需要对地方政府加强监管，上收权力时，就会加强“条条”控制；当中央政府需要下放权力，激活地方积极性时，相应地就会强化“块块”关系。一直以来，中国式分权具有经济事务分权和政治事务集权的特征。李振和鲁宇对改革开放前后两个阶段的权力调整进行比较，发现从20世纪90年代中期开始，中央与地方的关系打破“一放就活、一收就死”的怪圈，进入选择性集权和分权的管理模式。其中，下放和上收的权力内容并不相同。沈荣华通过借鉴美国、法国、日本等国外政府的管理经验，发现垂直管理可能会造成地方政府各自为政、权力摩擦、“有权管但看不见”等困境，孙发锋在其文章《从条块分割走向协同治理——垂直管理部门与地方政府关系的调整取向探析》中也提及类似观点。因此，行政管理体制的选择，并无“更优”之说而是讲究符合实际、符合价值效用最大化原则。而属地管理和垂直管理制度选择的过程，也是理顺中央与地方关系的过程。在属地管理模式下，地方职能部门受上级部门和地方政府的双重领导。周振超和李安增认为，这体现了权力监督与制约的基本功能，是维持政治系统结构平衡的重要治理工具。在中央政府的统一领导下，适当地向地方政府下放部分治权和资源，能够进一步增强地方解决问题的意愿和能力。同时，依靠直线关系更好保证中央对地方政府的监管和督促执行。

“属地”政府根植于底层社会，是最接近群众生活、了解群众状况的一级政权组织。选择“属地管理”的行政管理模式是基于成本与效益的综合考量，符合“简约主义”的治理逻辑。近年来，属地管理在政府治理实践的多个领域备受推崇，极大推动了上级政策的贯彻执行和基层治理能力的提升。但与此同时，属地管理的泛用、滥用问题日益凸显，上级部门以属地为借口，将治理责任随意转嫁，责任的层层落实转变为层层推卸，属地因此成为最终责任堆压的受体。尤其受“双重领导”的影响，信访部门在面临多重任务时，任务的特性及组合方式会决定其完成的积极性和任务产出效果（Holmstrom，B & P. Milgrom，1991；Dewatripont，M & J. Tirole，1999）。在环保领域，属地管理以行政区划为基础，坚持“关门主义”的防治思路和“命令—控制”式的推进策略，对跨区域的综合治理显得有些束手无策。“上面千条线，下面一根针”，在属地管理原则下，基层政府普遍反映权力小、责任大，在完成上级政府交办的大量任务时，显得力不从心。关于属地管理治理困境破解的政策建议，白念亮提出需要从明晰主体责任、解决执法“最后一公里”、搭建运行平台、规范体制机制等方面进行探索。北京市“街乡吹哨、部门报到”改革正是基于当前属地管理治理难题的一项具有启发性的运行模式创新。迟文质、齐明山则以山东省淄博市为例，提出规范属地管理需要坚持问题导向、坚持协同高效、坚持统筹推进，进一步完善“乡呼县应”的联动机制建设。

而在信访维稳领域，为进一步凸显主管责任和属地责任在信访工作中的重要性，2005 年的《信访条例》将“归口管理”调整为“属地管理”，2022 年《信访工作条例》对此延续使用“属地管理”。在“谁主管，谁负责”的基本原则下，信访维稳的工作重点逐步转移到矛盾纠纷发生的属地，聚焦于基层政府信访治理能力的锻炼与提升。张紧跟和周勇振以河南省 A 市檀乡作为观察起点，发现信访维稳属地管理过程中，一方面地方政府通过科层权威的层级复制和政治动员的重新启动促成政策下达，另一方面基层政府为规避风险，赢得更多的生存空间，往往会采取文牍主义的自我保护术和“推、托、磨”的压力转换技术来进行策略性回应。

属地管理给地方政府的责任下压和转嫁披上“合理化”的制度外衣。“属地是个筐，什么都往里装”，“属地”的泛化使用让基层政府苦不堪言，尤其是基层干部，提及“属地管理”就谈之色变。此外，在信访刚性维稳的背景下，上访者可能通过基层政府的初始示范、农民上访的自我示范和村庄场域的社会示范等多重逻辑形成谋利上访的空间效应，并不断持续、扩散。属地管理体制中，地方政府扮演着冲突的制造者和裁判者双重角色，上访者为了打破这一对自己不利的制度情境，实现正义和公平，往往会向更上一级政府寻求帮助，进行越级上访。属地管理制度设计的本意是解决信访问题在不同政府层级间、不同职能部门间相互推诿扯皮的困境，保证责任落实，将信访问题解决在当地，解决在最基层，符合源头治理和“枫桥经验”的治理逻辑。但在具体运行中却出现“责任属地化但权力未属地化”的治理悖论，基层政府缺乏治理权力却承担着巨大的治理压力，与基层减负、基层松绑相抵牾。吕德文基于北京市“街乡吹哨、部门报到”的经验分析，提出要想实现基层治理现代化、科学化的发展目标，应该从整合条块关系、赋予基层权力、下沉治理资源等维度对属地管理进行再造，提高基层治理效率和效益。

通过梳理国内外已有的研究文献，我们发现单独研究信访制度或者属地管理的文章虽然很多，而将两者联系起来进行分析的文章却很少。相比较国外学者，国内相关研究虽起步较晚，但经过十几年的发展也取得了诸多的成果。

当前国内外关于“属地管理”的研究为文章提供了大量的资料参考和研究思路，然而，研究也存在一些不足之处：一是相比较于其他领域的研究，信访属地管理作为社会治理的一种新的工具手段，相关研究成果较少，未形成体系；二是学者研究注意到了信访属地管理体制所面临的环境的复杂性，却没能对其运行机制、治理难点等进行深入分析；三是目前国内学者对信访属地管理的研究更多的是片面的、分散的视角，缺乏一个完整和系统的整合性的理论分析体系。这些不足也构成了本文在上述研究成果基础上进一步研究的切入点。

一、权责关系——一个分析框架

权责关系是政治分析的中心，也是政府存在的现实表现形式。对于政府权责关系的分析，我们首先要从“权力”与“责任”各自的概念界定入手。“社会科学的基本概念是权力，犹如物理学的基本概念是能源一般。”罗伯特·威森认为，权力的味道总是美妙的，它可以使他人行为与自己意愿保持高度一致。乔纳森·哈斯认为，权力是驱使他人做本来不愿意的事情的能力。马克斯·韦伯则从组织社会学的视角对权力进行解读，认为“权力是在社会关系中，行动者用来对抗反对服从意见，贯彻自己意志的机会”。综上，我们可以发现，权力是一种力量，是一部分人使另一部分人服从命令、产生预期效果的能力，是权力拥有者个人意志与统治资源的统一。一般而言，权力可以划分为管理型权力、统治型权力和服务型权力；也可以依据价值导向属性，划分为公共权力、自主权力和自利权力。在我国，政府管理始终坚持“国家的一切权力属于人民”，行政权力来源于人民群众的授权，对人民负责，受人民监督。因此，行政权力的宗旨和目的在于维护社会公共利益，为人民群众提供丰富的公共产品和公共服务，满足人民日益增长的美好生活需要。行政权力的设置更多的是基于政府部门贯彻以人为本、执政为民意愿的考量。

根据《现代汉语词典》的解释，“责任”有两层含义：“分内应做的事；没有做好分内应做的事，因而应当承担的过失。”孙笑侠从法理角度进行释义，认为“责任”一词包含了责任关系和责任方式两方面的内容。可以看出，责任既是身处某一职位所赋予的积极履行角色职责的义务，也是不履行或不正确履行职责义务所引发的惩戒、谴责与处罚。因而，责任按其概念界定的两层含义可划分为积极责任和消极责任，并分别对应“权力的主动性”与“权力的被动性”。从二者的关系上来看，“积极责任是消极责任的基础，如果没有积极责任的有关职责与义务的具体规定，也就不存在消极责任的追究。而消极责任是积极公共责任的保障”。此外，哈特在其《惩罚与责任》一书中提出了著名的责任分类法，将责任分为地位责任、原因责任、义务责任、能力责任四类。在国内，王成栋教授将责任主要分为政治责任、道德责任、法律责任等。张文显教授在此基础上，增加了纪律责任的范畴。苗雨则结合前人论述与政府责任理论，将责任划分为主观责任与客观责任、回溯责任与预期责任、个体责任与集体责任等。在政府治理领域，责任是国家产生和发展的附属物，是政府作为社会公共利益维护者所负有的公共责任；是政府机关及其行政人员违背行为宗旨或价值准则所负有的道德责任；也是政府机关及其行政人员违反国家法律法规或相应行政规定而行使职权时，所承担的否定性的行政责任和法律责任。

权力与责任既矛盾又统一。马斯和拉达威主张将责任内涵寓于权力的设置目的、影响对象、具体功能等要素环境中进行解释。西塞罗在其著作《论责任》中详细阐述了责任对于权力的意义，但当时的责任主要是一种道德品质，与权力之间的关系也是松散的、内在的，并不具备现代意义上权责关系的基本特征。到了20世纪60年代，新公共行政理论提出，“政府行政实践的核心问题是责任问题”，主张公共行政要支持建立取代传统官僚组织的新型组织形态，通过分权化、责任扩大、增加公民参与等提高公共行政的回应性，强调公共管理者的决策责任和项目执行责任。国内相关研究起步较晚，但也为权责关系的认识与分析提供了重要的参考文献。刘祖云认为，公共权力的行使既能保障公民权益，维护社会公平正义，同时可能会对公民的合法权利造成威胁。因此，责任的设置就是为了规避和减小权力“恶”的影响，促进权力“善”的发展。林尚立以能力与绩效为切入点，认为能力与绩效相匹配是政府权责配置的前提，现代政府应当是处理好权力与责任、能力与绩效等基本关系的政府。谢晖认为，责任与权力功能相反性是责任能够使权力理性运作的功能基础，责任是对权力的一种制约与抗辩。一般而言，责任的承担伴随着权力的授予，权力的授予也必然包含着责任的规定，权力与责任在实际运行中要始终追求一种动态平衡的状态。

然而，权力是履行职能的重要资源，与政治利益和执行动能成正比。而责任是对行政执行活动的监督和检验，责任越大，政治风险与工作压力也随之增大。因此，作为“理性经济人”的政府部门及官员，往往会具有“追逐权力、摒弃责任”的不良倾向。秦晖教授指出，我国古代封建统治便存在“国责不下县”的问题，改革开放尤其是市场经济体制建立以后，“追权弃责、追权争利”等权责背离的现象愈加明显。权力与责任不相匹配，一方面是出于经济人的天然动机，另一方面则是源于科层组织自身的结构缺陷。科层组织自我封闭，忽视与外部环境物质与信息的交流；多元目标容易诱发组织成员选择性执行行为，忽视目标的终极价值；注重等级秩序和权力的一元化控制，“让责不放权”等问题时有发生；规则霸权主义容易造成组织运行的日益僵化；等等。权力与责任本应是相互对应、相互依赖而存在，有权必有责，权责必相等。然而，在科层组织的实际运行中，权责失衡、权责错位的问题却犹如痼疾一般始终存在。权责背离如何规避？权责平衡又如何实现？麻宝斌认为，科层组织应不断减少控制层级，向扁平化方向发展，组织关系由“强制性命令”逐渐转变为“互补性合作”，公共权力由更多主体分享的同时，公共责任也应由更多主体分担。鲁敏认为，纵向政府权责配置应当从政治性逐步向管理性和服务性过渡，尽量减少使用刚性的政治行为，充分发挥法律、规则、程序的作用。将治理责任贯穿于权力运行的始终，为权力设置责任的合理界限，保障权力在责任的合理框架内正常运转，如此便可以形成权责一致的良好治理状态。

属地管理作为信访治理工作的关键一环，是行政科层体制作用下的特殊机制，目前已广泛应用于基层信访治理的实践中。关于我国的层级治理结构，目前学界已经积累了大量具有代表性的研究成果，如“目标管理责任制”“政治锦标赛”“项目制”“行政发包体制”“分权式权威体制”“中央与地方上下分治体制”，等等。行政科层体制的一元权力支配假设使得上级统治者可以借助组织权威发号施令，并进行自上而下的监督、考核。同时，受组织规则和治理资源的制约，下级成员必须服从于上级领导的安排，完成上级组织不断摊派的治理任务和管理责任。在行政科层体制的政治环境中，位于“条条”的上级职能部门和位于“块块”的地方政府借助组织权威进一步放大管理权力，缩小治理责任。而信访属地管理实践中真正“伤脑筋”的治理难题，往往都沿着层级治理结构落到了属地部门及其工作人员身上。在这场实力悬殊的利益博弈中，基层信访部门及其工作人员不得不承担起与其权力不相匹配的信访责任，陷入权责分立的窘境。

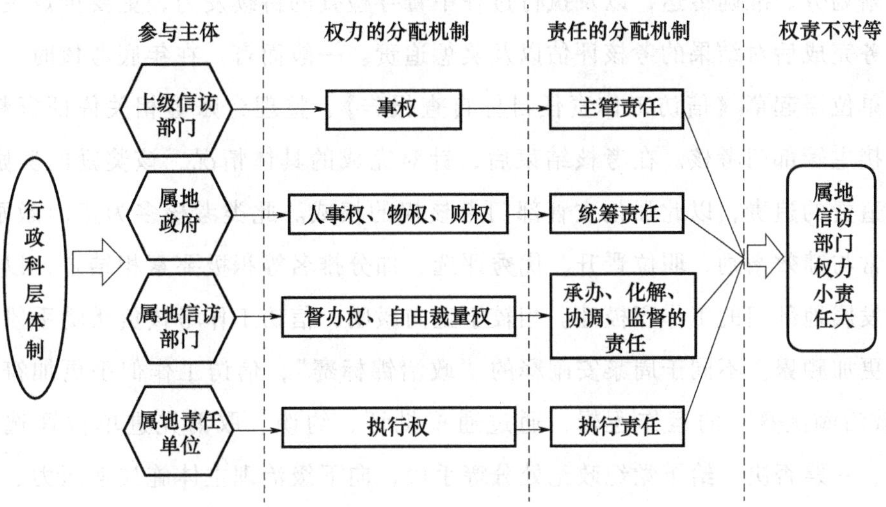

图 1　属地管理权责配置的分析框架

二、属地管理下的权力分配机制

（一）上一级信访部门：事权

第一，目标设置权。目标管理责任制作为治理工具，通过对任务目标的量化处理、逐级分解来确定不同主体的责任目标，以此指导和评价组织中每个成员作出的贡献。在信访属地管理的原则指导下，主管部门通过目标设置权的使用，对下级部门形成较强的目标约束，各责任单位要按照“属地管理、分级负责”“谁主管、谁负责”的原则，严格执行目标任务，坚决做到看好自己的门、管好自己的人、办好自己的事。

第二，督导检查权。督导检查权的应用有利于约束、激励下级职能部门的行为，保证信访治理责任落地落实，更加高效快速地解决群众关心的难点、痛点。但同时，如果过于频繁地对下级责任单位进行督导督办，则会加重其工作负担，疲于应付上级检查而无暇为群众真正的解决问题。

第三，工作考核权。在我国具体的治理实践中，信访属地管理过程常常伴随“行政发包制”“目标管理责任制”配套使用，重视目标完成结果。上级主管部门要想保证下级单位任务的圆满完成，除了要注重前期工作任务的清晰划分、准确传达，以及执行过程中督导检查的持续发力，更要重点关注任务完成后对结果的考核评估以及奖惩追责。一般而言，在年底考核时，责任单位需起草《信访工作责任目标自查报告》、整理台账等相关佐证资料，迎接主管部门考核。在考核结束后，针对完成的具体情况，该奖励的奖励，该追责的追责，以此强化主管部门考核权的权威。此类考核多为正向激励，通常与绩效激励、职位晋升、优秀评选、加分排名等积极要素相结合，以此激发属地部门的工作积极性。相较于正向激励，信访工作考核负激励手段使用更加频繁。不同于周黎安阐释的“政治锦标赛”，信访工作似乎更加符合“政治淘汰赛”的运作逻辑，通过通报批评、约谈、取消先进单位评选资格、一票否决、给予党纪政纪处分等手段，向下级治理主体施加强压力、激活强动力，保障了信访工作在规定轨道上运行，不出乱子、不出岔子。

（二）属地政府：人事权、物权、财权

第一，人事任免与考核的权力。由于政府对权力的行使和运行根本上还是由具体工作人员来实施，因此政府的行为和政策目标可以说在很大程度上受相关工作人员的动机支配。因此，人事权的确立和划分在政府间的权力结构配置中往往具有非常重要的意义。一般而言，信访单位领导人和二级机构负责人的人事任免权在当地组织人事部门。

人事权划分实际上就是干部管理体制。人事管理权与信访工作人员的职位晋升、政治前途紧密关联，在“政治锦标赛”的竞争中，属地单位必须在信访治理过程中与地方政府要求保持统一，以此来获得地方政府的政治认可与资源支持。

第二，物资配给与经费划拨的权力。在科层体制下，地方政府在组织权力、物资调配、财政经费、政策资源等方面具有明显的权力优势。不同时期、不同类别的职能部门享有差异性的资源配给政策。如在精准扶贫、脱贫

攻坚的战略时期，地方资源往往会向扶贫局、扶贫办倾斜，通过物资、财政等资源的充分供给，保障贫困地区在2020年以前顺利完成脱贫脱困任务。在我国开展扫黑除恶专项斗争期间，地方政府则又给予政法部门更多的优惠政策与基本物质资源支持，并在法院、检察院、纪委、公安、组织部等多个机关设立单独的扫黑除恶专项斗争领导小组作为成员单位，协同联动，形成工作开展的强大合力。通过以上例子，我们可以发现：地方政府掌握着行政区划内物资配置、财政经费划拨、政策资源供给等方面的大部分权力，以此对地方性工作进行统筹安排，对某一时期的重点工作或中心工作提供保障。职能单位物资由财政部门根据各单位需求进行集中采购，或直接在民政局储备物资库进行登记领取。但由于物资提供在实际工作中既占地方又不方便，所以一般不会采取直接物资配给的方式，而更多倾向于财政经费的划拨。

信访部门由于受到地方政府财政经费方面的约束，便会在工作执行中更多地遵循地方政府的意愿、听从地方政府的安排。由此，地方政府也可以更加凸显和强化自己在信访治理工作中的地位和影响。

（三）属地信访部门：督办权、自由裁量权

属地信访部门虽然既要受上一级主管部门在目标设定、督查检查、工作考评等事权方面的政治约束，又需要接受地方政府在人权、物权和财权等方面的资源约束，但在信访治理实践中仍保留着一定的督办权和自由裁量权作为其任务完成的必要条件。在“行政发包制”和压力型体制的运行逻辑下，属地信访部门位于权力链条的最末端，承接着上级职能部门和当地政府派发的治理任务，享有相应的治理权力。但在信访实践中，由于信访部门和责任单位部门间协调性有所不足，导致督办权在实际运行过程中有所削减。

（四）属地责任单位：执行权

作为地方和部门而言，责任部门必须充分负责，因为每一个群众诉求是对应一个部门。从本质上看，信访工作既是社情民意表达的“窗口”，更是化解信访矛盾的“协调中心”。信访事项能否成功化解，关键在于责任单位的能力和水平。信访案件从工作人员受理开始进入信访化解的流

程，信访部门根据信访事项的事件属性、涉及部门、处理效率等因素将其转入相应的责任单位，并由对应的责任单位调查案件事实，并作出最终处理。

可以说，在信访治理过程中，属地责任单位的权力主要体现在具体信访案件的执行处理上。责任单位的权力发挥，直接关系着群众信访诉求能否被充分满足，从而影响着当地社会秩序能否有效维护。

三、属地管理下的责任分配机制

（一）上一级信访部门：主管责任

职责同构是我国府际关系中，在纵向权责配置上的重要体现。所谓“职责同构”，是指在各级政府之间的关系中，不同层级的地方政府在纵向职能、职责及其机构设置上都达到基本统一或者是大概相似。通俗来说，就是在这种政府管理模式下，每一级地方政府都管理着大体相同的事务，相应地从组织结构上表现为“上下对口，左右对齐”（朱光磊、张志红，2005）。职责同构最早起源于中央计划经济管理时期，中央政府为了统筹安排、调动以及分配国家的物资，规避由地方政府分权而治产生的政治风险。随着计划经济的逐步解体，社会主义市场经济制度的基本建立和快速发展，职责同构虽然已经得到明显弱化，但仍在政府管理、社会治理等多个领域扮演着重要角色。在职责同构体制的影响下，各级部门依据相应的职能属性进行结构设置，自上而下呈现出“一体化”“同构化”的管理特色。虽然职责同构有利于调动地方政府对地方事务的治理积极性，但由于缺乏对各层级政府职能单位事权的清晰界定与职责的明确划分，容易导致上级职能部门利用行政管理体制中层级位置的优势，主观性、随意性地将治理责任转嫁给下级部门，造成“上级决策监督、下级执行负责”，下级职能部门权小责大的结果。

具体到信访维稳领域，每一层级的信访部门都要受到上一级或再上一级主管部门的职能约束与管理。上级部门借助行政发包制，与下级部门建立起“委托—代理”的行政关系，通过对任务的逐级分解和责任的层层加码，不断强化下级职能单位任务完成的效果和效益。而下级信访部门在上级单位频繁地发文开会、检查督办、签订责任状、考核排名等手段方法的应用下，形成信访治理高压，促进信访问题及时就地解决。可以看出，在职责同构和压力型体制的影响下，信访主管部门需要对上级主管部门直接负责，承担完成上级部门交办任务的责任。

在职责同构和属地管理体制下，职能部门必须接受上级部门和同级政府的双重管理。一方面，职能部门需要对上级主管部门负责，及时高效地完成其交代的治理任务，以获得上级部门的考核青睐；另一方面，它需要接受同级政府的监督指导，遵照其意愿和要求进行日常治理工作，以此来获得地方政府在人权、财权和物权方面的资源支持。1995 年《信访条例》规定的“分级负责、归口办理”的基本原则，导致基层信访部门在信访治理实践中，往往会出现优先执行上一级主管部门派发的信访治理任务的现象。而随着信访治理原则从“归口管理”逐步转变为“属地管理”，信访部门的工作治理重点也越来越多地转移到配合当地政府整体治理的需求上。

（二）属地政府：统筹责任

在我国的行政治理体系中，属地政府是一个具有较强地方自治特色的治理单位。由于扎根于本土社会生活，属地政府拥有更多的信息搜集优势和自主选择空间，是地方政策的主要制定者，也是辖区内各类资源的实际掌控者（杨雪，2015）。同时，属地政府是一级基层政权，是国家权力向乡土社会的延伸，是社会稳定的“节点”。属地政府需要时刻注意与上级政府节奏的一致性，严格贯彻上级政府传达的行政命令与政策工作，并争取在各项交办任务中获得良好表现。

在“属地管理、分级负责”“谁主管、谁负责”的治理原则下，地方政府统筹整个基层社会的信访工作，对上负责。当发生非正常上访、越级上访，尤其是进京上访等群体性事件，危及社会正常秩序时，接访政府一般会直接向属地政府发函，要求限期内了解情况、解决问题。实际上，在属地管理原则下，基层政府已经发展成为地方利益的代表，一旦信访治理工作出现问题，基层政府都要面临着被问责的风险。同时，信访治理作为政府绩效考核中“一票否决”的重要事项，如若当地出现任何不履行、不正确履行职责，引发越级非访问题或群体性事件造成不良影响和后果的，都将接受上级政府的严肃处理，并取消当年优秀评选的资格。

因此，在信访高压下，当地政府往往都会十分重视信访工作，采取例如成立信访工作领导小组办公室、强化部门之间的协调联动等方式来增强信访治理的效果。

（三）属地信访部门：承办、化解、协调、监督的责任

在“属地管理”原则下，属地信访部门位于权力体系的末端，已成为各种“责任—利益”连接机制下基层信访的实际治理主体，承担着执行过程中最主要的信访责任。舒晓琴在《中国信访制度研究》一书中明确指出，信访管理部门应当负有协调、指导和监督本地区范围内信访工作的义务，具体内容包括：①受理、交办、转送信访事项的义务；②承办并依法处理上级或本级党委和政府交由依法处理的信访事项的义务；③协调处理重要信访事项的义务；④督促检查信访事项及时高效办理的义务；⑤定期或不定期研究、分析信访情况，做好信访工作总结的义务；⑥对本级其他职能部门和下级信访部门的信访工作进行协调、指导和监督的义务。总的来说，属地信访部门在信访治理过程中，纵向上承接着上级或本级党委和政府施加的行政科层压力，并直接面对着非程式化的乡土社会，承担着“对上承办”和“对下化解”两方面的责任。同时，在横向上属地信访部门也需要承担起对本级责任单位协调、指导和监督的责任。

一是对上负责，承办相关信访事项。官僚组织是严格依照法定程序和严格的制度规范运行的特殊组织，秉承着“非人格化”的执行理念，尽可能确保运作过程中的理性和效率。但由于我国特殊的文化传统和历史习惯，官僚组织在实际运作中不可避免地存在疏漏和盲区。信访制度便是对官僚体制某些不足方面的补充，本质上是一种辅助政制。受压力型体制的影响，信访治理在我国层级治理结构中自上而下地进行责任传导，并层层加码。上级政府在行政发包过程中扮演着“发包者”“转包者”的角色，对治理任务进行量化处理、内容分解，然后“打包”给属地信访部门，并通过增数量、提

标准、缩时限、强效益等方式对治理任务进行“加温加压”。相应地，属地信访部门需要对治理任务进行承接和“抓包”，承担起属地信访化解责任的重担。“上级点菜，下级买单”，在我国目前的层级治理结构中，属地信访部门需要对上级负责，认真完成好上级单位交办的治理任务，确保在属地内化解好、解决好信访矛盾。

二是对下负责，化解好群众矛盾。政之所兴在顺民心，政之所废在逆民心。作为我国公民重要的权利救济和利益表达途径，信访扮演着释放压力、缓解冲突、维护稳定的“安全阀”角色。相关部门要想作出真正让人民群众满意的信访工作就要毫不动摇地落实信访责任，牵住信访治理的“牛鼻子”。信访是送上门来的群众工作，属地信访部门要把离群众最近的距离优势，转化为走进基层群众内心的工作优势。

属地信访部门天然具有与群众“打交道”机会多的优势，是倾听广大人民群众真实心声、处理广大人民群众迫切诉求、维护广大人民群众切实利益的重要抓手，必须时刻坚持为人民服务、对群众负责的工作作风和工作态度，把如何让群众过上好日子作为信访工作的根本出发点和最终落脚点。

三是对同级职能部门（责任单位）负责，做好协调和监督工作。属地信访部门可以通过制定规章、发布文件、定期督办等方式增强协调监督工作的针对性和有效性。

（四）属地责任单位：执行责任

正如前文所提，在信访治理过程中，属地责任单位的权力主要体现在具体信访案件的执行处理上。有权必有责，属地相应的职能部门同时负有化解信访矛盾、解决群众困难的责任。在信访治理的参与主体中，如果说上级信访部门和本级党委及政府是信访案件办理的“任务发布者”、属地信访部门是“任务接受者”，那么属地责任单位则是“任务执行者”，通过对转交的信访案件进行调查核实、作出处理意见、反馈处理结果等环节，真正解决好群众心系之事。但是在信访实践中，一个信访案件常常会涉及多个职能部门，难以简单进行责任认定，且可能出现多个部门相互推诿的情况。

四、属地管理下的权责冲突

在信访治理领域，由于“双重管理”制度的客观存在，属地部门及工作人员可能会面临着不知所措的困境。一方面，地方政府与上级主管部门都有管理和监督属地信访部门的权力。另一方面，当发生安全事故、重大群体性事件等严重破坏经济社会正常生产秩序的问题时，地方政府和上级主管部门可能出现相互推脱的行为，相应的责任认定也不得不依据形势的变化及时调整。这使得信访属地管理过程中可能出现权责主体不明、主体缺位等问题。

（一）条块分割和权责冲突

各个职能部门都依法享有对其下属机构在“条条”运行体系中的业务指挥权，因此，当多个上级职能部门之间所制订的工作计划、下发的工作指示和命令不一致甚至有所冲突时，容易造成政府间关系陷入紧张状态。双重领导现象容易使得“块块”的地方政府与“条条”的职能部门之间产生一些矛盾摩擦。当地方政府“块块”与上级职能部门“条条”发出的行政决定、行政指示或行政命令有所冲突时，容易导致地方信访部门左右为难。尤其是在二者任务安排完全相悖时，信访部门及其工作人员无论执行哪一方的指令，都可能无法执行另一方的工作任务，从而处于被批评或被处罚的两难境遇。这样的制度安排虽然有利于对其下属单位进行有效约束，但不利于相应工作任务的执行，也非常容易在实际工作中产生诸多条块矛盾，使得“条条”与“块块”之间的领导关系产生冲突。

一是地方政府“块块”与职能部门“条条”根据自身工作开展情况，向地方职能部门布置相应任务，由于布置任务前缺乏沟通协调，可能产生任务矛盾。地方政府需要维护良好的社会秩序服务于当地经济社会发展，基于地区整体性考虑，可能要求信访部门配合做好某一时期的中心工作；而上级主管部门往往会从自身信访治理和绩效考核出发，专注于信访矛盾化解工作。二是地方政府“块块”与职能部门“条条”在信访治理过程中，可能发生治理资源的争夺。上级主管部门由于受到更上一级部门的信访治理压力，想尽一切办法解决好群众合理的利益诉求，办理好重复上访、越级上访等非正常上访，争取自身表现得到上级部门的嘉许。但这一过程需要大量人力、物力、财力的投入，而这些权力都掌握在地方政府手中。地方政府不同于单一的职能部门，它需要对本辖区整体经济发展和社会治理负责，不可能把绝大部分资源集中于某一个领域。三是当需要对信访治理结果进行责任追究时，地方政府“块块”与职能部门“条条”相互推诿扯皮。人人负责往往无人负责。由于现实中相关的法律规范尚不完善，或是对政策的理解不到位、执行不彻底，都容易增大责任主体认定的难度，使得治理责任找不到“主人”。在某些情况下，属地信访部门承担最终的治理责任。

（二）有限权力与无限责任的矛盾

科层组织本身就是一个金字塔形状的管理层级模型，其模型设计的本意就是为了使每一个行政部门及其工作人员都能够享有与其所在等级和岗位相适应的权力资源和责任范围，权力在整个组织内部自上而下地运行，上级部门因此也就具有了职位上的权力和权威，下属单位也就必须严格服从上级的管理约束并认真贯彻上级的各项任务安排。上级政府能够凭借其在科层组织中的权威优势，持续对中央政府下放的多种权力资源进行截留，形成“漏斗效应”。同时，上级政府还可以借助科层组织的行政压力形成“责任优势”，将各项实际工作的治理责任有目的性地转移给下级部门。因此，在信访治理实践中往往会存在着权力、资源不断上收，任务、责任不断下放的情景，基层部门只能凭借有限的治理资源去应付日益复杂困难的信访案件。

处在科层制底端的基层信访部门人员不足、资金匮乏、治权较弱，面对不断从上级政府分解加码的治理任务和责任，很多时候无能为力。在信访责任属地化的过程中，必须加快完善相应的配套机制和政策体系，给予基层治理主体更多治理资源，否则代理者将不具备履行责任的能力。

转型期以来，地方政府权责配置的现状大大偏离了应然状态，有权无责、有责无权、权大责小、权小责大等众多权责失衡现象在不同层级的地方政府中时有发生。在信访治理领域，基层治理主体权力不足，主要表现为有限的财权、有限的执法权、有限的裁量权和有限的调控权。但与此同时，上级借助属地管理的名义将信访事项和责任进行转移，基层信访部门不得不承担日益加重的各种责任，责任边界不断扩大。基层政府权责配置与理想状态存在较大差距，权力与责任出现分散、孤立和不匹配的情况，最终导致权责分立（倪星、王锐，2018）。

基层政府在单一权力中心格局下，对上级负责任并接受上级监督，承担最主要的行政执行责任。除此之外，基层信访部门也面临着一系列政治责任、法律责任和道德责任等。责任边界不断扩大，治理权力却得不到补充，基层政府对信访维稳越来越感到困难重重。基层职能部门可掌握的资源有限，在日常生活中很多信访矛盾实际上已经超越了其解决能力。但同时信访治理存在明显的负激励特征，严格的责任追究以及“一票否决”制度使得基层信访部门及工作人员压力较大。

（三）社会流动与属地定责困境

随着社会流动的加剧，属地管理也面临着挑战。一是诸多事务属于跨地区、跨部门、跨行业的事项。那么，以事项属地为标准来划分责任会遇到困难。例如，跨地区的事项就涉及不同地区的属地政府责任认定，跨行业跨部门的事项涉及不同责任单位的责任认定。二是有些事项属于人事分离、人户分离、人事户分离的案件，那么事发地、户籍地、常住地相互分离，属地责任认定也存在很大的困难。

参考文献：

沈荣华，2009，《分权背景下的政府垂直管理：模式和思路》，《中国行政管》第9期。

尹振东，2011，《垂直管理与属地管理：行政管理体制的选择》，《经济研究》第4期。

刘爽、王宇，2016，《行政管理体制垂直模式与属地模式效能比较——以安全生产监督为例》，《公共治理》第1期。

皮建才，2014，《垂直管理与属地管理的比较制度分析》，《中国经济问题》

第4期。
黄宗智，2008，《集权的简约治理——中国以准官员和纠纷解决为主的半正式基层行政》，《开放时代》第2期。
吕德文，2019，《属地管理与基层治理现代化——基于北京市“街乡吹哨、部门报到”的经验分析》，《云南行政学院学报》第3期。
张紧跟、周勇振，2019，《信访维稳属地管理中基层政府政策执行研究——以A市檀乡为例》，《中国行政管理》第1期。
郑永君，2019，《属地责任制下的谋利型上访：生成机制与治理逻辑》，《公共管理学报》2019第2期。
孔凡义、杨小龙，2019，《越级上访的概念、类型和发生机制》，《武汉科技大学学报（社会科学版）》第1期。
鲁敏，2012，《变迁与失衡：转型期地方政府的权责配置研究》，《云南社会科学》第1期。

乡级信访工作联席会议机制有效模式构建思考
——以贵州毕节威宁石门乡为例

□ 朱华琪　朱　佑*

摘要： 乡镇街道一级是信访工作的最前沿阵地。当前，缺乏信访工作专门机构、人员和工作机制有效性不足，使得不少地方以信访治理为主的社会治理较为薄弱。本文以贵州省毕节市威宁县石门乡为例，对该乡依靠群众构建"三级联动自治"模式、群众纪律监督便民的动力模式治理经验进行了研究，结合当前对信访工作联席会议机制向乡镇街道延伸的实践要求，思考了构建以群众路线为统揽乡级信访工作联席会议机制有效工作模式。这一模式的构建主要从两个方面入手：一是高配信访工作联席会议主要召集人、拓展信访工作联席会议成员单位、提升信访工作联席会议制度有效性，以加强乡级信访工作联席会议的有效组织；二是嵌入纪委书记便民服务监督、强化群众参与自治、提升信访工作联席会议办公室调度指挥能力，以强化乡级信访工作联席会议机制的动力嵌入。

关键词： 群众路线　信访工作　联席会议　工作模式

乡镇街道一级在我们党的组织结构和国家的政权结构中，是最基层的前沿阵地。要实现"郡县治、天下安"的社会治理目标，必须抓好乡村的社

* 朱华琪，原贵州省信访局政策研究室（改革办）主任；
朱佑，贵州省毕节市威宁县石门乡党委委员、纪委书记，承担乡纪委作为石门乡信访工作联席会议成员单位的工作职责。

会治理工作。因此，以贵州毕节威宁石门乡的社会治理成功案例研究为基础，结合近年来对信访工作联席会议向乡镇街道延伸的思考，对以信访为主的乡村社会治理的有效模式进行研究，为开启基层一线以信访工作为主的社会治理工作新局面提供了制度设计参考。

一、乡级信访工作联席会议制度有效模式的客观需求

研究乡级信访工作联席会议制度的有效模式，必须带着问题、带着客观需求、带着目标导向进行研究。通过近年来对基层以信访治理为主的社会治理机制研究的思考，我们认为构建乡级信访工作联席会议的有效模式，有以下几个方面的客观需求：

一是贯彻落实习近平总书记关于加强和改进人民信访工作的重要思想的客观需要。习近平总书记关于加强和改进人民信访工作的重要思想博大精深，建立完善信访工作联席会议机制就是重要内容之一。多年来，在全国县以上（含县）都建立了党委领导下的信访工作联席会议制度，且在运行中不断改进和完善。信访工作联席会议机制成为加强党对信访工作领导的重要抓手。然而，乡镇街道一级的信访工作联席会议机制建立比较晚，亟待健全、改进和加强，充分利用乡村直接面对群众、接触群众、服务群众的优势，充分组织和发动群众参与，切实做到真诚倾听群众呼声、真实反映群众愿望、真情关心群众疾苦的工作，努力实现预防风险与解决问题，维护群众利益与凝聚民心、构建和谐社会的有机统一，在最基层更好地践行习近平总书记关于加强和改进人民信访工作的重要思想。

二是创新贯彻《信访工作条例》关于建立乡级信访工作联席会议的客观需要。《信访工作条例》第十三条第三款规定："根据工作需要，乡镇党委和政府、街道党工委和办事处可以建立信访工作联席会议机制，或者明确党政联席会议定期研究本地区信访工作，协调处理发生在本地区的重要信访问题。"这是中央顶层政策设计解决基层一线以信访治理为主的社会治理工作"瓶颈"问题的指引。然而，乡级的信访工作实际情况千差万别，乡级工作面对广大群众，直接连着千家万户，而没有转办交办的出口，是解决问题的前

沿，因此，如果不结合实际研究信访工作联席会议制度，而是简单地照抄照搬上级信访工作联席会议的模式，就不一定会收到理想的运行效果。乡级信访工作联席会议制度怎样构建才能达到科学组合、有效运转，才能既充分密切联系群众、充分依靠群众，又能及时就地预防和化解问题，这就需要结合到村寨、到网格、到家门的实际来研究有效的模式构建。只有这样，才能做到在创新中贯彻落实《信访工作条例》关于建立乡镇街道信访工作联席会议的要求，做到向上看齐、向下发力，才能开启前沿信访工作新局面。

三是推动信访工作重心下移、关口前移系列制度有机运行的客观需要。在信访工作中，多年来经常强调信访工作要重心下移、关口前移，但怎么有效下移、怎么有效前移？在制度设计上、运行推动上，多年来都没有找到好的抓手。不少地方也在探索治理的经验，也取得很好的治理成效，但是没有上升为顶层制度设计进行全面推行，社会治理效果没有得到充分的发挥。当然，许多地方的经验也有不便于推广的局限性、单一性，所以很难上升到顶层的制度设计。信访工作联席会议机制向乡（镇、街道）延伸，是《信访工作条例》的要求，该机制的建立和运行，需要将一些成功的经验、创新工作制度，在乡级信访工作联席会议的框架内进行有机组装，联席会议成员单位、乡村干部按照制度要求、岗位职责抓落实，这样重心下移、关口前移的要求就制度化、实体化地运行，落地就一定会有成效。

四是解决乡级信访工作“小马拉大车”现实挑战的客观需要。乡一级无专门的信访机构，乡群众工作站、村群众工作室又成为过去，导致乡村以信访工作为主的社会治理力量与动力的不足。“上面千条线、下面一根针”的情况，构成了乡村以信访工作为主的社会治理“小马拉大车”的格局，怎么办？就是需要有一个机制，把乡村干部的力量、群众参与的力量调动出来，形成基层一线以信访为主的社会治理工作合力。这个机制就是向乡（镇、街道）延伸信访工作联席会议机制，运行到村组，联动到一家一户，干部的力量整合起来，广大群众参与进来，力量强大起来，动力发挥出来，这样“小马拉大车”的状况就会因为信访工作联席会议机制的有效构建得到彻底解决。

二、石门乡联席会议统揽乡村治理实践探索

威宁石门乡，位于贵州西北角，接近川滇，原来是中国最贫困的地方之一，是苗族文字的发源地。乡政府距县城115公里。全乡总面积140.59平方公里，辖12个行政村86个村民小组，居住着汉、苗、彝、回、布依5个民族。截至2021年底，户籍人口5549户21512人。最高海拔白刀岭2762米，最低海拔熊家沟桥边1218米，海拔落差大、切割深。以前石门乡的村容村貌较差，村民结婚基本不领证，矛盾纠纷多，村民遇到大小事情都喜欢用武力解决，小偷小摸现象也不少。随着经济社会的不断发展，特别是脱贫攻坚工作的深入推进，一个个项目的落地开工，征地拆迁、工程建设等问题也会引发矛盾纠纷，一些群众也会因为贫困户的认定问题不断上访，不时也会有家庭、邻里纠纷。加之，在乡村缺乏预防和化解矛盾纠纷的专门机构、工作力量，体制不顺、机制不畅，导致化解矛盾纠纷和信访工作存在相互推诿、各自为政、服务效能低等现象，不少的矛盾纠纷难以化解，上访不断、久拖不决，不同程度影响和制约了当地和谐社会的构建，也影响地方经济的发展。

石门乡党委政府带着问题，遵循中央关于创新基层社会治理的部署以及建立乡级信访工作联席会议机制的要求，在两任省委书记接力挂帮下，按照省委、市委、县委的要求，构建起乡村新型的社会治理的新模式。石门乡干部群众感恩奋进，在信访工作联席会议机制的统揽下，积极投入乡村社会治理工作中。通过努力，出现了许多个管理有序、邻里和谐、治安良好，无毒、无赌、无矛盾的“三无”村。2021年9月，石门乡被中央农村工作领导小组办公室、农业农村部、中央宣传部、民政部、司法部和国家乡村振兴局联合认定为第二批“全国乡村治理示范乡镇”。石门乡的做法主要体现在以下几个方面。

一是信访工作联席会议机制统揽下的“三级联动自治”模式。石门乡抓住贵州省委“法治毕节”创建的契机，按照建“法治威宁”的要求，通过创新制度机制，进一步拓展一线工作的思路、破解一线工作的难题，以防

止“小事拖大，大事拖炸”为底线，以及时就地把矛盾纠纷和信访问题解决在萌芽状态为落脚点，创新乡村以信访治理为主的社会治理工作。在实践中探索出“‘村委会+自管委+十户一体’的‘三级联动自治’管理模式”，这一个模式在起初的运行中，由于缺乏有力的统揽机制，自治的驱动力没有充分发挥出来，成立石门乡信访工作联席会议机制后，经信访工作联席会议的领导统筹推动，管理的效能才得到充分发挥。“三级联动自治”（村委会+自管委+十户一体）管理模式：即取消原来的小组长，适当打破村小组界限，合理划分村民自治区域，建立村民自我管理委员会（自管委），并把居住相邻、产业相近、发展意愿相同的10户左右农户捆绑成一个利益发展共同体（十户一体），提高自我发展意识，规定“小事在十户一体内解决、难事在自管委内解决、大事在村委会解决”。在联席会议机制统揽下的“三级联动自治”是深化农村综合治理改革的有益探索，更有利于充分发挥党支部的战斗堡垒作用，实现有力驱动、自我管理、抱团发展。明确村两委在“三级联动自治”中的领导核心作用，明确村两委的职能作用，具体而言就是领导自管委、十户一体抱团发展，充分发挥村两委的平台搭建、政策宣传、服务指导、意见听取、矛盾收集、监督落实的管理职能。成立村民自我管理委员会，主抓文化与社会建设。撤销村民小组长，依托自然村寨建立“自管委”，采取群众直选方式选出3—5人组成“班子”，遵循“一事一议”、民主约定的运行规则，配合村支两委，抓好本村寨的公益事业建设、生产生活服务、矛盾纠纷化解、治安群防群治自管工作。“十户一体”，就是在“自管委”内通过“传帮带”等方式，带动内部实现治安联防、矛盾联调、生产联动、卫生联保、诚信联建、公益联合。村事村管民事民办。“三级联动自治”管理模式构建后，石门乡12个村都撤销了下辖的村民小组，取而代之的是成立了116个自管委，组建“十户一体”486个，扭转了长期以来形成的各项工作“乡热村冷组淡”的工作局面，初步形成了村两委统揽全局、“自管委”挑重担、“十户一体”聚合力、人民群众齐参与的农村自我管理、自我服务、共同治理、抱团发展新格局。

二是信访工作联席会议主要成员单位职能发挥的动力形成。如何让信访工作联席会议主要成员单位的职能作用发挥出来，如何让广大人民群众参与进来，对遵守群众纪律的监督，最大限度地减少因违反群众纪律的行为引发矛盾纠纷、信访问题，或者在群众纪律的约束下为民服务解难题，这一点非常重要。石门乡信访工作联席会议，充分发挥乡纪委作为成员单位应有的职能作用，形成工作的推动力。将“监督触角”延伸到村、组、户，持续整治群众身边腐败问题和不正之风引发信访问题的现象，增强群众参与率、幸福感、满意度，既是促全乡各项工作顺利推进的纪律保障，又是乡村治理的重要抓手。以保障群众知情权为前提，全面发动群众广泛知晓并参与监督。充分依托乡纪委书记一家一户的便民服务工作卡，畅通拓宽群众提出建议、表达意见、反映诉求的渠道，定期组织业务部门“会商”处置收到的意见、建议、诉求，推动及时就地化解。2021 年以来，全乡共制作并张贴纪委书记便民服务监督卡 9456 张，实现家家户户张贴服务监督卡，组织纪检干部、联系村的干部，进村入户宣传讲解服务卡的作用及使用方式，充分依托乡村大喇叭、流动小喇叭、群众会、院坝会、微信群等方式宣传纪委书记便民服务监督工作。同时县纪委监委统一购置电话、办理电话卡，做到“人走服务在、岗缺电话通”。截至目前，共收到群众反映各类诉求 111 件，其中纪检监察业务内件 2 件（已办结）；纪检监察业务外件 109 件，办结满意率达 98.4%。纪委书记便民服务监督卡的有效推广，将大量信访举报、矛盾纠纷消化在基层，民意诉求表达渠道更加通畅，诉求化解更加及时有效，群众满意度进一步提升。

三是治理工作突出全覆盖、快履责、强监管、重落实。其一，有形有效地全覆盖。以“两单三台账”（业务外件转办单、业务外件需党委相关领导签转拟办单、来电登记台账、业务外件处置台账、业务内件处置台账）规范处置群众诉求。同时，将纪委书记便民服务监督卡与“一中心一张网十联户”融会贯通，实现乡综治中心、村服务平台、纪委书记便民服务联动。在联动中形成动力，让反映问题群众及时有效得到回应和解决，提升处置反映问题的效率，监督有效全覆盖。其二，同级发力推动主体履行责任。乡纪委严格按照“五必”要求（来电必登记、登记必办理、办理必及时、转办必督办、结果必反馈)，建立问题清单，分类归口处置，切实提高办理质效。其三，向上借力压实监管责任。对群众反映诉求定期进行系统分析，并形成《纪委书记便民服务群众诉求分析报告》，定期报党委主要领导，经党委组织会商研判，采取措施推动解决。乡级解决不了的问题向上级党委政府、主管部门报告，提出化解建议，为上级组织化解的决策部署提供了重要参考。其四，把抓落实作为落脚点。定期统计并分析，召开部门联席会，推动化解、整改、防范工作落实，并及时跟踪回访，形成一个可督促、可检验、可评判的责任履行闭环，确保事事有回应、件件有着落。

三、群众路线统揽乡级联席会议机制构建思考

这里所说的群众路线统揽乡级联席会议机制，指的是乡级信访工作联席会议机制。根据乡村工作的实际情况，结合对信访工作联席会议的动力研究，参考贵州省毕节市威宁县石门乡社会治理的经验启示，对运用群众路线统揽乡级信访工作联席会议机制的有效模式构建提出以下几个方面的思考。

首先，乡级信访工作联席会议的有效组织架构。乡级信访工作联席会议机制的组织架构，不能简单照搬上级的信访工作联席会议的组织架构形式，一定要站在加强党对社会治理领导的高度，结合乡级工作缺机构、缺力量，工作连接千家万户的实际来思考。

一是乡级信访工作联席会议召集人的设置。为了提高基层党组织对信访工作联席会议机制运转的统筹力，乡级信访工作联席会议主要召集人应为乡级党委书记，召集人为乡级人大主任、乡级政府主要负责人、党委副书记、乡纪委书记。乡级信访工作联席会议办公室必须设在乡综治中心，综治中心主任为信访工作联席会议办公室主任，联席会议办公室负责乡级信访工作联席会议的日常工作，参照上级信访工作联席会议的运行规则，组织对矛盾纠纷预防、排查、化解，当好党委政府参谋助手，对信访工作联席会议的运行进行调度指挥。

二是乡级信访工作联席会议成员必须向下拓展。乡级信访工作联席会议成员如果只是停留在乡级层面，那么村、居、寨就成了信息和工作的断层，

也缺乏与基层群众自治组织的衔接，联席会议机制有效性的发挥就不会很充分。因此，要对联席会议成员的设置进行大范围的拓展。在乡（镇、街道）层面，乡级管辖单位的主要负责同志为信访工作联席会议成员；在村（居）级层面，各村居的管辖范围内，各村（居）的党支部书记、各自管委负责人、网格化管理的网格长为信访工作联席会议成员。联席会议成员确定以后，要在信访工作联席会议的工作制度中，明确规定成员的职责，按照职责开展工作。

三是乡级信访工作联席会议机制的有效运行。信访工作联席会议组织搭建起来之后，最关键的是有效运行，如果实现不了有效运行，就会走向形式主义。乡级信访工作联席会议召开前，信访工作联席会议成员要做哪些工作？这必须作为制度规定下来。就是信访工作联席会议的成员对分管行业或自己负责的区域的矛盾纠纷（含家庭内部矛盾）、信访问题要排查清楚，防范和化解的思路、对上的工作建议要在联席会议扩大会议上汇报。乡级信访工作联席会议如何召开？为了减少会议次数，提高会议效率，乡级信访工作联席会议一般情况在乡级党政联席会议召开时要预留 1 个小时左右的时间，由联席会议办公室汇报矛盾纠纷信访问题排查化解的调度情况，各联席会议成员汇报分管行业、区域矛盾纠纷信访问题排查化解，其他联席会议召集人补充。最后联席会议主要召集人做总结：联席会议成员对照自己的职责，及时就地化解职责和能力范围的矛盾纠纷信访问题；对需要上级信访工作联席会议帮助推动化解的矛盾纠纷和信访问题，乡级信访工作联席会议及时向上报告，提出化解建议，做好化解衔接工作。

其次，乡级信访工作联席会议机制的动力嵌入。如何在乡级信访工作联席会议机制中嵌入动力，这是信访工作联席会议高质量、高效率运行的关键。参照贵州威宁石门乡的经验，一要通过信访工作联席会议成员单位职能的发挥嵌入；二要从依靠群众、组织群众、发动群众参与信访工作联席会议工作来嵌入；三要从信访工作联席会议办公室内生动力嵌入。

一是嵌入纪委书记便民服务监督的推动动力。这是纪委书记在乡级信访工作联席会议机制中作为联席会议成员职能作用的发挥，形成具有威严性的有效推动力。实现家家户户张贴服务卡，组织纪检干部、联系村领导进村入户宣传讲解服务卡的作用及使用方式，充分依托乡村大喇叭、流动小喇叭、群众会、院坝会、微信群等方式宣传纪委书记便民服务监督工作。同时由县级纪委监委统一购置电话、办理电话卡，做到“人走服务在、岗缺电话通”。乡纪委书记收到的群众反映问题，一般利益诉求、邻里纠纷导入乡级信访工作联席会议办公室，纳入台账管理，由信访工作联席会议办公室调度处置；检举控告类的问题，导入纪检监察渠道管理台账，按纪检监察部门的规定核实处置。工作中一定要运用信访工作联席会议机制统筹好处置问题的分工，避免出现乡纪委书记什么都管的情况发生。

二是嵌入发动群众参与的“自治”推动力。乡村以信访工作为主线的社会治理机构不健全、力量不足，就必须依靠群众、组织群众、发动群众来解决“瓶颈”问题。借鉴贵州威宁县石门乡“三级联动自治”（村委会＋自管委＋十户一体）管理模式，建立群众参与乡村社会治理的“自治组织”，“群众自治组织”与近年贵州乡村社会治理创新的“一中心一张网十联户”机制相衔接，与乡村人民调解工作机制相衔接，在乡级信访工作联席会议办公室的统筹下，把人民群众参与社会治理的力量汇集起来、积极性和主动性调动出来，形成群众有序参与社会治理，充分体现人民群众当家作主的主体地位。

三是嵌入信访工作联席会议办公室调度指挥内生动力。信访工作联席会议办公室，是信访工作联席会议运行的中枢，中枢的参谋指挥调度作用发挥得怎样，事关乡级信访工作联席会议机制执行的力度，执行的力度又是制度生命力的体现。因此，乡级信访工作联席会议办公室一定要建立健全参谋指挥调度工作机制，为党委当好信访工作联席会议机制高质量运行、高效率运转的参谋助手，通过调度指挥，形成乡级信访工作联席会议机制运行的动力中枢。具体来讲，就是要常态化地调度各信访工作联席会议成员做好分管行业、分管区域矛盾纠纷产生的预防与排查、信访问题的协调化解，对所有的矛盾纠纷和信访问题进行台账化管理、动态化调度；对化解有难度的矛盾纠纷、信访问题向联席会议主要召集人、召集人提出组织推动化解的建议，或向上级信访工作联席会议请示，请求上级信访工作联席会议帮助组织力量推动化解；加强社会矛盾风险隐患的预防排查调度，让所有的风险隐患消灭在萌芽。

最后，“联席会议 +”的方式，走好乡级信访工作联席会议联动群众的最后一步。村寨中谁家有困难、谁家有诉求、谁家有矛盾，起因和可能化解的路径，相邻的群众清清楚楚。人民群众是真正的英雄，所以必须组织群众、发动群众参与到信访工作联席会议机制的运行中来。群众的参与形式怎样才能有效呢？建立“联席会议 +”的工作机制，把群众的积极性、主动性调动出来，把群众参与社会治理的能力提升起来，把这关键一步走好。“联席会议 +”一般由村级层面的联席会议成员在工作中完成，特殊情况下由乡级层面的召集人或成员完成。“联席会议 +”方式重点包括“联席会议 + 感党恩教育”“联席会议 + 政策法规宣传”“联席会议 + 制度机制落实”“联席会议 + 矛盾纠纷排查”“联席会议 + 群众呼声听取”“联席会议 + 群众困难帮助”“联席会议 + 诉求化解”等。“联席会议 +”运行效果如何，体现乡级信访工作联席会议向最前端延伸运行的关键步伐是否迈得坚实。

结语

乡级信访工作联席会议属于信访工作的体制范畴，这个体制的健全和运行，是贯彻落实习近平总书记关于加强和改进人民信访工作重要思想的需要，是创新实践新时代“枫桥经验”，夯实党的执政基础的需要。因此，建议不断组织深入研究，将有效模式的构建纳入党委全面深化改革的内容，列为信访工作制度改革的重点，成为党内的一项重要基层社会治理工作制度，在刚性约束的前提下组织实施，构建基层社会治理的新格局。

指导人民建议征集工作与提升国家治理能力研究

□汤啸天*

摘要：“负责统筹指导人民信访工作，指导人民建议征集工作”已经被列为中央社会工作部的第一项职责。人民建议征集工作需要科学的顶层设计和强有力的指导。我国人民建议征集制度在民主法治建设中应运而生，人民建议征集工作蓬勃开展，但也喜中有忧，人民建议征集与诉求类信访的异同点还需进一步廓清。国家治理能力的核心是在实质意义上以民为本、以法为准。保护建议人顺畅行使权利是政府的义务，怨言变为建言的关键是政府的作为。以法为准管住公权力才能守住以人为本的基点，人民建议征集工作是对“守民心”的检验，真心诚意办好人民建议才能在实质意义上征集人民建议。人民建议征集工作亟待进一步强化指导：以强有力的理论创新指引人民建议征集工作高质量发展；廓清人民建议征集与相关工作的关系实现功能互补；用办好人民建议的成果保护人民群众提建议的积极性。进一步办理好人民建议的若干具体建议：第一，强化人民建议征集工作的应用性研究；第二，办好人民建议也要有刚性的制度约束；第三，构建人民建议征集与人大、政协工作互通对接的机制；第四，更大程度上实现人民建议征集结果的信息公开；第五，为优秀人民建议人提供多种类型的智力贡献平台。

关键词：人民建议征集　指导　国家治理能力　制度建设　办好人民建议　具体建议

* 汤啸天，上海政法学院编审，上海交通大学中国城市治理研究院特邀研究员。

根据《党和国家机构改革方案》，中央社会工作部具有下列职责：负责统筹指导人民信访工作，指导人民建议征集工作；统筹推进党建引领基层治理和基层政权建设；统一领导全国性行业协会商会党的工作，协调推动行业协会商会深化改革和转型发展；指导混合所有制企业、非公有制企业和新经济组织、新社会组织、新就业群体党建工作；指导社会工作人才队伍建设。特别令人注意的是，“负责统筹指导人民信访工作，指导人民建议征集工作”被列为中央社会工作部的第一项职责。这说明人民建议征集工作与人民信访工作是同一个工作单元，又与信访工作有诸多不同，需要通过相应的制度建设转化为国家治理的效能。

一、人民建议征集工作需要科学的顶层设计和强有力的指导

目前，人民建议征集制度在我国已经初步建立，大多数地方党委和政府把人民建议征集工作安排在信访机构进行，工作也已经取得了一定成效。但从坚持和完善中国特色社会主义制度、推进国家治理体系和治理能力现代化的总体目标的角度考察，我国人民建议征集制度还处在初创阶段。不少地方处理人民建议还是沿用办理信访事项的思路，人民建议征集的社会知晓度和公众满意度都还不高。人民建议征集制度有待进一步完善，科学的顶层设计和强有力的指导是人民建议征集工作突破“瓶颈”的重要一环。

（一）我国人民建议征集制度在民主法治建设中应运而生

毛泽东同志曾经把理论和实践相结合的作风、和人民群众紧密地联系在一起的作风以及自我批评的作风，归纳为我党的“三大作风”。密切联系群众的作风，是指党的各级组织和党员干部都要和党内外的群众紧密团结，同甘共苦，一切为了群众，一刻也不脱离群众，虚心向群众学习，认真听取群众意见的光荣传统。其中，“从群众中来，到群众中去”的工作方法和领导方法一直代代相传。

1988年2月，中共中央办公厅、国务院办公厅转发关于16省、市信访

工作座谈会纪要，要求各级信访部门牢固树立人民当家作主的思想，文明接待，认真办信，保证信访渠道畅通，为群众提建议、诉委屈和实施民主监督创造方便条件。1988 年 2 月 22 日，山西省人民政府公开发布《关于建立征集人民群众建议制度的决定》，宣布建立征集人民建议制度，并成立山西省人民政府群众建议征集处，这是中国历史上第一个公开向公众征集建议的政府机构。1995 年 11 月，安徽省颁布了《安徽省人民政府关于建立人民建议征集制度的决定》。2000 年 6 月，浙江省杭州市正式建立人民建议征集制度，成立人民建议征集办公室，办公室挂靠在市信访局办信处。2007 年 6 月，中共中央、国务院在《关于进一步加强新时期信访工作的意见》中要求，“要建立健全人民建议征集制度，切实保障公民的知情权、参与权、表达权、监督权，引导人民群众对党和政府的工作积极献计献策，鼓励和支持人民群众依法参与国家事务管理”。2011 年，上海市信访办正式成立了专门的人民建议征集处，并逐步在区（市级机关）、街镇分别成立征集工作平台，形成三级共振、上下联动的征集工作网络，实现群众意见建议与投诉请求分类处理。2020 年 7 月 17 日，上海市人民建议征集办公室正式揭牌。担任该办公室主任的王剑华同志表示，群众声音是最原汁原味的社情民意，蕴含着大量真知灼见，“成立上海市人民建议征集办公室，不是简单的机构设置、多块牌子，关键是怎么做好今后的人民建议征集工作，把人民群众的智慧和力量凝聚到城市发展建设上来”。上海人民建议征集工作将在原有基础上进一步“转型升级”，进一步加强人民建议征集制度的规范化、标准化、程序化建设，形成集收集梳理、办理反馈和宣传引导于一体的工作机制，在收集梳理机制上，大力推动从“被动征”向“主动征”转变。2021 年 6 月 23 日，上海市第十五届人民代表大会常务委员会第三十二次会议通过《上海市人民建议征集若干规定》，自 2021 年 7 月 1 日起施行。

应当充分肯定，我国人民建议征集制度萌生于民主法治建设的进程中，制度初建已经在各地进行了有益的探索，是我党密切联系群众光荣传统的再一次发扬光大。2022 年发布的《信访工作条例》第二十九条第三款明确规定：“各级党委和政府应当健全人民建议征集制度，对涉及国计民生的重要工作，主动听取群众的建议意见。”学界认为，《信访工作条例》“首次以党内法规的形式明确了信访工作服务党和国家工作大局、维护群众合法权益、化解信访突出问题、促进社会和谐稳定的职责使命，明确提出信访工作要坚守人民情怀，彰显了党的根本宗旨，有力加强了党对信访工作的全面领导”（邹东升、钟雪，2022）。

（二）人民建议征集工作蓬勃开展，但也喜中有忧

从总体上看，我国人民建议征集制度建设是在1988年以后，以各地分头探索、分散起步的方式开始的。例如，重庆市在1999年10月发布了《重庆市人民建议奖励办法》，哈尔滨市在2009年2月发布了《哈尔滨市人民建议征集办理奖励办法》，杭州市在2000年6月发布了《杭州市人民建议征集和奖励的实施意见（试行）》，厦门市在2000年9月发布了《厦门市人民建议征集实施办法》，北京市在2014年4月发布了《关于进一步加强人民建议征集工作的意见》，内蒙古自治区信访局于2014年7月发布了《关于开展人民建议征集的通告》，等等。还有一些地方党委和政府（办公厅）联合发布了规范性文件，各地的做法各有特色，但基本上是将人民建议征集机构设置在信访办之中，只是信访办内部的一个处室。由于人员力量相对单薄，难以在更大规模、更加纵深的层面上推动人民建议征集工作。上海市在2020年7月正式成立人民建议征集办公室，虽然显示了把人民群众的智慧和力量凝聚到城市发展建设上来的决心，但由于理论研究的薄弱和顶层设计的不足，也有人认为，只是在原信访办加挂了人民建议征集办公室的牌子。

人民建议征集工作历经多年运作，已经实现了以人民为中心的定位，畅通了民意表达渠道，初步转化了全过程人民民主的制度效能，促进了党和政府工作的改进，取得了可喜的成绩，这是不容置疑的。但从全国看，人民建议征集制度还处于初创期。各地的人民建议征集工作发展还很不平衡，不同地域的相关制度建设成熟度不一；人民建议征集工作在全国的公众知晓度还不够，建议人自身的满意度也不足；人民群众提出建议后沟通不够深入、办理不得力的问题时有存在，建议转化为政府决策的成功率还不够高。总之，人民建议征集工作，离把人民群众的“金点子”变为国家治理的“金钥

匙”，结出造福于民的“金果子”还有一定差距。

（三）人民建议征集与诉求类信访的异同点还需进一步廓清

“了解民情、集中民智、维护民利、凝聚民心”无疑是人民建议征集与信访工作的共同一致的定位。人民建议体现了人民群众对党和政府的信任，是群众主动给政府献计献策。信访是便捷高效的权利救济制度，信访人员的情况比较复杂，但行为动力是实现权利救济。人民建议是人民群众主动为党和政府献计献策；表达信访诉求是促使政府反思公共政策制定、执行和协调中的问题。两者在推动国家治理体系和治理能力现代化方面的作用是不同的，人民建议明显优于诉求类信访。笼统地说，人民建议包含在信访之内，但是，实际上信访可以细分为建议类、检举控告类、诉求类。人民建议征集工作与诉求类信访的不同点，还需要进一步明确，以避免用处理诉求类信访的思路处理人民建议。

首先，建议人与诉求类信访人的价值目标定位有所不同。建议人所表达的是其所发现的政府工作的瑕疵，并提出改进建议。在多数情况下建议人没有自身的利益追求，所呈现的是智力成果，有的还附有自费调查研究的资料，与信访人相比表现得更为冷静、理性、清醒；信访人具有明确的利益诉求，或是“讨说法”“还公道”，或是要求赔偿或补偿，比较容易激动，也比较容易成为“上访老户”。建议人对政府彬彬有礼，期待的是自己的智力成果能够被政府所接受，通过自己为老百姓谋利益的愿望得以落实，实现自身的人生价值。多数信访人具有较强的积累经验与向其他信访人“传经”的意识，具有与政府“讨价还价”的耐心和能力，有的信访人甚至在签署“息访承诺书”之后再度上访。

其次，建议人与诉求类信访人的表达方法有所不同。绝大多数建议人会采用书面形式，依托互联网表达意愿，以符合逻辑的方式有理有据地陈述所见所闻所思，态度恳切，言辞委婉，但也有可能对策性的内容比较粗疏，流露出对政府工作不满意的情绪。信访人的整体文化素养低于建议人，一般表达比较直白，有的还有“叫板”的特征。在信访老户中，有一部分人已经磨炼出了长期信访的意志和相当的政策、法律应用能力，时常令接访人感到头痛。

再次，建议人与诉求类信访人的自信基点有所不同。人民建议的提出者具有奉献精神和一定的研究能力，其行为动力并非自身的物质利益而是自我价值的实现。建议人与信访人都具有高度自信的特点，但是建议人自信的是“我说得对”，信访人自信的是“我会赢”。建议人文化水平相对较高，自信的是自己提出建议是出于公心，是主动地帮助政府改进工作，是无偿地奉献智慧，理应受到礼遇，故对政府的态度较为敏感。当建议人的满腔热情遭到冷遇或者表面上客客气气实质上冷漠的时候，建议人不满情绪的扩散作用更为强烈，可能激发起周边更多的人不满。与建议人相比，信访人的整体文化水平相对较低，但自恃“我的时间不值钱”，容易出现长年累月重复访、越级访的“缠访户”。

最后，建议人与诉求类信访人遭受冷遇后的回应策略有所不同。由于建议人与信访人价值目标定位的不同，在行为方式上也会表现出种种差异，总体上看，建议人是理性、冷静、有序的，有一定的韧性，但也会因为“寒心”而知难而退。信访人由于对现实利益具有明确的追求，利益博弈的动力强劲，一旦遇到挫折，容易“刻意把事情搞大”，甚至采取异常的或非法的手段。

人民建议为国家治理体系和治理能力现代化提供的是正向的促进力，以民间的形式呈现为建设性的力量。征集人民建议是推进国家治理体系和治理能力现代化的好办法，但把制度优势转化为治理效能是要发生“化学反应”，而不是简单地看信访总量与建议数量。从长远看，随着意见建议类信访数量增加，求决类信访数量会趋于减少，在这“一增一减”之中，公民的有序政治参与得到了扩大，政府依法行政的水平也会逐步提高，依法治国方略则将会进一步得到彰显。但关键是政府要有刀刃向内、自我革新的决心和勇气。保障公民的知情权、参与权、表达权和监督权是政府的义务，如果履行义务时采取敷衍、糊弄的态度，就会把建议人推到诉求类信访人队伍中去。

二、提高国家治理能力的核心是以民为本、以法为准

习近平总书记反复强调："治理一个国家，推动一个国家实现现代化，并不只有西方制度模式这一条道，各国完全可以走出自己的道路来。"那么，我们在推进国家治理体系和治理能力现代化的进程中应当如何运用好人民建议的现有资源，就是一个不容回避的课题。目前，有的地方尽管不排斥人民提建议，但又认为那是"远水解不了近渴"，开展人民建议征集工作的动力不足，只是打算象征性地"搞一点"。

（一）保护建议人顺畅行使权利是政府的义务

我国《宪法》第27条第2款明确规定："一切国家机关和国家工作人员必须依靠人民的支持，经常保持同人民的密切联系，倾听人民的意见和建议，接受人民的监督，努力为人民服务。"这是我国人民建议征集制度建设的宪法根基。我国《宪法》第41条规定，"中华人民共和国公民对于任何国家机关和国家工作人员，有提出批评和建议的权利"。这是我国人民建议征集制度建设的宪法依据。既然倾听人民的意见和建议是我国一切国家机关和工作人员的宪法义务；那么，我国公民就具有提出意见建议的宪法权利。我国一切国家机关和工作人员必须以履行法定义务的积极行为，保障公民权利的实现。

我国《宪法》中包括但不限于如上的规定都是建设人民建议征集制度的指针，但这并不能掩盖人民建议征集制度本身的理论研究不足，尤其是，人民建议征集必须走法治化的道路，避免坠入权力掌控者"想征集就征集、不想征集就不征集"的泥沼。建议征集工作具有"两头公开中间盲"的特征，如果征集工作偏离以人民为中心的基准点，就会出现暗箱操作下的选择权滥用。对人民建议无疑应当选优录用，经办公务员具有选择权也完全正当，但是，选择权一旦被滥用，人民建议征集就会成为显示某一方面政绩的"摆设"。为此，在推进人民建议征集工作时，必须高度警惕人民建议变成形式主义的"花架子"。

政府从人民建议中获得“金点子”，成本是极为低廉的，即保障公民的知情权、参与权、表达权和监督权。建议人提出建议没有个人的利益追求，完全是无偿的智力奉献。政府尊重建议人既是人民政府的宗旨使然，也是尊重人的必然选择。推进人民建议征集工作的起点是，政府首先认识到自己的工作不可能十全十美，虚心倾听人民群众的意见建议，以刀刃向内的精神自我革新。如果认为建议人是“存心揭短”“吹毛求疵”就不可能办好人民建议。2013 年，习近平总书记在考察海南讲话中指出：“海南已经明确了今后五年的民生奋斗目标，对今年民生工作作出了部署，提出将重点办好十件实事，而且这些实事是在向全社会公开征集意见的基础上确定的，这种工作方法很好，‘知屋漏者在宇下’，我们就是要在准确把握人民群众意愿的前提下去办事，绝不能糊里糊涂办群众不满意、吃力不讨好的事情。”具体落实到人民建议征集工作中，政府应当把建议人视为“知屋漏者”“知政失者”，从认真履行法定义务出发，热忱谦恭地对待建议人，为建议人知情权、参与权、表达权、监督权的实现提供保障。党的十七大报告提出“保障人民的知情权、参与权、表达权、监督权”，具有十分重大的理论和实践意义，这里不再赘述。但需要明确指出的是，对人民知情权、参与权、表达权、监督权的实现，政府负有保障义务。政府保障人民的知情权、参与权、表达权、监督权，是保证人民赋予政府的权力始终用来为人民谋利益的前提。就人民而言，其对政府的制约具体地表现为知情、参与、表达、监督这四项权利的实现。其中，知情是基础，参与是关键，表达是根本，监督是手段。人民提出建议是渴求知情、主动参与、诚恳表达、积极监督的具体体现，政府没有任何理由怠慢轻视。有人担心，如果把大量人民建议汇总起来就是政府工作的“瑕疵大全”，有可能被别有用心的人利用。这种担心是没有必要的，政府倾听民意，真诚接受批评建议，改进自身的工作，就能够赢得人民群众的尊重。只有厉行民主，才不会出现人亡政息的局面，这是人所共知的真理。

（二）以法为准管住公权力才能守住以人为本的基点

人民知情权、参与权、表达权、监督权的实现，意味着制约公权力的现实化；反之，如果人民对政府工作处于实际上不能知情、不能参与、不能表达、不能监督的状态，就只能被动地发怨言。表达权包括表达方法和表达内容两方面的自由。只要在法律规定的限度之内，权利主体具有包括使用媒体等各种方式表达自己的主张，对参与的公共事务进行表态、表决和提出新的相关请求的权利。政府对于人民表达权的行使只能以"有话好好说"作引导，是不能也不可能强制人民说不说话或者说什么话的。建议人提出建议实际上是实践了"有事好商量""众人的事大家一起商量"，这是非常值得政府珍惜的宝贵资源。

现在，坚持发展依靠人民、发展为了人民、发展成果由人民共享，不断增强人民群众的获得感、幸福感、安全感的发展理念已经为全党全国所接受。具体到人民建议征集工作，如何不断增强人民群众的获得感、幸福感、安全感，需要实实在在的行动。笔者认为，在人民建议征集工作中特别需要坚持以人为本、以法为准。以人为本，就是要从全体人民的根本利益出发，以实现人的全面发展为目标，切实保障人民法定权利的实现，让发展的成果惠及全体人民。在维护社会稳定方面，政府当然责无旁贷，但"维稳"和"维权"是统一的，切实保障人民权利的实现才能有长治久安的效果。应当看到，人民群众提出意见建议是参与"维稳"的实际行动，但也需要政府为人民权利的实现提供保障。这是因为，人民群众仅仅依靠自己的力量是不可能实现知情权、参与权、表达权、监督权的。以法为准，是指一切权力属于人民，政党、政府和所有社会组织、全体社会成员的所有活动都必须依法进行，"任何组织或者个人都不得有超越宪法和法律的特权"（《宪法》总纲）。以法为准有四个方面的含义：一是职权由法定，二是有权必有责，三是用权受监督，四是违法受追究。在从大量人民建议中筛选高质量建议的过程中，经办人员无疑要行使选择权，相关职能部门接到转交办的人民建议后也会遇到是否真心实意办理的考验。通俗地说，办理人民建议是"良心活"，"良心活"更要以法律为准则去办，以法为准管住公权力才能守住以人为本的基点。

以人民为中心的发展思想，体现在人民建议征集工作中就是"了解民情、集中民智、维护民利、凝聚民心"。以人民为中心的发展思想，体现了世界观与方法论的内在统一、历史观与价值观的高度统一、治国理念与治党方略的有机统一，当然需要党和政府用行动落到实处。当建议人提交建议后，该建议的命运已经不能由建议人掌控。即便是高质量的建议也是由公权力决定其被重视或者受冷遇。所以，推进人民建议征集工作必须以法律为武器管住公权力。征集人民建议无疑是大好事，但也必须高度警惕，如果只是形式主义地征集人民建议就会伤了、凉了、寒了人民群众的心。

“不满是向上的车轮。”市民能够看到社会治理中存在问题，是有水平的表现，即便是怨言的表达也是渴望政府工作得以优化。但是，如果政府听不到群众的怨言或者熟视无睹，怨言就可能扩散成为舆情。面对群众的怨言，政府的正确做法是精心加以引导，鼓励群众针对其发现的问题出谋划策，提出改进的建议。征集人民建议具有化消极心态为积极行动的社会功能，同时也是对政府工作的考验。人民群众提出的“金点子”不可能直接转化为解决社会问题的“金钥匙”，也不可能直接结出利民惠民的“金果子”。所以，如何避免人民建议征集工作受到形式主义的影响，关键在于政府的理念和作为。

（三）人民建议征集工作是对“守民心”的检验

党的二十大报告指出：“江山就是人民，人民就是江山。中国共产党领导人民打江山、守江山，守的是人民的心。治国有常，利民为本。为民造福是立党为公、执政为民的本质要求。必须坚持在发展中保障和改善民生，鼓励共同奋斗创造美好生活，不断实现人民对美好生活的向往。”特别需要强调的是，以人民为中心不能成为空洞的口号或者装饰品，必须通过具体的工作一件件、一桩桩地落到实处，让人民群众真正体会到人民利益确实是高于一切的。中国政法大学李程伟教授认为：“当前，人民的利益意识和权益意识空前觉醒，整体社会呈现出无数利益主体相互关联、博弈、竞争、冲突等等景象。这一社会生态环境，对党的社会工作创新提出前所未有的要求和挑战。有关个体利益诉求的表达激增，党和政府那种抽象性和整体性地代表和维护人民群众利益的方式已不可行。”（郭若梅、蒋小天，2023）为此，人民建议征集工作必须突破陈旧观念的束缚，在守正创新中得到优先发展。优先发展人民建议征集工作的撬动点是，政府首先认识到自己的工作不可能十全十美，虚心倾听人民群众的意见建议，以刀刃向内的精神自我革新，改进工作。具体而言，人民建议征集工作是对“守民心”承诺的具体检验。守不守民心、是真心实意“守民心”还是虚情假意“做盆景”，都可以从办理人民建议之中反映出来。

习近平总书记说：“民主不是装饰品，不是用来做摆设的，而是要用来解决人民需要解决的问题的。”为此，办理人民建议的难点在于规范公权力的运行。对人民群众提出的建议进行筛选，或转交办或呈报领导阅批都是依据职权而为的行为。必须从制度上保证人民不是在形式上当家作主，而是在实质上当家作主。失民心容易，守民心难。守民心必须由全体共产党员、全体公务员作出全方位的努力。每一位公务员都要有矢志为民、心系群众的公仆情怀，始终坚持人民至上，践行以人民为中心的发展思想，把体现人民利益、反映人民意愿、维护人民权益、增进人民福祉贯穿工作全过程，用心用情解决好群众“急难愁盼”问题，不断增强人民群众获得感、幸福感、安全感。

人民群众提出意见建议实际上是给职能部门办实事注入了动力，尊民爱民必须从征集好、办理好人民建议做起。通过一条条建议的征集、处理、落实、反馈使得老百姓感受到，人民建议征集制度看得见、摸得着、用得上、靠得住、能受益。正如李林教授所言，必须切实防止“人民形式上有权、实际上无权的现象”。“确保党和国家在决策、执行、监督、落实各个环节都能听到人民的声音，促进人民当家作主具体地、现实地体现在党治国理政的政策措施上，具体地、现实地体现在党和国家机关各个方面各个层级工作上，具体地、现实地体现在实现人民对美好生活向往的工作上。”（李林，2022）

从这个意义上说，真心诚意办好人民建议才能在实质意义上征集人民建议，把群众的怨言变为建言的关键是政府的作为。老百姓满腔热忱提建议，甚至以个人的力量调查研究，都是帮助政府改进工作的积极行动。这种积极性能不能得以持续并不断提升，取决于政府的实际行动。特别是在人民建议征集工作起步的阶段，群众实际上是在观望、观察政府的作为，然后决定自己下一步该怎么做。为此，办理人民建议征集工作的机构，一是要以更加强烈的爱民之心，设身处地，换位思考，竭尽全力保护人民群众提意见建议的积极性；二是要以坚韧不拔的决心和毅力，调动职能部门的工作积极性，推动人民群众的建议变为职能部门的工作方案，让人民群众看到建议落实的成果；三是要不断地学习，不断地总结经验，加强知识更新融合，提升运用法治方法解决复杂问题的能力。在实践全过程人民民主的过程中，充分运用手中的“工具箱”，把各方面、各部门的力量调动起来、整合起来，让更多的“金点子”结出“金果子”。

人民建议是来自民间的呼声，建议人是主动协助政府工作的合作力量，其所为具有强烈的公益性质。尽管建议内容可能有所偏颇，但其恰恰是具体地、实在地代表和维护人民群众利益，是不能不高度重视的民意。民意的表达可能有多种形态，既可以“讨说法”等表达个人诉求的方式提出，也可以用建言献策的方式提出。而“怨言”是消极的负能量，“建言”是积极的正能量。从单纯维权的“私心”，到建言献策的“公心”，这一步的跨越就为公众有序政治参与提供了有效的现实途径。让人民群众通过来信来访建言献策，这不仅强化了党和政府与人民群众的血肉联系，更是在人民有序政治参与中，提高了公众参与公共事务管理的能力（张璁，2018）。应当指出，引导人民群众变怨言为建言的责任主体是各级政府。如果人民群众的建言得不到应有的重视，其仍然可能从“建言”之列退回到“怨言”之中。

（四）真心诚意办好人民建议才能在实质意义上征集人民建议

人民建议征集不易，想要办好更难。政府职能部门对群众中存在的怨言，一要不怕、不烦、不绕道走；二要因势利导，把怨言变为建言。特别需要指出的是，诉求类的信访虽然也反映了民众的需求，但只是某个人或者某些人的需求，具有较强的局限性；建议类的信访反映的是较为宏观、普遍的问题，具有较强的建设性。认真研究、正确办理群众提出的意见建议，可以批量化地减少社会矛盾或预防矛盾的激化。党和政府关注的重点是什么，对公众的行为也具有引导作用。诉求类信访件是以提出诉求的方式反映个人意愿，其局限性不言而喻，相比较建议类信访件的站位更高、个人意识较少，对优化决策的作用更大。倾听群众的意见和建议对执政党而言，既是民心所向，也夯实了执政的群众基础，与围着“上访老户”团团转相比，肯定是低成本、高效益的。

毛泽东在《关于领导方法的若干问题》一文中指出：“在我党的一切实际工作中，凡属正确的领导，必须是从群众中来，到群众中去。这就是说，将群众的意见（分散的无系统的意见）集中起来（经过研究，化为集中的系统的意见），又到群众中去作宣传解释，化为群众的意见，使群众坚持下去，见之于行动，并在群众行动中考验这些意见是否正确。然后再从群众中集中起来，再到群众中坚持下去。如此无限循环，一次比一次地更正确、更生动、更丰富。”就人民建议征集工作而言，也应当按照“从群众中来，到群众中去”的老传统探索新的工作流程。人民提出建议，无疑是“从群众中来”，如何实现“到群众中去”，需要政府作出扎扎实实的努力。

第一步，首先是政府要在充当“淘金人”的过程中学会“识宝”，从人民建议中把“金点子”筛选出来。人民群众提出的各种建议肯定是分散的无系统的，在多数情况下只是指出了问题的所在和解决问题的思路。政府不能苛求群众提出解决某类社会问题的工作方案或者计划。在多数情况下，人民群众提出建议只是提供解决问题的思路，类似于展示了可供开锁钥匙的模型，也可以称为“亮出金钥匙”。对此，政府绝对不能苛求建议人。此外，在群众提出的建议中隐含批评是正常现象，即便是尖锐的意见政府也应当洗耳恭听闻过即改。群众提出意见建议肯定会要求回复，势必增加机关的工作量，公务员绝对不能把建议人视为“麻烦的制造者”。建议人提出的问题，也可能是机关的同志早已发觉，但一直未能解决的“老大难”问题。对此种情况要乘人民建议的东风攻坚克难，而不能认为建议人是“不当家不知柴米贵”。对建议中存在的局限性，要通过进一步沟通，组织专业论证，更加广泛地汇集民智加以解决。总之，群众只能把“金点子”亮出来，而“金点子”转化为“金钥匙”需要政府负责任、精细化、持续不懈地努力。如果政府止步于难题，就等于把难题留给了群众，就可能出现局部的怨言变为普遍的不满。

第二步，群众提出的“金点子”必须通过职能部门制定工作方案并落到实处，才能结出利民惠民的“金果子”。这个过程可以称为“加工金钥匙”。对群众提出意见建议的问题，职能部门也许并非没有觉察，但往往因为“加工金钥匙”有难度而拖延、搁置。群众对社会治理中的难点、堵点、断点有切身体会，而职能部门却可能反应迟钝，或者多个工作部门的协调有难度。如果面对好建议仅仅作出“留作参考”的回复，就宣告“办理完毕”，那么高质量的建议就必然被埋没掉。这是因为，“留作参考”是一种非常模糊的提法，决策时究竟有没有“参考”已经提出的建议，老百姓是根本无法知道的。而且说一声“留作参考”就意味着程序终结，并不能排除用“留作参考”的说法敷衍群众的可能性。

有学者介绍，安德森将政策问题的觉察机制分为内外“扳机触发器”，内部触发器有自然灾害、意外人为事件、科技进步结果、资源分配后果和生态变迁五种情形，这些都是促使精英决策子系统将信访所反映的社会问题纳入政策议程的重要因素（邹东升、钟雪，2022）。在笔者看来，虽然安德森“扳机触发器”思路很有价值，但对“触发”情形的归纳却不一定完整。人大代表的议案、政协委员的提案、人民群众的建议都可以是“触发”因素，是否需要扳动政策调整的“扳机”，则需要“大家的事大家商量着办”。引导群众以积极建议的方式提出意见，不仅为推动社会矛盾的批量解决提供了现实性和可行性，而且更能让人民群众以主人翁的姿态有序参与到公共事务之中。这样的好事，何乐而不为呢？也许政府职能部门的公务员，正在对人民建议被征集以后的处理颇感为难。用搞形式主义的办法处理人民建议是容易的，但一定会引发新的不满意。人民建议征集实际上也具有“扳机触发器”的功能，也需要刀刃向内的自我革新提供制度保障。

三、人民建议征集工作亟待进一步强化指导的若干方面

我党具有“从群众中来，到群众中去”的优良传统，近年来又大力强调问计于民、问策于民，但人民建议征集工作究竟应该怎么做的研究还不够

深入，人民建议征集工作如何与推进全过程人民民主相结合尚未形成具有可操作性的方案。特别是，人民建议征集工作受到“考核至上”、形式主义的影响，重形态展示、轻功能强化的倾向在一定程度上存在。人民建议征集工作亟待科学的顶层设计和强有力的指导。笔者认为，人民建议征集工作亟待强有力指导的主要方面如下。

（一）以强有力的理论创新指引人民建议征集工作高质量发展

党的二十大报告指出：“我们必须坚定历史自信、文化自信，坚持古为今用、推陈出新，把马克思主义思想精髓同中华优秀传统文化精华贯通起来、同人民群众日用而不觉的共同价值观念融通起来，不断赋予科学理论鲜明的中国特色，不断夯实马克思主义中国化时代化的历史基础和群众基础，让马克思主义在中国牢牢扎根。”具体地说，建设人民建议征集制度就是让马克思主义在中国牢牢扎根的基础性建设，是用马克思主义同中国具体实际相结合、同中华优秀传统文化相结合的实践坚持和发展马克思主义。人民建议征集制度是具有中国特色社会主义的重要组成部分，没有现成的答案可抄，没有外国的程序可鉴，必须在守正创新的道路上不懈探索、不断总结，逐步形成完备的制度体系。例如，开放包容、善于纳谏是我国优秀传统文化之一，儒家提倡“争臣”“争友”，法家主张设立谏官的理论和做法对人民建议征集制度建设都具有借鉴意义，但现代的征集人民建议又不同于古代的纳谏，亟待探索如何在传承中实现创新。

在我国，办好人民建议征集工作的资源非常丰富、文化积淀深厚、理论基础雄厚，从事人民建议征集工作的同志既不能受惠而不觉，又不能臆想走照搬照抄、直接复制的“捷径”。人民建议征集制度本身就存在自身如何高质量发展的问题。政府的工作在任何时候都不可能十全十美，通过征集人民建议改进政府工作是低成本、高效益的路径。增强人民群众的幸福感、获得感、满意度，其中最直接、最直观的就是把人民建议征集好、办理好、落实好。人民是人民建议征集制度建设的“出卷人”，我们是“答卷人”，人民又是“评卷人”，人民建议征集制度的顶层设计是否科学、中层运转是否协调、底层落实是否到位，不可能也不允许由经办部门说了算，必须由人民来考核、由人民作评价。但是，至今还没有见到人民作评价的具体办法和程序。有的地方人民建议征集工作或多或少有“围着考核转”的倾向，机关工作不可能没有考核，但对收到的大量人民建议，政府实际上拥有选择权，如何避免“选择性报送”，亟待具有可操作性的指导。还有，即便是领导作出批示的人民建议，也需要追踪落实，建议人有没有查询、质询的权利，进行“后评估”时应当如何发挥建议人的作用等，都有待理论和实践层面的指导。

（二）廓清人民建议征集与相关工作的关系实现功能互补

发展好完善好全过程人民民主，必须充分发挥人民代表大会的主渠道作用，坚持用制度体系保证人民当家作主。“为了谁、依靠谁，是发展全过程人民民主的核心问题。全过程人民民主的主体是中国人民，发展全过程人民民主是为了让广大人民更好当家作主。必须坚持以人民为中心，维护人民根本利益，不断实现发展为了人民、发展依靠人民、发展成果由人民共享。”（汪铁民，2023）我国的人大、政协制度无疑是符合中国国情的、科学的民主制度，但其都属于代议制。人民建议征集搭建了人民群众直接参与社会治理的平台和载体，无疑是对代议制民主的科学补充。党的二十大报告指出，“全过程人民民主是社会主义民主政治的本质属性，是最广泛、最真实、最管用的民主”，提出“全面发展协商民主”和“积极发展基层民主”等重要任务。人民建议征集制度与此是高度契合的。我国的人民代表大会制度是具有高度科学性的根本政治制度，彰显了“一切权力属于人民”的优越性。人民政协制度集包容性、平等性和开放性于一体，体现人民民主真谛。从理论角度看，人民代表大会制度、政治协商制度都属于代议制，代议制民主效率高、专业性强的特点毋庸置疑，但也存在反映民意不够充分的缺点。尤其是“代议民主制下，多数人和强势群体的权益容易体现，少数人和弱势群体的权益容易被忽视。信访作为中国独有的保护少数人、弱势群体权益的机制，是对代议制民主的有益补充”（张宗林、王凯，2019）。信访活动有建议类、诉求类等多种分类，作为人民建议的提出更具理性，至少可以为人大代表、政协委员开阔视野、体察民情提供帮助。

近年来各地在创新“人大代表联络站＋”上下功夫，不断探索人大代表进站履职新模式，不断拓展人大代表联络站工作新局面，已经取得了明显成效。同时，各地政协近年来也在积极推进“协商于民”政协委员工作站的建设，以进一步组织政协委员积极参与基层民主协商，发挥政协委员的专业优势。笔者认为，人大代表联络站、政协委员工作站的建设可以与人民建议征集工作同步推进、各显其能、相互补充。人民建议提出者的社会基础比人大代表、政协委员更为广泛，反映社会底层的问题更为直接，凝聚人心的作用也更加突出。各地可以探索“人大代表联络站＋人民建议”与“政协委员工作站＋人民建议”的模式，把分别属于三条不同“条线”的力量拧成“一股绳”。鉴于“人大代表联络站＋人民建议”与“政协委员工作站＋人民建议”都有固定的场所，人民建议的建议人也可以“借贵方一块宝地”共同交流。这对提高人大议案、政协提案、人民建议的质量均有一定促进作用。

（三）用办好人民建议的成果保护人民群众提建议的积极性

“金点子→金钥匙→金果子”的概括基本上反映了人民建议征集工作的特征，也反映了公民智力成果转化为政府决策成果是关键环节。显然，人民群众的“金点子”变为解决难题的“金钥匙”，结出推动发展的“金果子”，必须以科学的流程为保障，强有力的“征集—办理—转化”机制不可或缺。笔者认为，人民建议征集工作的难点不是在征集环节，而是在办理和落实环节。如果已经征集到的人民建议不能办理好、落实好，征集工作只能是一时热闹；如果仅仅是为征集到的优秀人民建议颁奖，就是搞形式主义；如果优秀人民建议得不到落实，人民群众提建议的积极性就会被挫伤。人民群众是人民建议的提出者，又是人民建议是否得到正确处理的体验者。现在“门难进、脸难看、事难办”的问题已经基本解决，但“满面笑容不办事”的现象也确实存在。开展人民建议征集工作必须谋民生之利、解民生之忧，为补齐民生短板竭尽全力。而具体在办理的过程中能不能做到真诚待民、实质尊民、信息公开，人民群众是心知肚明的。

人民民主的本质是人民当家作主，即人民有权依照法律规定，通过各种途径和形式，管理国家事务，管理经济和文化事业，管理社会事务。当人民群众提出建议、参政议政的时候确实有“当家作主”的感觉，但由于政府职能部门对具体建议具有选择权甚至是“一票否决权”，建议人只能“听天由命”。如果真正的好建议被埋没，人民群众就会产生“当家不作主”的感觉。所以，只有办好人民建议才能进一步调动和保护人民群众提建议的积极性，才能在与民共商的过程中提升人民建议的质量。在调动和保护人民群众提建议的积极性方面，“保护”比“调动”更为重要。特别是，人民群众反映政府工作中的瑕疵，这些群众不满意、有怨言的背后往往是普遍性、政策性的“短板”，关键是以什么样的态度对待人民群众的意见建议。如果以敷衍塞责的态度对待人民群众的意见建议，客观上就会导致“刻意把事情搞大”。如果人民群众提出建议之后遭到冷遇或者表面上的“客气”，建议人就会就此寒心，在口口相传中人们就会把人民建议征集工作视为“政绩工程”“面子工程”。

四、进一步办理好人民建议的若干具体建议

优秀人民建议能不能得到落实，可以说是最重要也是最难踢的“临门一脚”。鉴于建议人在提交建议后基本上处于被动状态，经办人和承办部门几乎决定了建议的“命运”。人民建议征集工作部门居于建议人与办理部门之间，既不能“越位”也不能“错位”，工作难度很大有时甚至是要恳求业务主管部门“帮忙”。所以，人民建议征集工作需要科学的顶层制度设计和完备且不断完善的配套措施，整合各方面的力量协力推进。本文现仅就如何进一步办理好人民建议提出若干具体建议。

（一）强化人民建议征集工作的应用性研究

众所周知，应用性研究是以解决实际问题为目的的研究方法，重点是将理论研究成果转化为实际应用。现在人民建议征集制度所缺乏的正是能够指导实践的应用性研究。如果承认以往我国人民建议征集制度建设处于各地分散探索的阶段，重视人民建议征集的应用性研究就格外重要。至今，学术界

对人民建议征集制度的应用研究比较薄弱，高校的部分学者对人民建议征集工作还持有疑义。建议中央社会工作部在调查研究的基础上发布课题，招募全国的精干力量进行专题研究，以期取得具有指导意义且可操作的成果。课题研究的主要内容包括但不限于：

（1）人民建议征集制度与实现和强化党的领导、与建设社会主义民主政治的关系；

（2）人民建议征集工作与人大议案、政协提案的关系，以及互通联动的可能性、科学性研究；

（3）人民建议征集工作与求决类信访工作的关系与异同点；

（4）人民建议征集、研究、交办、回复、督办、“后评估”的流程与规则；

（5）政府非紧急事项决策事先征集人民建议的操作程序；

（6）人民建议与法律监督、行政监督、社会监督、舆论监督的协同运作；

（7）启动人民建议专题征集的程序和基本方法；

（8）人民建议办理情况纳入政府信息公开的具体实施；

（9）其他相关问题。

必须强调指出的是，人民建议征集工作的应用性研究必须面对实际，以问题为导向，以可操作、可推广为目标，求真务实，不尚空谈，防止生吞活剥外国学者的所谓“时髦理论”，用“空话、套话、大锅话”堆砌成文。

（二）办好人民建议也要有刚性的制度约束

人民建议与信访都是来自民间的鼓与呼，人民建议是为民发声、为民代言的智慧奉献，信访则是当事人为实现自身权利救济发出的呼喊。人民建议征集工作的特殊性在于，民众的“有所呼”表现为理性地发表意见或提出建议。民有所呼，必有所应，政府的“有所应”应当表现为说真话、办实事。

对建议的价值判断应当至少由2人进行复核。收阅人民建议并不是像邮政分拣员那样的简单工作。随着人民建议数量的增多，收阅人民建议工作人员的工作量也会随之增加。但也应当建立“防止好建议被埋没”的制度，对同一份建议，至少应当由2名公务员提出初阅意见。2名初阅人意见一致的，即作出处理；意见不统一的，应当在初阅组内进行商讨；必要时，应当报科或处领导复阅。

科学地选择呈报领导阅批的建议。毋庸讳言，呈报领导同志阅批的建议，转化为决策成果的可能性会明显提高。同时，呈报领导同志阅批的建议数量必须严格控制，精选无疑是必要的。更为关键的是，筛选人民建议要具有全局视野，及时把关乎人民群众切身利益、前瞻性强、针对性强的好建议报上去，避免片面地以“宣传价值”作为选择标准。

提出“希望继续深入研究”的应当进行跟踪。如果初阅人认为建议确有价值，提出“希望继续深入研究”的意见，应当报科或处领导复阅后与建议人电话沟通，提出具有导向性的深入研究建议，并进行跟踪，促使好建议走向成熟。

转交办不能“一转了之”。对于转交相关业务部门办理的建议，要责成业务部门直接与建议人沟通，按时反馈办理结果，以避免业务部门拖延不办或者敷衍塞责了事。

慎重使用“留作参考”的回复。目前，回复“留作参考”几乎是一个“筐”，给建议人带来的体验很不好。显然，回复“留作参考”不应该成为“糊弄”建议人的手段。只要作出“留作参考”的回复，就应当同时赋予建议人就此申请政府信息公开的权利，如查询此建议在何级、何机关、何事项中予以了参考。

用足用好督办的权力。落实人民建议时，确实有一部分会面临突破原有制度或者惯例的“难点”，需要征集机关发挥督办的功能，予以推进。即便是暂时还不能落实的事项（如限于经费困难等），也要作出实事求是的解释，避免不了了之。

人民建议的落实情况也应当“后评估”。后评估，原是指在项目已经完成并运行一段时间后，对项目的目的、执行过程、效益、作用和影响进行系统、客观的分析和总结。现在已经扩展到地方立法等许多场合。人民建议落实后的“后评估”与全过程人民民主的理念相契合，理应进行探索。一般而言，“后评估”应当委托具有专业知识的第三方进行，以保证公正性与科学性。笔者建议，人民建议落实后的“后评估”可以由征集建议的机关发起，以政府购买服务的方式进行。“后评估”报告应当主动向社会公开。

（三）构建人民建议征集与人大、政协工作互通对接的机制

人大议案、政协提案、人民建议在提出方式、办理程序等方面有所不同，但本质上都是倾听民意、汇集民智、优化决策、造福于民。人民建议征集工作中发现的“金点子”，有一部分已经或者正在通过人大议案、政协提案转送相关部门。从实践的角度看，有一部分人民建议与人大代表议案、政协委员提案的内容是一致的，只是现在分属不同的“条线”管辖，客观上造成了重复调研、重复回复。为此，应当实现人大、政协、征集办机关之间的信息共享和“一网通办”。笔者的具体建议是：

一是各级人大、政协、征集办机关的网络互联互通，在后台打通的基础上，对同一类别、同一内容的议案、提案、建议分别审阅；

二是分别审阅后处理意见一致的，按照同一意见，按照各自的程序分头处理；

三是分别审阅后处理意见不一致的，按照各自的意见处理，并知会相关机关；

四是要求基层职能部门像办理人大议案、政协提案一样办理人民建议，做到件件有回复、事事有着落；

五是在信息公开或报道时，可以采取“根据＊＊人大议案、＊＊政协提案、＊＊人民建议所提出的某问题、某建议，经研究作出如下答复”的模式。

（四）更大程度上实现人民建议征集结果的信息公开

在本质上，人民建议征集工作是不需要保密的。人民建议征集的特点是有事好商量，众人的事情由众人商量着办，即便是领导干部作出了批示也是表示赞同或要求职能部门深入研究。目前，网上征集人民建议时已经询问建议人是否愿意将建议内容公开，但这还不够。只要不涉及国家秘密、商业机

密、个人隐私，且建议人愿意，建议内容、转交办去向、办理进程、办理结果（包括领导干部所作的批示）均应当公开。北京大学王锡锌教授针对《保密法》的修订说道："'保密'和'公开'是一枚硬币的两个方面，只有把两者关系处理好了，才能真正解决问题。"（中国人大网，2010）笔者赞同这一观点，并认为《保密法》也应当与时俱进，针对互联网环境的特点，细化保密规则、强化保密力度，真正把保密的"好钢"用到刀刃上，同时解决定密过多过滥、定密不准、定密容易解密难等方面的问题，为提高政府工作的透明度和公民的知情权，提供更加有力的保障。

有人认为，领导干部做了批示的人民建议在公文流转时标注了"机密"字样，必须按照《保密法》的规定严守机密。这一说法可以理解。鉴于《保密法》的修订是另一个范畴的问题，本文不作讨论，只在现行《保密法》规定的范围内，就有权确定密级的机关在有领导干部批示的人民建议件上标注"机密"后的做法，提出商讨建议如下。

一是鉴别建议内容，作出有区别的处理。首先，应当鉴别建议的内容，审核泄露后是否可能损害国家在政治、经济、国防、外交等领域的安全和利益，以及建议人是否愿意公开其建议内容。如果泄密后可能损害国家在政治、经济、国防、外交等领域的安全和利益的，则坚决保密；如果建议人不愿意公开建议内容的，也应当保密。

二是采用描述法公布批示内容要点。如果标注"机密"仅仅是出于防止领导干部笔迹流入社会的考虑，可以与定密机关研究，依照新华社播发党和国家领导人批示的模式，公布批示内容要点。描述法是根据《保密法》的要求，陈述可以公开的批示内容要点，而不引用原文，不涉及需要保密的内容。对批示中有"请某同志阅""请某部门办"字样的，也可以选择回避。

三是用发"感谢信"的方式实现信息公开。可以考虑向建议人所在单位党委发"感谢信"的方式，简要说明某同志的建议得到有关领导的批示，并请建议人所在单位党委告知建议人，同时做好保密工作。这样做的益处是，既达到保密的目的，又避免了建议人全然不知，或因为只接到口头告知，在科研成果考核时"口说无凭"。

(五) 为优秀人民建议人提供多种类型的智力奉献平台

党的十八届三中全会通过的《中共中央关于全面深化改革若干重大问题的决定》明确提出“加强中国特色新型智库建设，建立健全决策咨询制度”。目前，我国的地方智库可以分为政府职能型、科研咨询型、企业内设型、民间自主型等类别。笔者认为，民间自主型智库不仅应当包括民间注册的研究机构，还应当把人民建议纳入其中。智库可以是有形的，也可以是无形的。如果承认智慧在民间，就应当承认智库也在民间，把提出人民建议的人群视为民间自发的智库成员。政府为民间智库做好服务工作必须更新观念，眼睛向下，针对建议人和建议内容的动态变化实行动态管理。根据习近平总书记建设“中国特色新型智库”的要求，笔者的建议是：

一是肯定建议人是“智力志愿者”。建议人是一支可贵的力量，应当注意在人民建议工作运行中发现优秀的骨干成员，与志愿者协会共商，构建动态管理的“智力志愿者”队伍，赋予注册志愿者的同等待遇，以体现对建议人的尊重。

二是探索建立建议人公益性智库。建议以科学的智库理论为指导，在人民建议的骨干成员中建设公益性智库。公益性智库既是对建议人的鼓励，也有利于在互动交流中提高建议人的水平。公益性智库可以在不同层级进行活动，由人民建议征集机构给予指导和扶持。

三是推荐优秀人民建议人参与政府决策。我国已经明确用法定程序制约政府重大行政决策，规定了“公众参与、专家论证、风险评估、合法性审查、集体讨论决定”的五大程序。在“公众参与、专家论证”环节都可以考虑推荐优秀的建议人加入其中。

四是推荐优秀人民建议人参与“基层立法联系点”工作。2014 年 10 月，党的十八届四中全会决定提出，建立基层立法联系点制度。截至 2022 年，全国人大常委会法工委建立的基层立法联系点数量增至 22 个，覆盖全国 2/3 的省份，辐射带动全国设立了 427 个省级立法联系点、4350 个设区的市级立法联系点，极大拓展了基层群众参与国家立法的深度和广度，丰富了全过程人民民主的实践和内涵。可以组织优秀建议人就近参与不同层级的“基层立法联系点”工作，为其提供奉献智慧的平台。

参考文献：

邹东升、钟雪，2022，《新中国成立以来信访制度历程嬗变》，《信访与治理研究》第1辑。

郭若梅、蒋小天，2023，《中央社会工作部首任部长亮相，新机构如何解决信访问题?》，《南方都市报》7月8日。

李林，2022，《全过程人民民主保障人民当家作主》，《人民日报》12月1日。

张璁，2018，《这样的信访可以多一些》，《 人民日报 》1月31日。

汪铁民，2023，《推动全过程人民民主制度化、规范化、程序化水平进一步提高》，《人民日报》5月5日。

张宗林、王凯，2019，《国家治理视野下信访制度特性和功能的再审视》，《行政论坛》第4期。

《中国缩小国家秘密范围扩大公民知情权》，2010，中国人大网 www.npc.gov.cn，4月30日。

基层检察机关参与信访工作法治化建设的路径探索

□周 俊 常晓虎*

摘要：基层检察机关通过建立健全信访事项的登记、分流、审查、答复等标准化流程，推动信访受理的法治化管理。运用刑事、民事、行政、公益诉讼等多元法律监督手段，对涉法涉诉信访案件进行精准研判和分类处理，确保每一项信访诉求都能得到依法妥善解决。在办理涉法涉诉信访案件时，基层检察机关应严格遵守法定程序，保障当事人的知情权、参与权和申诉权，同时加强对信访工作全过程的法律监督，防止和纠正违法违规行为，确保信访工作的公正性和透明度。

关键词：基层检察机关 信访工作法治化 涉法涉诉信访案件

在全面深化改革和全面推进依法治国建设的背景下，基层检察机关积极响应党中央关于深入推进信访工作法治化的号召，立足法律监督职能，强化法治思维和法治方式，全面提升信访工作的法治化水平。基层检察机关在推进信访工作法治化进程中，应坚持以事实为依据，以法律为准绳，积极落实《信访工作条例》等相关法律法规，不断提高信访工作的规范化、制度化和法治化，为维护群众合法权益、促进社会和谐稳定作出积极贡献。

一、基层检察机关推进信访工作法治化建设的实践探索

推进信访工作法治化，意味着将法治的核心理念和依法治国的根本要求

---

* 周俊，陕西省汉中市略阳县人民检察院第三检察部主任、一级检察官；
常晓虎，陕西省汉中市略阳县人民检察院第三检察部副主任、三级检察官助理。

融入到信访制度的各个环节之中，确保信访工作在法治的轨道上有序进行。基层检察机关在履行信访工作职责时，应秉持党的群众路线，坚持全过程人民民主，自觉接受人民群众的监督，以此提升检察信访工作的透明度和公信力。基层检察机关在推进信访工作法治化的进程中，不仅应将法治理念贯穿于信访工作的始终，还需通过各种措施保障人民群众的知情权、参与权、表达权和监督权，使得检察信访工作成为人民群众信赖的法治实践平台。实践中，基层检察院积极推进司法系统的信访法治化建设，集中表现为如下方面：

（一）积极落实《信访工作条例》

《信访工作条例》的出台标志着我国信访工作进入了一个法治化建设的新阶段。这部法规不仅凝结了中国共产党长期领导和开展信访工作的宝贵经验，尤其是党的十八大以来信访工作制度改革的丰硕成果，而且为新时代信访工作提供了明确的行动指南和操作规范。基层检察机关应在实际工作中积极贯彻落实《信访工作条例》，将其作为办理信访案件和事项的重要法律依据。在具体操作层面，很多基层检察机关严格按照《信访工作条例》的规定，对信访案件进行分类登记、及时转交、限期答复，并对重点疑难案件实行专案专办，确保每一起信访案件都能够得到依法妥善处理。通过运用法律文书，如信访答复意见书、法律意见书等，基层检察机关对群众的合理诉求给予法律上的回应和支持，有效解决了大量信访问题。

此外，基层检察机关还注重加强与其他政法机关和政府部门之间的沟通协调，形成合力，共同推进信访工作法治化进程。通过建立联席会议制度、信息共享机制等，实现了信访信息的互通有无，提高了信访工作的整体效能。在法治宣传教育方面，基层检察机关利用各种渠道和形式，如举办法律讲座、发放宣传资料、开展主题活动等，普及《信访工作条例》的内容，提升公众的法律意识和法治观念。这不仅有助于群众正确理解信访工作，还能够引导他们依法理性表达诉求，减少无序信访现象的发生。总体来看，《信访工作条例》的实施为基层检察机关提供了坚实的法治基础。

（二）依法化解信访突出问题

2023 年初，最高人民检察院发起了全国检察机关重复信访积案实质性化解三年攻坚和信访矛盾源头治理三年攻坚行动，目标是通过法治途径解决信访工作中的关键问题。基层检察机关积极响应，强化内部协作，将矛盾预防和就地化解纳入日常工作流程，确保每一步工作都扎实有效。在处理重复信访积案时，基层检察机关采取了多种措施。他们通过法律解释和心理辅导，帮助信访人理解法律并接受合理解决方案。对于经济困难的信访人，提供必要的法律援助和经济支持。组织公开听证会，邀请第三方参与，确保案件处理的公开和公正。同时，加强与地方政府、法院、公安机关等部门的协作，形成联合工作机制，共同推进问题的解决。

这些措施的实施，使得信访工作在重点领域和重点群体中取得了显著进展。基层检察机关的努力不仅体现在个别案件的妥善处理上，更重要的是推动了整个信访工作机制的改进和法治环境的优化。这些成就的取得，为构建和谐稳定的社会秩序奠定了坚实基础，同时也彰显了检察机关在法治建设中的积极作用和责任担当。随着攻坚行动的深入推进，信访工作将逐步实现法治化和专业化，为公民提供更加公正、有序的社会环境。这不仅是法治进步和人权保障的体现，也是国家治理体系和治理能力现代化的重要标志。

（三）积极引导群众依法信访

为了积极引导群众依法信访，各级检察机关开展了深入的《信访工作条例》宣传活动。这些活动采用了多样化的形式，包括但不限于线上线下的讲座、研讨会、咨询服务以及通过官方网站、社交媒体账号等渠道进行的广泛传播。通过分众化、互动式的宣传策略，检察机关确保了《信访工作条例》的内容能够覆盖到不同年龄、职业和社会背景的群体，使之成为公众普遍知晓并内化于心的法律规范。

同时，检察机关也在积极推动信访工作的法治化进程。他们利用网络平台，如官方网站和微信公众号，发布关于“五个法治化”和“四个到位”要求的宣传材料，详细阐述了如何通过法治手段来规范信访工作。这些要求包括：信访受理法治化、信访办理法治化、信访监督法治化、信访终结法治化以及信访责任法治化；同时强调了政策宣传到位、问题解决到位、矛盾化解到位、责任追究到位的“四个到位”。

通过这些宣传活动，检察机关不仅提升了公众对《信访工作条例》的认识，也增强了社会各界对依法信访的理解和支持。它们推广运用的法治化“路线图”和工作指南，为广大群众提供了清晰的法律路径和操作指引，鼓励大家在遇到问题时首先寻求法律途径，通过合法渠道表达诉求，解决矛盾。这些努力旨在营造一个全社会尊重法律、依靠法律解决问题的良好氛围。通过持续的法治宣传和实践，检察机关助力构建了一个更加公正、高效、透明的信访工作环境，为维护社会稳定和促进社会和谐作出了重要贡献。

二、基层检察机关信访工作法治化建设的路径思考

2024年，最高人民检察院党组审议《关于充分发挥检察职能作用深入推进信访工作法治化的意见》，为基层检察机关提供了法治化信访工作的基本指导。基层检察机关需全面履行法律监督职责，高效处理每一起案件，以确保司法公正和社会公平正义。基层检察机关在推进信访工作法治化方面，应以法律为准绳，坚持人民至上，提升办案质量与效率。通过个案处理，展示法律权威和正义价值，树立法治榜样。同时，加强与其他司法和行政部门的合作，构建多元化矛盾解决机制，有效维护社会稳定。在法治化进程中，基层检察机关应不断增强自身专业能力，创新工作方法，提升服务大局和服务人民的能力，以实际行动践行司法为民、公正司法的宗旨，为建设社会主义法治国家贡献力量。

（一）坚持“高质效办好每一个案件”，从源头上防止和减少信访发生

在法治建设的过程中，基层检察机关将“高质效办好每一个案件”作为核心任务，旨在从根源上减少信访事件。为此，他们充分发挥法律监督职

能，确保每一起案件都能得到公正高效的处理。基层检察机关在办理案件时，严格执行“三个善于”的原则，即善于发现问题、分析问题和解决问题。检察官们在工作中采取“如我在诉”的态度，避免简单机械地办案，确保每一步决策都经过深思熟虑。这种做法有助于提升案件办理的质量和效率，同时也体现了司法为民的宗旨。为了实现“高质效办好每一个案件”，基层检察机关应不断提高法律政策的运用能力，深入学习法律知识，精确分析案件事实，确保法律适用的准确性和合理性。基层检察机关还应注重司法为民的实践，通过建立便利的诉讼服务机制，简化办案流程，缩短办案时间，减轻当事人的诉讼负担。积极听取民众意见，及时回应社会关注，通过公开透明的办案过程和结果，增强公众对司法公正的信任。通过以上措施，使公众在感受到公平正义的同时，也更加理性地对待司法过程，减少了不必要的信访行为。这种从源头上防止和减少信访的做法，是对法治理念的深刻理解和实践，也是对社会和谐稳定的积极贡献。

（二）坚持和发展“枫桥经验”，解决群众急难愁盼问题

在新时代的征程中，基层检察机关秉承和发展了“枫桥经验”，将其精髓融入到日常的检察工作中，以解决群众的急难愁盼问题为目标，不断推进信访工作法治化。深刻理解“枫桥经验”的核心——“矛盾不上交，就地解决”，基层检察机关将其作为指导思想，贯穿于检察履职的全过程。他们坚持为人民司法的原则，确保群众信访件件有着落、事事有回音。通过实施领导包案办理首次信访案件的机制，强化了对信访工作的领导和重视，确保每一件信访事项都能得到及时有效的处理。

实践中，基层检察机关应积极推行认罪认罚从宽制度，鼓励犯罪嫌疑人主动认罪悔改，从而达到快速审结案件、减轻司法资源压力的目的。同时，他们在刑事和解、行政争议实质性化解等方面也作出了积极的探索和实践，通过司法救助等手段，切实解决了群众在法律面前的困难和疑惑，促进了社会矛盾的和谐化解。基层检察机关还注重诉源治理，通过提前介入、风险评估等措施，预防和减少诉讼的发生，从源头上减轻群众的诉讼负担。积极探索创新涉法涉诉矛盾纠纷的化解方法和机制，比如建立多元调解机制、推动

社区矫正和帮教工作等，以更加灵活多样的方式解决矛盾纠纷，提升法治服务的针对性和实效性。通过这些举措，基层检察机关不仅解决了群众的实际问题，还有力地推动了检察环节信访工作的法治化进程。

（三）健全完善检察信访工作制度，保障信访群众合法诉权

在推进法治中国建设的伟大征程中，基层检察机关以健全完善检察信访工作制度为核心，致力于保障信访群众的合法诉权，确保每一位公民的合法权益得到充分的尊重和保护。基层检察机关深刻认识到信访工作法治化的重要性，以此为牵引，不断更新信访工作理念，完善信访工作机制。他们加强内部沟通协调，形成工作合力，确保信访渠道的畅通无阻，使群众的诉求能够得到及时、有效的表达和解决。通过制定和实施信访工作法治化的“路线图”和工作指南，基层检察机关为信访工作的规范化、专业化提供了明确的指引。

基层检察机关应特别强调法治思维和法治方式在信访工作中的应用，通过法律教育和法律援助，帮助群众正确理解法律，合理行使诉权。他们通过开展法律咨询、法律宣讲等活动，提高群众的法律意识，引导群众依法维权，减少非理性信访行为的发生。基层检察机关在推进检察信访工作法治化的过程中，应始终坚持法治原则，不断完善工作机制，优化服务流程，提升工作质量，切实保障了人民群众的合法诉权。

名家品鉴

编者按：朱维究教授是改革开放背景下法学、政治学、社会学等社会科学恢复重建时期，我国行政法学教育与研究的重要开拓者和引领者。朱老师以对国家民族深深的责任感和对法治建设的不懈追求，坚持行政法学与行政学前沿探索逾半个世纪，严谨治学，资政育人，成就斐然。2003 年 SARS 事件期间，中国政法大学分别从法学、全球治理和公共管理的学科视角确立了三项重点科研课题（此为学校从司法部转隶教育部之后的首次校级重点科研规划立项），朱老师时任中国政法大学政治与公共管理学院首任院长，领衔组织了“公共危机管理的理论与实践”课题组。为了扶持后学和青年团队成长，第二年朱老师即委任研究危机治理的年轻教师为课题组负责人。在朱老师全程指导下，课题研究顺利结项并由中国政法大学出版社出版。百忙之中，朱老师又亲自为该书作序，给予刚刚起步的法大危机治理研究团队以莫大鼓舞和有力支持。该项课题及其出版的成果，系中国政法大学地方治理与危机管理研究中心筹备成立的起始点。朱老师淡泊名利、甘为人梯、奖掖后学、德学助人的风范和精神，中心创始人和团队成员感铭不忘并奉为楷模。朱老师关爱《信访与治理研究》刊物的创办与成长，关注信访与治理领域的动态与前沿，对于信访法治化和信访制度建设等均有真知灼见，这对《信访与治理研究》刊物和研究团队具有深刻而长久的指导意义。谨以如下学术论文向敬爱的朱老师致谢和致敬！

行政行为司法监督的探索与推进

——朱维究《行政行为的司法监督》述评

□ 刘　飞　陶诗喆*

摘要：《行政行为的司法监督》著作的出版，对法院加强对行政行为的司法监督、保障公民合法权益具有特殊的指导与借鉴意义，也在推进行政法学发展、促进学术交流等方面发挥了重要作用。该书共三编，分别为：当代中国行政执法、我国行政处罚行为的法律规制、行政行为的司法审查监督。其中第三编中对行政行为司法审查监督的思考，至今仍能为行政行为的司法审查提供思路与借鉴。行政行为的司法审查监督具有规范行政机关行为、保障公民合法权益的制度价值。在行政管理范围不断扩张的背景下，行政行为的司法审查监督制度也必将不断发展：既要以行政诉讼的方式加强法院对行政行为的监督，也要以公益诉讼的方式实现检察权对行政权的监督。助力司法文明和行政文明建设，推动民主法治不断进步。

关键词：行政行为　司法监督　行政诉讼　公益诉讼　依法行政

一、朱维究教授与《行政行为的司法监督》

基于对国家民族深深的责任感和对依法治国建设的不懈追求，朱维究教授坚持在行政法学与行政学双重领域深入探索逾半个世纪，成就斐然。朱老师对行政诉讼法的研究起始于对信访的关注，最初她认为行政诉讼法是信访制度的法治化，而以法律的形式举起针对行政公权力的达摩克利斯之剑具有绝对的必要性（何海波，2019）。因为人类发展的历史表明，不受监督与制

---

* 刘飞，中国政法大学中欧法学院院长、教授；
陶诗喆，中国政法大学中欧法学院硕士，杭州市人民检察院工作人员。

约的公权力必然膨胀、滥用、腐败，进而导致社会矛盾激化，必须通过行政诉讼等方式实现对公权力的制约与监督（朱维究，2007）。在参与“行政诉讼法”的立法工作时，朱老师最为推崇行政诉讼受案范围的兜底条款。她认为该条款能够体现人民监督理论，作为一个开放的、随时可以增加监督事项的法律条款，未来各类行政行为都可以随时纳入司法监督的审查范围。此外，朱老师还主张将规章和规范性文件纳入司法监督的范畴，加强对抽象行政行为的审查。恰如朱老师所说，《行政诉讼法》标志着我国首次以法律的形式要求各级政府依法行政，是我国行政法制建设中最具有里程碑意义的一部法律，对于保障公民权利、规范行政行为、监督行政机关依法行政起到了重要作用。朱老师所著《行政行为的司法监督》，正是在此背景下出版的具有重要意义的法学著作。

本书先后讨论了行政行为的概念、原则、主体，对行政处罚行为的法律规制问题，以及行政行为司法监督的对象、范围、要件等内容。本书重点论述了对行政行为进行司法监督的方法、实践问题和未来发展方向。本书无论是对我国行政法学理论的发展，还是对于我国司法实践和司法改革都产生了十分深远的影响。

（一）助推司法体制改革

《行政行为的司法监督》一书于 20 世纪 90 年代末期出版，此时正值我国加速推进司法改革。随着 1989 年《行政诉讼法》、1995 年《法官法》和 1996 年《行政处罚法》的颁行，司法权的独立性、中立性、终局性逐渐深入人心，法院的角色也逐渐被清晰定位为公正中立的裁判者与权利的终局保障者。《行政行为的司法监督》一书的出版，对于法院加强对行政行为的司法监督、保障公民的合法权益具有特殊的指导与借鉴意义。本书第一编从行政行为的概念及其特征着手，对行政法律制度进行了深入的阐述、剖析。第三编就行政行为司法监督的对象、范围及要件进行了更为详细的论述。此外，书中还针对我国的行政行为司法监督制度进行了深入分析，提出了一系列如何建立更为完善的司法监督的建议，为行政行为司法监督的常态化、规范化提供了有力的法律理论支持。为我国加强对行政行为的司法监督提供了理论依据和实践经验，对司法改革具有积极的推动意义。

（二）提升行政法学研究理论水平

在《行政行为的司法监督》一书中，朱老师凭借卓越的学术造诣和丰富的实践经验，深挖行政行为司法监督的现实问题并予以深度思考，让行政法学的理论研究更加严谨，更加具有深度。在本书中，朱老师对行政行为及其司法监督进行了深入的分析和阐述，吸纳近十年的案例与司法实务规则并作出总结。既有对司法实践的探讨，又有对理论研究的思考，对行政法学的理论研究起着重要的推动作用（马怀德，2005）。此外，本书通过研究探讨行政行为的概念与特征、行政行为司法监督的范围与方式等，扩大了学术交流和学术合作的渠道，促进了学术交流、合作与进步。

总之，《行政行为的司法监督》一书在推进我国行政法学的发展、促进司法改革、促进学术交流等方面都发挥了重要作用，具有十分重要的学术价值和现实意义。

二、《行政行为的司法监督》内容概述

《行政行为的司法监督》分为三编，第一编：当代中国行政执法；第二编：我国行政处罚行为的法律规制；第三编：行政行为的司法审查监督。全书共分 18 章。

（一）当代中国行政执法

第一章至第五章为第一编，即当代中国行政执法。第一编的主要内容为阐述行政行为的概念与原则、行政行为的主体及职能，分析当代行政行为存在的诸多问题并为其完善提出建议，这对后续探讨对行政行为的司法监督提供了理论基础。

第一章主要阐述行政行为的概念特征、地位作用，以及行政执法的基本原则，为行政执法的实践提供理论依据。

第二章主要阐述行政行为的主体及职能。行政行为的主体既包括宪法与组织法的授权主体，也包括法律法规的授权主体，还包括被委托的其他行政

主体。行政主体的职能则包括指导职能、协调职能、监督职能、组织职能、服务职能五项外部职能。

第三章主要研究行政行为过程中存在的问题和不足。朱老师认为，行政行为中的行政许可、行政处罚、行政强制措施以及行政自由裁量均存在较为严重的不足与缺陷，需要对其加强法律控制。行政许可中存在执法主体资格不明确、许可程序不完备、许可条件不明确、后续监督检查不到位以及政策裁量不科学等问题。行政处罚中存在处罚主体权限不明确，与民事赔偿、刑事处罚的关系不清晰，行政处罚范围过宽，处罚规则不科学以及处罚程序不健全等问题。行政自由裁量，则存在滥用自由裁量、裁量延迟和裁量不当等问题。针对上述问题，应当加强对行政行为的法律控制。具体而言：一是明确行政行为主体的资格条件，划分职权范围，建立职权争议解决的规则和制度；二是根据行政行为的不同类型，设定不同的适用规则，严格适用条件、畅通监督途径；三是完善行政行为的各项程序制度，确保行政行为依照法定程序进行。

第四章则针对第三章提出的问题，具体论述了行政行为的完善路径，集中研究了对行政行为的程序立法和程序控制。本章对行政相对人权益影响最大，适用数量最多的行政行为的法治化问题进行探讨，作为对完善我国行政行为相关问题的初步探索。

第五章主要介绍作为当时新兴课题的行政执法监督，根据我国的体制，从实践的角度出发，按照行政主体、行政手段、行政程序三条主线展开论述，探索对行政行为的监督。

（二）我国行政处罚行为的法律规制

第六章至第十二章为第二编，论述了我国行政处罚行为的法律规制。本书于 1997 年出版，《行政处罚法》于 1996 年正式公布，第二编的主要内容则主要围绕相关法律规制展开。朱老师分别论述了《行政处罚法》的基本内容、行政处罚的种类和设定、行政处罚的实施机关、行政处罚的管辖与适用、行政处罚的决定、行政处罚的执行以及法律责任等内容。

第六章主要阐述《行政处罚法》在我国法律体系中的地位、意义、立法宗旨及基本原则，为后续论述提供理论基础。

第七章主要介绍了《行政处罚法》的种类与设定。彼时《行政处罚法》刚刚公布，行政处罚的概念多显混乱，部分法律法规甚至一度混淆了民事责任与行政处罚。基于此，朱老师先后论述了行政处罚及相关概念的关系，《行政处罚法》中规定的六大处罚种类，以及行政处罚的设定权等问题。朱老师认为，要将行政处罚的设定权通过法律规定的形式予以明确，并以“权力回收”的精神来规定处罚的设定权，以期大大减少处罚设定权的主体，减少规定罚则的规范性文件，从而在源头解决行政处罚的“乱”和“滥”。

第八章至第十二章分别介绍了行政处罚的实施主体、行政处罚的管辖与适用、行政处罚的程序、行政处罚的执行、行政法律责任等问题。在第十章中朱老师通过大量篇幅论述了行政程序对于行政行为的重要意义。朱老师认为，行政程序立法能够强化对行政行为的法律控制，是世界各国民主法治发展的必然趋势与重要标志。对我国而言，加强行政程序立法是法治建设的重要发展方向。我国行政法制建设虽起步较晚，但发展较快，要完善行政程序立法有两种选择：一是制定行政程序法典，统一规范行政行为；二是制定多部法律，分别规范主要的行政行为。行政程序法的规定还应当遵循以下原则：一是行政程序公开原则；二是行政程序参与原则；三是行政程序效率原则。此外，在立法中还应当注意行政程序基本制度的构建，如听证制度、告知制度、回避制度等。

（三）行政行为的司法审查监督

第十三章至第十八章为第三编，即行政行为的司法审查监督。在本编中，朱老师首先就行政行为司法监督的基本概念作出阐释，分析了行政行为司法审查监督的范围。随后，朱老师用大量笔墨分析了在不同情形下，对可诉行政行为的司法审查监督方式。最后，朱老师总结了行政行为司法审查的共通性标准，为行政行为的司法审查提供了思路和借鉴。

第十三章就行政行为司法监督的概念与特征、理论依据、监督对象作出阐释，为后续司法监督相关问题的论述提供理论支撑。

第十四章主要介绍行政行为司法审查监督的范围，以及确定司法审查监督范围的原则。本章还阐述了司法审查监督的排除性规定。

第十五章至第十七章是第三编的主要部分，朱老师通过大量篇幅讨论了当前我国对不同种类行政行为的司法审查监督方式，论述不同行政行为的司法审查要件。主要涵盖内容有：对行政处罚行为的司法审查、对行政强制措施的司法审查、对侵犯经营自主权行为的司法审查、对行政许可行为的司法审查、对行政不作为的司法审查、对行政确认和行政裁决的司法审查、对行政合同的司法审查、对行政侵权赔偿责任的司法审查等八个方面。

第十八章是全书的最后一个章节，朱老师依据司法实践和法理作出总结，借鉴国外司法审查和行政诉讼较为成熟的审查标准，提出了我国行政行为司法审查的普遍标准。具体而言，对行政行为的司法审查应当把握以下要素：一是审查证据是否确凿充分；二是审查适用法律法规是否正确；三是审查是否符合法定程序；四是审查是否超越职权或滥用职权；五是是否显失公正。通过对于上述审查要件的分析，朱老师基本构筑起我国行政行为司法审查的具体要件，为司法实践和理论发展提供助力。

总体而言，《行政行为的司法监督》是一部系统、全面且深入的行政法学著作，本书通过对行政行为及其监督的方式和法律制度进行多维度的阐述和剖析，为保障公民权益、加强司法监督提供了重要的理论和实践支持，成为当时中国行政法学理论、法学教学及司法实践的重要学术参考资料。

三、由《行政行为的司法监督》引发的相关思考

（一）行政权与司法权的关系

行政权是国家管理行政事务的权力，司法权是国家行使审判和监督法律实施的权力，二者的关系受权力分立原理制约。这意味着国家立法权、行政权、司法权分属于三个不同机构，既独立行使职权，又能够相互制约。“权力分立”原则的两个要求就在于：第一，三种权力必须分离，任何机构不得

行使和侵犯其他机构的权力。第二，每个机构都应当对其他机构的权力有着一定程度的控制，以实现权力之间的平衡与稳定（江必新，2012）。

从世界范围来看，无论是大陆法系国家还是英美法系国家，通过法律的形式对行政权进行控制，是贯穿行政法制度的主题和中心（赛夫，2006）。限制行政权力，保护人民权利也正是近代“法治”的两点要求（崔永东，2004）。从法律执行的角度出发，法院与行政机关有着一定的相似性：一方面，二者都是适用、执行法律的机关，且进行法律适用的性质与结构基本相同（毛雷尔，2000）；另一方面，二者都经由法律授权，拥有将法律规范适用于具体个案的权力，有着基本相似的法律适用职能（Bator，1990）。司法权的行使具有事后性、消极性，奉行“不告不理”原则。而与之相对，行政机关的行政活动则具有积极性、主动性，是“面向未来的行政管理行为”（南博方，1988）。行政机关所代表的行政权是国家权力中最广泛涉及公民生活、最直接触及公民权利的权力（姜明安，2008）。也正因行政权如此积极主动地与社会活动和私人生活建立联系，所以其权力运行具有很大的扩张性。正如洛克所言，在一切情况和条件下，对于滥用职权的真正纠正办法，就是用强力对抗强力。孟德斯鸠也认为，从本性来说，要防止滥用权力，就必须以权力约束权力。因此，由行政权以外的国家权力来约束行政主体行为就具有合法性与合理性，既能有效监督行政权，又不会有吞并行政权的危险（夏锦文、刘志峰，2004）。行政权虽然具有广泛的管理权力，但其行为的合法合理不应由行政主体自行判断，而应当交由司法机关进行司法审查（孙笑侠，1998）。裁量是行政权的核心，但并非司法审查的禁区（周佑勇，2022）。行政裁量权对于现代行政管理必不可少，但如果不加控制，就会给公民权利和自由带来严重威胁。正如朱老师在文中所言，行政法有包括合法行政与合理行政在内的基本原则，违背基本原则，将产生相应法律后果，有关行政法律主体也应当承担相应的行政法律责任。与基本原则相抵触的条文必须被修改或撤销，与基本原则相违背的行政行为必须被纠正或受到制裁（朱维究，1989）。域外国家也大都以裁量逾越和裁量滥用为主要判断标准，构建了行政裁量的司法审查体系。《德国行政法院法》规定，对于行政机关超越法律授权界限、违背裁量目的所作出的行为，行政法院应当予以审查。《日本行政诉讼法》规定，法院可以撤销行政机关超越裁量范围或滥用裁量权作出的裁量处分（南博方，1988）。《美国联邦行政程序法》规定，法院应当变更滥用自由裁量权的不合法行为（王名扬，2003）。法国则实行司法制度双轨制，建立历史悠久、独立于普通法院的行政法院，以监督政府的行政行为（朱维究，1993a）。就域外国家而言，分权制衡原则和法治原则是政府行为接受司法监督的根本依据（朱维究，1993b）。倘若国家权力得不到规范，公权不受监督与制约，最终会变为洪水猛兽，法治建设也就无从谈起。对行政权力的制约始终是各国一项重要的制度内容，而最基本的权力制约就是用最具正当法律程序的司法权制约行政权。

我国也以行政诉讼的方式，构建起对行政行为的司法审查模式，健全外部司法保障体系。我国司法权监督行政权的理论基础是人民主权理论、权力制约理论以及法治政府理论。从法律依据来看，我国《宪法》从规定人民主权原则、行政机关必须遵守宪法和法律、法院独立行使审判权三个方面确立了法院对行政行为司法监督制度的框架，并由《行政诉讼法》具体落实。人民主权原则要求政府行为合法、公正、效率，同时保护人民的利益不受行政权的侵害。在与行政权的关系上，监督行政机关依法行使职权是行政诉讼的制度功能之一。

然而，随着权力种类的增多，现代社会行政权管理范围的扩张已成为无法抑制的趋势，法律也赋予了行政机关相当宽泛的自由裁量权。行政权力的正常运行既需依赖于行政机关的自律，也需要形成合理的外部监督机制（夏锦文、刘志峰，2004）。行政管理日益复杂化、多元化，行政机关的职能也在不断扩张和升级，行政行为的法律监督变得尤为重要。正如朱老师所言："同一切现代法制国家一样，不应该有不受监督的权力，特别是人民赋予的执行权必须接受人民有效的、常态的监督制约。对行政行为的法律控制，虽然本系统的内部监督不可少，但更需要外部权力的约束。"（朱维究，1997）实践证明，对行政权的司法控制是最有力、最有效的控制。我国行政诉讼制度的根本目的在于确保行政机关依法行政，保障相对人权益。行政诉讼制度目的的实现需要依靠司法对行政的监督、有赖于行政纠纷的解决。但更深层次来说，行政诉讼目的的实现更有赖于权力制约机制的建立（姜明安，1998）。行政诉讼中司法权的实质，就是将相对人对维护合法权益的诉求，转化为实质上对行政行为的有效监督，同时保障相对人合法权益不受侵犯。随着全面推进依法行政，建设法治政府进程的加快，规范行政行为，约束行政权力，防止行政错位和缺位成为重中之重。就我国而言，行政诉讼不能仅限于对行政与司法分立这一维度的考量，更需进一步加强对行政行为依司法程序进行的自下而上、源于外部、直接发生法律后果的事后监督，以给予相对人充分的、彻底的司法救济。

（二）行政行为司法监督的价值

行政行为司法监督有着规范行政机关行政行为、保障公民的合法权益、促进行政法治建设的重要价值。相比立法监督、社会监督及行政系统的内部监督，司法监督具有中立性、权威性等制度优势。在司法审查中，法院进行个案判断，对不当的行政行为进行监督与纠正。此外，行政行为司法监督不仅涉及行政机关自身工作质量的提高，亦关切公民权益保护与法治建设的推进。具体而言：

一是规范行政机关的行政行为。行政行为必须严格遵守法律法规，依据法定程序进行。行政行为的司法监督能够以事后审查的方式，发现并规范行政机关的行为，使行政行为重新运行在合理合法的轨道上，保障行政行为的严谨性和有效性。对行政行为的司法监督，以行政诉讼的方式规范行政行为，是发展完善行政法治最为有效的途径。二是保障公民的合法权益，公民的合法权益是行政行为司法监督的核心价值。行政机关在实施行政行为时，必须严格遵守法律法规，尊重公民的合法权益。实践中，部分行政行为可能存在侵犯公民合法权益的风险和倾向。而对行政行为进行司法监督，就恰恰在于保障公民的合法权益不受损害。三是促进行政法治建设，作为一种行政行为的监督方式，司法监督可以有效提高行政机关的遵法意识和法治水平，确保行政机关在实施行政行为时能够严格依法行政，确保行政行为的合法性、合理性与公正性。

司法审查行政行为的目的就在于个案审查中，实现隐含在行政诉讼规范中的公正理念及目的考量，并根据立法精神作出裁判。从域外行政诉讼制度来看，世界各国大都以对公民的权益保护作为出发点。在法国，行政诉讼目的在于保护公民权利与公共利益，实现公平正义。其在制度设计上采用双轨制，即行政法院与普通法院并立，意图借此实现司法独立与司法公正。在德国，对违法的行政行为进行审查以保护公民权益，构成行政诉讼的基本理念。在美国，司法审查最根本的思想基础是天赋人权和社会契约理论，保障公民的生命、自由与财产是司法审查的终极目的。公平正义的理念必须通过对公民合法权利的维护以及对公共利益的有效保护才能实现。

我国以行政诉讼的方式实现对行政行为的司法监督。行政诉讼的根本目的是通过司法权对行政权的监督，确保行政机关依法行政，保障相对人合法权益。行政诉讼能够有效解决行政争议，但其本身受案范围相对较窄，并且缺乏公益诉讼机制，大量行政纠纷无法得到有效解决。党的十八届四中全会以来，党中央高度重视司法监督的相关问题。在《中共中央关于全面推进依法治国若干重大问题的决定》中明确提出“强化对行政权力的制约和监督”，并将司法监督作为监督行政权力的重要一环，与其他监督形式一道，“努力形成科学有效的权力运行制约和监督体系”。通过强化行政诉讼的作用，构建依托司法以及来自外部的行政行为监督机制。对于行政诉讼体制机制的完善，也是实现司法权监督行政权、推进依法行政的必由之路。

（三）行政行为司法监督的未来发展

正如朱老师所说，谈中国的法治进程和中国法律制度的构建绝对不能脱离中国的法治实践。对于任何历史问题，都必须历史地、实事求是地进行考察，对具体情况进行具体分析。中国的法治建设不是简单依照美国、英国、德国、日本的经验改造，而应根据中国的实际情况实事求是建设具有中国特色的法治。我国行政诉讼制度也是在汲取各国司法监督理论与实践的基础之上建立的，正如没有两片相同的树叶一样，因文化、历史、政治、经济制度的差异，世界各国也不存在完全相同的行政行为的司法监督制度。行政诉讼制度的建立与发展离不开正确理论的指导，而能对实践产生推动作用的理论必然根植于本国实践中。随着我国社会经济的发展和民主法治的进步，行政行为司法审查监督制度必将不断发展和进步。在《行政行为的司法监督》一书中，朱老师也一直主张以中国的国情、实务以及存在的问题作为研究的出发点和落脚点，认清中国法治建设的基础与现状，尊重中国的真实情境和中国法治进程的客观规律，理性地作出判断和结论。朱老师很早就注意到行政公益诉讼制度。为监督政府能够真正地代表、维护公共利益，应当建立行政公益诉讼制度。其目的在于监督政府依法、依公益原则履行职责，防止行政机关在公益方面的违法或不作为。

我国对行政行为的监督，就是在党的领导下，通过多种渠道，采用多种方式实现的。从监督渠道来看，有权力机关的监督，司法机关的监督，审计机关的监督，行政机关内部的上下级监督，社会团体和舆论监督，人民群众的监督等。从我国实际发展来看，更应当注重外部的、法律的、程序的与事中、事后相结合的监督制度的健全与完善。也即事中按照程序规范要求，事后按法定程序规范检验，实现对政府行为全过程的有效制约。当前，进一步完善行政争议的冲突解决机制，是建设社会主义和谐社会不可或缺的宏伟工程。司法监督作为对行政权实施外部监督、程序监督、法律监督的主要渠道，其中既包括人民法院的审判权监督，也包括人民检察院的检察权监督。因此，强化对于行政行为的司法监督可以从两个方面着手：通过行政诉讼加强法院对行政权的监督；通过公益诉讼实现检察院对行政权的监督。

1. 通过行政诉讼加强法院对行政行为的监督

作为一种事后监督方式，在多数情况下，通过诉讼的方式对行政行为进行监督是一种自上而下的监督。离开了行政诉讼，国家的行政法制监督制度也难以完备和健全。

通过行政诉讼制度加强对行政行为的监督，既是落实宪法实施的重要步骤，也是完善社会主义法治的一项重要措施。而行政诉讼这一形式也能够调动人民群众参与国家管理的积极性，保证社会安定团结，促进社会主义现代化建设。

司法权是一种终局性的权力，法院对当事人权利义务作出的司法判断是最终的判断。换言之，司法判断权既是具有最终意义的判断权，也是最具权威性的判断权。司法是社会公平正义的最后一道防线，司法最终原则是对个人权利的终局性保障。司法最终原则指，对于诉诸司法途径的各类纠纷，司法机关应当具有最终裁判权，并且一经裁判生效就具有最终效力（程琥，2015）。司法最终原则是司法权的基本要求之一，是筑牢司法权威的应有之义。

在行政法领域，司法最终原则的具体表现是：行政行为原则上必须接受司法审查，因为由行政主体作出的行政行为不当然地具有法律上的自足性。对行政行为是否合法的争议，应当由法官这一完全独立于行政的中立者裁断，是法治的应有之义。在世界范围内，行政权虽具有确定力，但一般都不具有最终的确定力。当事人提起行政诉讼，行政行为的合法性就需要受到司法的检视，由法院对该行政行为作出最终判断。而一旦行政行为能够被法院撤销或变更，行政决定权就并非“终局”处理，相比之下，法院的司法判断则更凸显出“最终”的意义。

法院在行使司法监督权时，要充分尊重行政机关完全、充分地行使行政管理权。同时，行政机关也必须充分尊重法院在行政诉讼中的行政审判权。

我国行政诉讼将保护相对人的合法权益、监督行政机关依法行使职权作为立法目的。行政纠纷是国家行政管理中不可避免的现象，但通过行政诉讼的方式，可以直接反映出行政机关及其工作人员行为的失误或不当之处，并使此种失误或不当能够及时得到纠正，予以补救，才能够真正化解矛盾。然而，由于行政诉讼以实体权利作为诉讼标的，其表现为典型的主观诉讼。相较于监督行政机关依法行使职权来说，我国行政诉讼制度更应专注于救济相对人权益。换言之，保护相对人合法权益的目的才是行政诉讼最终的落脚点。以权利保护作为最终目的，行政统制则退居其次。

从权利救济的角度来看，更应通过行政诉讼的方式，强化对行政行为的司法监督，救济相对人的合法权益。因此，法治的基础、核心和出发点应该是对人权的保障。保障权益，让每个人都平等地过上合乎尊严的生活，防止个人权益遭受他人侵犯，是法治的理想。获全国《世界人权宣言》规定，当基本权利遭受损害时，任何人都有权由法院对此种损害作出补救。法律既通过规定明确了公民的实体权利，同时也赋予公民权利受到侵害时，诉诸法院寻求司法充分救济的权利。行政公权与公民私权之间存在巨大的差异，容易直接影响甚至损害公民权利，而行政诉讼处理的就是实力悬殊的公权与私权之间的关系。在此种情况下，权利救济就成为权利实现的必要条件。行政诉讼的理念之一，就是对于具有违法效果的行政行为进行审查，给予人民权利救济，并谋求行政程序之适当、行政结果之妥当，从而维持正常的行政法秩序。行政诉讼的终极目标是实现社会正义，为此要通过解决行政争议，保障行政之合法性。同时为受损的公民权益谋求救济。我国是人民民主专政的社会主义国家，从司法审查监督的广度和宽度而言，法院可以运用司法裁量权，就行政职权是否真正做到合法合理，进行横向、纵向的全面审查，发挥有效的监督作用。通过行政诉讼，能够及时纠正不当或违法的行政管理行为，让相对人的民主权利、经济权益获得充分保障。故此，行政诉讼既是司法权对行政权实施监督的依据，也是司法权救济公民权利的途径。法院的司法审查必须恪守权利救济原则，适应当事人的不同需求，在各种情形下为其提供经济便利、合正当性且周延的权利救济途径。

基于实质性化解行政争议的现实要求，法院应当更多适用实体判决，一次解决纠纷，以避免重复起诉、防止循环诉讼，实现行政诉讼定分止争的制度功能。同时，应当强化以调解为主的替代性纠纷解决机制的适用，为相对人提供更多元的权利救济方式，让其得以通过更简单的程序、更低廉的成本维护自身权益，解决纠纷。在行政机关有权处分案涉诉讼标的的案件中，在不违反法律，不损害国家利益或他人的权利和合法利益的前提下，应当允许适用调解来解决案涉纠纷，及时救济相对人权利。

2. 通过公益诉讼实现检察权对行政权的监督

一直以来，法院审判权对行政行为的监督在理论与实践中都受到了较多的关注，而检察权则受制于检察院的职能限制，对行政行为的监督作用一度未能得到应有的重视。从实际效果来看，检察公益诉讼是解决“公地悲剧”、破解经济学上“外部性”难题的重要机制（江必新，2022）。2014 年

《行政诉讼法》修改时，各方曾就是否增加公益诉讼产生过激烈讨论，最终未能达成共识。但党的十八届四中全会通过的《关于全面推进依法治国若干重大问题的决定》明确提出了“探索建立检察机关提起公益诉讼的制度”，检察权对行政权的监督也逐渐受到关注。2017 年全国人大常务委员会通过对《行政诉讼法》的第二次修正，将公益诉讼制度纳入《行政诉讼法》之中。习近平总书记指出，此项规定的目的就是要使检察机关对发现的违法行政行为及时提出建议并督促其纠正。朱老师也主张，要健全公益诉讼和相关的行政司法制度，防止政府违法、越权和不作为。在实践中，也存在部分行政违法行为或行政不作为对国家和社会公共利益引起风险或造成侵害。由检察机关提起公益诉讼，能够优化司法职权配置、完善行政诉讼制度，也有利于推进法治政府建设。

2021 年 6 月，《中共中央关于加强新时代检察机关法律监督工作的意见》正式发布，拓展了检察机关对于行政行为的法律监督职能，也为检察建议的落地生根拓展了新的空间。检察建议是检察机关通过建议的方式，对行政机关行使裁量权进行跟踪评估，提出否定性意见且可能影响裁量结果的法律监督形式（关保英，2020）。检察建议是检察机关在调查核实的基础上，在行政机关违法履行职责或不履行职责导致公共利益受到侵害时，向行政机关发出的督促其依法履职的建议，是检察机关提起行政公益诉讼的前置程序。从我国实际的公益诉讼案件来看，通过诉前检察建议方式解决的案件占到了绝对的比重，因此应当进一步加强检察建议的落实，落实检察权对行政行为的监督。

如上所述，公益诉讼的目的与本质就在于保护公共利益，实现对行政行为的司法监督，促进依法行政，进一步推进法治政府建设。从域外来看，多数国家规定公益诉讼是为了保障社会公共利益，支持弱势方主张权利。由此可见，公益诉讼并非仅以公民个人的权利救济为目的，更是为了确保行政行为的合法性、维护公共利益。检察机关是我国的法律监督机关，有权对法律的实施进行监督。由检察机关提起公益诉讼，既是落实宪法定位，也能进一步维护公共利益。行政机关通常为维护公共利益而行使行政管理权力，但行政权也会随着人民权利的多样化而扩张，存在滥用职权损害公共利益的可能。由此，加强司法权对行政权的监督制约就成为一个必然的选择。凭借专业化的、训练有素的检察队伍有效地开展监督工作，并且通过公益诉讼制度可以促进行政机关依法行政，进而保护社会公共利益，加快法治政府建设。可以说，司法监督行政，不仅有效抑制行政权的任性扩张，而且会大大助推司法文明和行政文明建设，从而提升国家治理体系和治理能力现代化的水平。

四、结语

随着法治进程的不断加快，行政行为的司法监督也将日益成为法学理论与司法实践关注的重点话题。追溯至1997年，朱老师《行政行为的司法监督》一书系统、深入阐释了这一重要领域。在访谈中，朱老师这样评价自己，“我是一个一辈子不停止学习的有心人，一个自信的人，也是一个执着的人”（朱维究，2018）。学生时代的困惑，成为指引激励她，且为之奔走疾呼、孜孜以求、终不觉悔的理念，这信念也让她把自己的时光贡献给了法治中国的建设事业。研究如何实现对公权力的制度制约和法律规制，探讨如何保障公民的合法权益不受侵犯。为中国的行政诉讼制度的发展贡献了不可磨灭的功绩。

朱老师是一位潜心冷静的观察者，一位睿智新锐的发现者，也最终成为一位相对客观公正的评判者。当大多数人为改革取得的成绩欢呼雀跃时，朱老师却保持清醒与克制，考虑更多的是暂时被隐藏的深层问题，更深入地思考从形式法治与实质法治辩证关系的跨越发展，尤其是福利生态法治行政国家的终极架构问题。当大多数人开始为改革泛起的沉渣感到失望、焦虑和彷徨时，朱老师则推出“发现中国法”的倡导，力图唤起立志于中国法治学子的活力，推动弘扬中华法系的复兴与光大。从“十次毕业分配不被接收、二年部队劳动锻炼、十年农村语文教师”，到中国政法大学教授，再到国务院参事。人生八十载，治学五十年。作为行政法学沃土的开拓者中为数不多的女性，朱老师的学术观点“一以贯之、未有改变，但随时代进步不断补充完善”。她执着明晰宣示一以贯之的学术观念，以及达观超然的学术气质，吸引着一代又一代致力于中国法治建设的莘莘学子。对于学生们而言，《行政行为的司法监督》一书尤其可谓构成一个时代的记忆。书中朱老师撰写于1996年6月18日的序言中，最后一句话为：“书稿的第一部分在资料准备与整理过程中得到高家伟博士与杨伟东硕士的大力协助，一并谢之。”（朱维究，1997）作为与高家伟、杨伟东二位学兄基本同时代的学生，本文作者之一再度学习本书时阅读至此，不禁感慨万千。

斗转星移，世事变迁，朱老师从未更改当初学习时的追索，在所立足的土地上，她饱含忠实与热忱、充满思索与考量，甘愿倾其所有，尽其所能，用中国的视角，中国的方法，中国的智慧，为实现法治中国梦，出一份中国法学学者力所能及的力量。恰如朱老师所言，“这样的一以贯之是我毕生的骄傲”。

参考文献：

何海波，2019，《行政法治奠基时：1989年〈行政诉讼法〉史料荟萃》，法律出版社。

朱维究等，2007，《促进政府依法行政 维护社会和谐稳定》，《人民法院报》3月29日。

马怀德，2005，《中国行政法的崛起——朱维究教授六秩华诞贺寿文集》，北京大学出版社。

江必新，2012，《司法审查强度问题研究》，《法治研究》第10期。

[印] M. P. 赛夫，2006，《德国行政法——普通法的分析》，周伟译，山东人民出版社。

崔永军，2004，《中西法律文化比较》，北京大学出版社。

[德] 哈姆雷特·毛雷尔，2000，《行政法学总论》，高家伟译，法律出版社。

Bator, *The Constitution as Architecture: Legislative and Administrative Courts Under Article III*, Indiana Law Journal, vol. 233, p. 264 (1990).

[日] 南博方，1988，《日本行政法》，杨建顺、周作彩译，中国人民法学出版社。

姜明安，2008，《服务型政府与行政管理体制改革》，《行政法学研究》第4期。

夏锦文、刘志峰，2004，《行政诉讼司法变更的理论基础》，《法制与社会发展》第6期。

孙笑侠，1998，《司法权的本质是判断权——司法权与行政权的十大区别》，《法学》第8期。

周佑勇，2022，《司法审查中的滥用职权标准——以最高人民法院公报案例为观察对象》，《法学研究》第1期。

朱维究，1989，《简论行政法的基本原则》，《法学研究》第1期。

王名扬，2003，《美国行政法》，中国法制出版社。

朱维究，1993，《政府法制监督的体系模式》，《行政法学研究》第2期。

朱维究，1993，《中西政府法制监督制度点评》，《行政法学研究》第4期。

朱维究，2014，《建设“法治中国”的愿景：法治兴则国兴，法治强则国强》，《信访与社会矛盾问题研究》第1期。

程琥，2015，《司法最终原则与涉法涉诉信访问题法治化解决》，《人民司法》第5期。

江必新，2022，《法律规范体系化背景下的行政诉讼制度的完善》，《中国法学》第3期。

"新管理论"与行政法学研究

——朱维究学术思想管窥

□ 闫　晶　孔令滔　安丽娜*

摘要：在学术脉络上，"新管理论"是对"管理服务论"的继承和发展，两者具有前后连贯性；作为行政法理论基础的"新管理论"，其坚持行政法的本质是"为人民服务"，这与我国宪法上规定的国体和政体相符；立足"福利生态法治（实质意义）行政国家"的法治国家新理念，并结合法学、管理学、政治学等学科新成果，提出"管理即服务"，强调管理首先是对管理者的管理，其次是作为行政职能概括的公共管理（公共行政）；在方法论上，主张以"行政过程理论"来弥补和修正传统行政法学研究的不足，以开放的研究姿态有效回应行政现实的需求；在"新管理论"视野下，行政法学的基本范畴和理论体系得以科学阐释并合理构建。

关键词：行政法　公共行政　新管理论　为人民服务

一、引言

行政法的理论基础是困扰我国行政法学界许久的一个基本命题。自20世纪80年代，由应松年、朱维究等学者首次提出"管理服务论"（或称"为人民服务论"）以来，围绕着"行政法理论基础"这个基本命题，论者们基于不同的学术立场和方法论展开了颇为丰富的争鸣与讨论。典型者如"控权论""平衡论""法治政府论"等，不过40余年过去，至今仍未见通

* 闫晶，中国政法大学行政法学博士，零点有数集团副总裁；
孔令滔，中国政法大学行政法学硕士，中国建设银行总行法律事务部业务副经理；
安丽娜，中国政法大学行政法学博士，首都师范大学讲师。

说形成。那么，能否说并不存在统一的行政法理论基础？或者更进一步，是否有必要研究这一看似“虚无缥缈”的理论命题？对此，抛开“管理服务论”当时所处时代而遗留的意识形态色彩，我们的基本立场始终未变，“行政法学的理论基础问题……不仅反映了不同类型行政法学的……形成过程的具体历史特点，而且直接影响行政法学的体系结构、主要观点以及整个行政法学的研究和发展方向”（应松年等，1983）。可以说，对行政法理论基础的研究，是行政法学得以形成自身学理体系的基本前提，是行政法哲学的重要组成部分，是把握行政法学未来研究和发展方向的重要理论工具。

行政法的基本矛盾是“行政”与“法”之间的关系，这是行政法不同于其他部门法的本质特征。因此，作为行政法学中最为基础的理论命题，“行政法的理论基础”必须且能够充分回应这一对基本矛盾。一方面，我们的研究发现只能是立足于中国特色的本土法治资源和法治条件，在中国特色社会主义的法律体系中进行思考。这之中，宪法是根本大法，规定着国家最基本的制度，处于法律体系的顶层，统帅所有部门法律。因此，宪法的视角是我们研究行政法理论基础所不可或缺的。行政法作为“动态的宪法”，基于宪法的稳定性，行政法理论基础才得以构建一个相对稳定的理论内核（或本质）。另一方面，伴随着法治国家理念由形式法治国向实质法治国转变，“行政”的内涵和手段也发生着巨大的变迁，典型体现在公共行政（或公共管理）的兴起上，而行政法的视域和范围也因此得到了极大的拓展。由此，行政法理论基础必须有效回应现实，回应行政的本质，在体系上也就需要保留一定的弹性和开放性。可见，为了充分反映“行政”与“法”这一对行政法基本矛盾，行政法理论基础应当兼具“规范性”与“时代性”，其背后是法律属性与行政属性的有机统一，是理论的自足自洽性与开放包容性的有机统一。

20 世纪 90 年代初，“管理服务论”的提出者之一朱维究教授经过反复思考，从中国现实背景出发，融合法学、政治学、管理学等学科新成果，结合我国政府改革与法治实践，借鉴各国公共管理改革经验教训，重新提出了“新管理论”。在学术脉络上，“新管理论”是对“管理服务论”的继承和发展，两者具有前后连贯性。作为行政法理论基础的“新管理论”，其坚持行政法的本质是“为人民服务”，这与我国宪法上规定的国体和政体相符；它的核心观点可以表述为“管理即服务”，这一论点具有强烈的现实主义关怀，是在紧密结合法治国家新理念，不断创新、不断自我完善的过程中对行政现实的充分回应。

二、“新管理论”的前身：“管理服务论”

“新管理论”的前身可上溯至20世纪80年代提出的“管理服务论”，这也是我国行政法学界首次提出“行政法学理论基础”的命题，开创了我国行政法学哲学式思考的先河。

(一) 理论素描

立足我国的国体和政体，“管理服务论”明确提出行政法学的理论基础只能是“为人民服务”，故也被学者称为“为人民服务论”。该理论由应松年、朱维究、方彦于《行政法学理论基础问题初探》一文中提出，其基本观点包括：(1) 关于行政管理与为人民服务之间的关系。制定和执行行政管理法规，是国家行政机关践行为人民服务的宗旨的重要方法；而为人民服务是制定和执行行政管理法规的出发点和落脚点。(2) 关于为人民服务的基本内容。一是保证人民充分行使民主权利；二是把我国的物质文明和精神文明提高到一个前所未有的高度，最大限度地满足全体劳动人民不断增长的物质和文化需要。(3) 关于社会主义行政法学的新体系。行政法学体系与行政管理活动的内容紧密相关，这就使得分论部分在我国行政法学体系中占有重要地位；在对各部分行政管理法规和各部门行政管理实践进行充分研究的基础上，最终建立起我国行政法学的总论部分。

在论证路径上，“管理服务论”依据宪法上有关人民主权和国家政体的规定，认为：

第一，国家的一切权力属于人民。由此，一切权力在本源上来自人民，受人民的委托，在目的和本质上自然也要直接或间接地用于为人民服务。

第二，人民行使权力的机关为人民代表大会。人民本身作为一个集合体，无法直接行使权力。由此，基于代议制的架构设计，人民代表大会具有代表人民行使权力的最高性，是国家权力机关。

第三，国家行政机关是人民代表大会的执行机关。由此，行政机关与人民代表大会之间的关系体现为从属与执行的关系。基于这一关系与人民主权原则，国家行政机关对人民代表大会负责，受人民代表大会监督，实质上便是"服从和执行人民的意志，完全彻底为人民服务这一本质的反映"。

（二）评述

作为我国行政法学理论基础的学说肇始，"管理服务论"开启了这一课题的研究先河。它采取的"整体观、类型论、历史学"的研究进路，至今仍是学界研究该课题的主要方法论。当然，既是"先河"和"初探"，"管理服务论"便难免带有它所处时代的鲜明烙印和意识形态色彩。作为行政法学复兴伊始背景下所提出的基础理论命题，在理论阐述和体系结构上仍略显粗糙。但并不能由此否认"管理服务论"在基本观点上"与国体政体一致，也与我国行政法将来的发展方向吻合"（朱维究，1996），理由在于以下几点：

第一，在宪法与行政法的关系中理解行政法理论基础。从"宪法消逝、行政法长存"到"行政法是宪法的具体化"，不仅仅是用语上的颠倒而已，同时也表达着宪法与行政法的关系在法治变迁过程中所经历的深刻变化。可以说，宪法在一国法律体系中的"母法"地位，使其具有统摄所有部门法的影响力；行政法调整国家行政机关与公民之间的法律关系，是动态的宪法，尤其需要重视这一影响力。基于此，"管理服务论"在阐释观点时，始终是在1982年宪法文本所框定的主权与权力（或人民与国家机关）、人民代表大会与国家行政机关的关系中展开论证。

第二，"管理服务论"与我国国体、政体一致。基于1982年宪法文本规定，"管理服务论"由宪法上的人民主权原则、人民代表大会制度衍生出行政法上的"为人民服务"理念，这是对宪法原则和根本性条款的逻辑演绎，也体现出行政法对宪法上的制度构建、价值安排的落实贯彻。

第三，“管理服务论”与我国行政法的发展趋势相吻合。“管理服务论”的落脚点在于“服务”而非“管理”——行政管理仅是手段，“服务人民”才是行政法的目的和本质；行政机关与人民的关系是“公仆”与“主人”的关系。“管理服务论”始终认为，赋予行政机关以行政管理职能，目的在于为人民提供更好的服务；而衡量行政管理效果的根本标准，也只能是为人民服务的程度。因此，论者们对“管理服务论”之“过分侧重于管理”的批评，显然是对该论的误解。近年来，由管制政府向服务政府、由“消极行政、秩序行政为主”向“积极行政、服务行政为主”转变的趋势，在某种程度上正是对“管理服务论”在20世纪80年代所提出的“为人民服务”理念的回归和回应。

三、“新管理论”的提出：继承与发展

令人惋惜的是，自“管理服务论”提出后，伴随着法学研究中的“去意识形态”潮流，其后的控权论、平衡论等，都无一例外地给“管理服务论”贴上“落后理论”的标签，也连带着将“管理服务论”的上述合理成分一并抛弃。直至20世纪90年代中期，“管理服务论”的提出者之一朱维究教授经深刻反思，在吸收管理学的最新研究成果，并在借鉴公共行政改革实践经验的基础上，继承和发展“管理服务论”，重新提出了“新管理论”。而这也是我国行政法学中唯一一个具有前后连贯系统的理论基础学说。

(一)“新管理论”对“管理服务论”的继承

“新管理论”与其前身“管理服务论”共享一个相同的宪制基础，即宪法上的人民主权条款与国家政体条款。依据宪法第2条与第3条规定，我国并不承认分权制，在国家权力架构的设计上遵循着“职权分工与合作”的原则：(1)中华人民共和国的一切权力属于人民，人民行使国家权力的机关为人民代表大会，对人民负责，受人民监督，据此，国家权力具有着整体性和不可分割性；(2)国家行政机关、司法机关等其他国家机关都由人民代表大会产生，对它负责，受它监督，据此，立法、行政、司法等均是作为

国家权力的不同职能，各自分工负责，互相配合，互相制约。与分权制侧重于权力制衡的消极属性不同，我国的职权分工与合作制更强调分工/制约之下的“合作”，即追求国家政治决策的高效与统一。宪法上的这一制度设计是国家最高政治层经由审慎判断后的选择，是在长期政权建设的实践中结合中国实际而产生的“创造性的产物”。

“新管理论”正是立足我国独特的国体和政体，在人民主权与国家职权分工合作的宪制基础上来理解行政法的本质。一方面，就行政职权的本源来看，行政职权作为（整体）权力的一个重要分支，来源于人民的授权和委托，自然要以“为人民服务”作为自身的旨归；另一方面，就国家行政机关的性质来看，国家行政机关由人民代表大会产生，对它负责，受它监督，而人民代表大会要对人民负责，受人民监督，因此，经由递延的逻辑推论，国家行政机关在行使行政职权时，自然也要对人民负责，受人民监督。在此，立足“职权分工与合作”的国家权力架构与议行合一的人大制度，即可明确我国并不存在控权论所凭以立足的分权制基础。

（二）“新管理论”对“管理服务论”的发展

自“管理服务论”提出后，学界围绕着“行政法的理论基础”展开了丰富多样的讨论。这为“新管理论”的重新提出培育了较为浓厚的理论氛围。同时，随着时代变迁与行政法治实践的积累，对“管理”和“服务”的理解也应更加充实和丰满。

1. “为人民服务”的双层解读

2010年9月1日，时任中央党校校长的习近平在出席中央党校秋季学期开学典礼时提出“权为民所赋，权为民所用”，高度概括了马克思主义的权力观。从法学视角来看，“权为民所赋”，是从主权与权力的角度，宣示国家权力由人民所赋予，因此这里的“民”是主权意义上的人民；“权为民所用”，是从权力与责任、权利与义务的角度，强调有权必有责，国家权力要服务于人民，人民依法监督权力，这里的人民应当是具体意义上的公民，由此，抽象的人民主权才能转化为具体的公民权利，也就是落实到宪法上的基本权利条款。从马克思主义的权力观出发，再次证明行政法的本质应当是

“为人民服务”——“权为民所赋”，行政职权既然来自人民，为人民服务自然是其使命所在；“权为民所用”，行政职权的工具性意味着“为人民服务”是其目的所在。在这里，“新管理论”较之“管理服务论”更进一步的是，其所提出的“为人民服务”不仅仅停留于从人民主权的抽象层面来论证行政职权的本源性，还涉及从公民权利的具体层面来论证行政职权的工具性。对此，我们看到，人民主权（或公民权利）是原生的、第一位的，而行政职权是派生的、第二位的，两者既然不处于同一层面，自然就没有“平衡”或“平等”一说。

只有对“为人民服务”这一命题进行“主权”和“权利”的双层解读，权力与责任、权利与义务等法律话语体系才能在行政法上建立起来，每一个鲜活的公民个体才不至于被淹没在宏大的叙事话语中。具体而言，作为行政法的本质和目的，“为人民服务”主要具有以下几项含义：（1）从积极面向上看，国家行政机关应致力于构建行政管理有效、公民权利保障有力的行政法制度与机制，积极促成人民福祉和公民权利的实现；（2）从消极面向上看，国家行政机关应规范行使行政职权，并伴随行政责任的配置，不得侵害公共利益、不得侵犯公民权益；（3）从公民（或行政相对人）的角度来看，公民不仅是公共行政服务的受益者，也是参与行政、监督行政的重要主体。

上述内涵体现在行政法律关系领域，便是关于国家行政机关与公民之间在权力责任、权利义务分配上的法则。研究各国行政法法典化的进程，结合我国自身的立法实践，可以发现行政主体与行政相对人的权利义务分配，在行政法规范（实体规范和程序规范的统一）中遵循着以下固有的法则：其一，在行政实体规范中，为了实现有效的行政管理以积极落实“为人民服务”的各项要求，往往赋予行政主体的权力（行政职权）多，相对实体义务少；行政相对人则实体义务多，相对实体权利少。其二，在行政程序规范中，为了有效监督行政以防止公权力侵害私权利，则往往要求行政主体承担程序义务多，而享有程序权利少；行政相对人却享有尽可能多的程序权利，而较少承担程序上的义务（朱维究，2001）。如下表所示：

	行政法实体规范	行政法程序规范
行政主体	实体权利（力）多；相对实体义务少	程序义务多，程序权利少
行政相对人	实体义务多，相对实体权利少	程序权利多，程序义务少

从上述分配法则中也可见行政主体之权力与责任的高度统一，即职权越大，职责越大，体现在行政法规范中，便是实体权利（力）越大的行政主体，就要承担更多更大的程序义务。

行政法律规范在上述法则的支配下，精致地权衡、公允地分配着行政主体与公民之间的权利（力）和义务，最终在实体权利（力）义务与程序权利（力）义务的统一中确保了行政法律关系双方当事人权利义务的完全对等。

2. 对“管理”的正名和发展

对“管理服务论”比较集中的批评，是认为“管理就是管制，就是限制人民自由”。显然，这是对“管理”的偏颇误读。对此，“新管理论”首先要做的就是为“管理”正名，即不能将“管理”简单地等同于“管制”；管理是一个中性词语，它始终是对行政职能的集中概括。管理有三要素：管理者，管理者的活动，对管理者及其活动的监督。这三个要素都要求逐步实现法律化，三要素法律化的过程，也就是行政法律法规的立法过程；制定的法律法规就是依法管理的依据，即依法行政的“法”。在此，从“管理首先是对管理者的管理”这一点来看，“新管理论”与控权论并不冲突。从管理的三要素出发，行政法的视域应得到充实和拓展：对管理者的管理实现法律化，是与行政组织法、行政公产制度等紧密相连的；规范制约管理者的活动，则应完整纳入行政立法、行政检查、行政处罚、行政强制、行政合同、行政指导等各类行政活动；至于对管理者及其活动的监督，则需要建立全方位的行政法治监督体系，包括国家监督、政治民主监督、社会舆论监督等。

伴随着时代变迁与社会经济的跨越式发展，国家的理念已经历了从人治传统到法治国家的深刻变化；同时，法治国家又由形式法治国不断向实质法治国进阶，“福利生态法治（实质意义）行政国家”成为法治国家的新理念，这一理念更加强调管理的“品质”方面。此外，新公共管理运动的兴起也赋予了“管理”更加丰富的内涵，该理论的核心在于用企业的精神和原则再造政府。上述趋势和现象反映在行政法领域中，便是提倡公共行政或公共治理。与传统行政有所不同，公共行政在主体上已从国家行政机关扩大到大量的社会组织，也更加强调公民在其中的地位和意义（例如“参与式行政”）；在内容上由管制行政、秩序行政为主向积极行政、给付行政、服务行政为主转变，大量新型的行政活动在实践中不断产生，时刻挑战着传统的依法行政原则。与此同时，行政的另一番现实却是：政府与市场、与社会的关系始终未能厘清，政府职能转变与行政体制改革仍处于进行时；行政的“越位”与“缺位”现象并存，甚至存在相互矛盾的行政需求，由此决定了在转型期行政供给的特殊性。可见，在现代公共行政视野下，对行政的约束与规范远非“控权”所能涵盖，后者因过分强调对行政职权的控制而无法有效回应结构化的行政现实以及层出不穷的行政创新。对此，“新管理论”更强调在“为人民服务”的价值取向下，秉承实质的行政法治理念，不断协调权衡行政主体的职权职责与公民的权利义务（即方法论意义上的“平衡”），兼顾行政活动的规范化和有效化，在全面、动态的视野中给予公共行政以客观中性的评价。

（三）小结

在人民主权原则、职权分工与合作制下，“新管理论”重申行政法的本质是“为人民服务”，这与我国社会主义国家的性质和宪法上的基本原则与制度相契合。从马克思主义的权力观出发，“为人民服务”集中体现为“权为民所赋”（人民主权的维度）与“权为民所用”（公民权利的维度）的有机统一；从行政法的权利义务观出发，“为人民服务”的各项内涵主要体现在行政法规范中关于当事人各方权利义务分配所应遵循的固有法则中。

“新管理论”的核心观点可表述为“管理即服务”。一是强调行政法的服务理念，这与“为人民服务”的行政法本质相符，也与“福利生态法治（实质意义）行政国家”的法治国家新理念相符；二是强调管理的工具性，即管理首先是对管理者的管理，其次是作为行政职能集中概括的（公共）管理；三是强调管理与服务紧密相关，即管理是工具、手段，服务才是目的、标准，公共管理的发展趋势（例如主体的多元化、手段的多样化）是行政法“服务”本质和实质行政法治理念的体现和要求。

四、“新管理论”的方法论：行政过程理论

实质法治主义、公共行政、服务行政等理念和现象的不断涌现，使得传统行政法学理论——该理论注重从静态上定点地考察作为行政过程最终结果的行政行为——逐渐显示出其弊端。对此，“新管理论”主张在全面动态地考察构成行政活动过程的一系列连续的行为形式的基础上，对整个行政过程从实体与程序两个方面进行动态的监督与控制，从而实现对整个行政过程实质而有效的法治管理。当然，行政过程理论并非取代传统行政法学理论，而是对后者的有益补充和修正。从方法论的视角来看，它具有着十分重要的意义。

（一）行政过程理论简介

“行政过程”并非新生事物，在行政学和早期的美国行政法研究中就被普遍地使用。但较为体系化的阐述，却是自日本的行政过程论开始。日本学者中持“行政过程论”的代表性人物如远藤博也、盐野宏、山村恒年、大桥洋一等；但各学者对“行政过程”的理解并不相同，对行政过程论的运用也不一样，故在日本也尚未形成统一的行政过程论。

在我国大陆地区，最早提出“行政过程论”的是朱维究和阎尔宝，他们于1997年在《政法论坛》发表的《程序行政行为初论》一文中初步提出了对行政活动的整个过程进行动态性考察的观点；朱维究和胡卫列在《行政行为过程性论纲》一文中较为系统地阐述了行政过程论；其后，朱维究、李琦、江利红在结合最新资讯的基础上，进一步阐释了行政过程理论之于当代行政法的理论价值。由朱维究教授指导的两篇博士论文分别围绕着“行政过程论与行政行为的效力”和“日本行政过程理论”两个课题，进一步填补了国内有关行政过程论研究的空白。此外，也有部分学者以“过程论”作为理论研究的标题，但从其具体内容来看，并没有涉及或极少涉及过程论的

内容，而仅仅是将“过程论”用作行政活动整体的泛指。

所谓“行政过程”，首先，应含有全面、系统的含义，即在为实现特定行政目的而进行的行政活动中，一系列相关联的行政形式所构成的全体（行政活动的静态性格）；其次，也是最重要的，是指行政活动的动态性格，即行政活动是由一系列相互关联的、连续的行为形式动态地构成的。因此，行政过程就是指行政主体为了实现某一行政目的，进行的一系列连续的行为形式的全部。而行政过程论就是以行政过程为基础，全面地、动态地考察行政活动整个过程的一种行政法学理论。

（二）行政过程理论的方法论意义

传统行政法学理论立足于公私法的二元区分，往往仅就单一行政行为的概念、要件和法律效果作“定点、静态、结论式检讨”：一是仅致力于整理、分析各种行政行为之抽象、共通的要素（行政行为的模式化或类型化），而并未深入检讨行政活动的实际运作过程及其可能涉及的各种利益冲突，欠缺对行政现实的有效回应；二是隔离式地考察每一个行政行为，只论其法律性质（即定点式的考察方法），而未能全局地、整体地考察该行政过程，欠缺对行政活动的全面把握；三是仅着眼于各种行政行为之最终法律效果的评价（即静态的结论式解答体系），而对产生法律效果之过程、支撑该效果的正当性因素多有忽略，欠缺法体系的展望功能和发现、设定问题的能力。

基于对前述传统行政法学方法论的反思和批评，行政过程论者提出了“全面、动态、开放式”的考察方法：

第一，立足于整体行政活动过程的全面考量。一是，应当将传统行政法学所忽视的内部行政行为、非定型行政行为以及事实行为等行政处分以外的各种行为形式纳入行政法学的视野；二是，应当对行政过程中的各种行为之间的相互关系加以全面地考察。在现实的行政活动中，一个或多个行政主体常结合复数的行为形式，共谋一项行政任务或行政目的的实现，在行政过程论者看来，其间的每一项行为形式都具有自身的法律含义，它们之间的联系、效力上的牵连理应得到完整的法律评价。

第二，立足于行政过程的动态分析。行政行为在理论上能够获得独立的评价，且这种评价也是为理论研究所必要的，但是，在现实的行政过程中，往往是复数的行政手段连续地被运用，并导致最终的法效果的确定。行政过程的分节型、阶段化，是现代行政手法的本质性变化之一。在行政过程论者看来，对应于现代行政的复杂化、多样化，应将行政活动作为在空间上、时间上的一个过程，予以能动地、动态地考察，以真切把握行政过程的流动发展和互动结构。

第三，立足于行政现实的开放式体系构建。诚如行政过程论者远藤博也所指出的，现行行政法学乃基于制度内在的论理，提出（问题）解答的体系，这一做法在导致自身封闭化倾向的同时，也怠于开发“设定问题”的能力，从而陷于行政法理论内容的贫乏。在远藤博也看来，应面对行政现实，着重于“问题之体系”，而不偏向于那种立于特定价值判断基础之上的“解答之体系”。可见，远藤博也所采取之问题的思考，系立足于实际的观点，设定与其特殊性相应的问题，并考虑处理这些问题的立场；它并不必然指向某一种现成的制度内在的解答体系，当然，也并未放弃对解答的探求。

五、“新管理论”视野下的行政法学基本范畴与理论体系

以“新管理论”为出发点和立足点，我们得以科学阐释行政法学的基本范畴，并构建一套符合宪法规定与行政规律、自足自洽的行政法学理论体系。

（一）行政法学的基本范畴

所谓基本范畴，或称“元范畴”，是指那些处于行政法学第一层次的基础性范畴，具有本源性和基础性。对基本范畴的讨论，有助于构建行政法学术对话的共识性平台，避免因概念不一而导致无谓的争议。具体而言，行政法学的基本范畴主要包括以下内容。

1. 行政

行政具有着十分久远的历史。自国家产生后，国家行政开始自大部分社

会行政中独立出来并获得空前发展，“全能政府”是其典型。历史发展至20世纪中后期，“有限政府”的理念开始形成并逐步获得普遍认可，自此，“公共行政”取代国家行政而成为行政法意义上的行政。公共行政中的“行政”不仅包括以国家行政机关为主体的国家行政，也包括以法律法规授权的社会组织或第三部门为主体的社会行政。同时，公共行政的“公共性”主要表现为公共利益，尽管这是一个不确定的法律概念，但起码它应当符合人民的普遍需要、社会进步的要求和人性的尊严，并具有着自成体系的公法保护机制。公共行政代表公共利益，这是行政法之“为人民服务”本质的典型体现。

与公共行政的发展趋势相契合，行政的权力要素（中国语境下为行政职权，西方语境下为行政权）亦随之发生变化。行政职权在理念上由单向的“管理”理念向双向的“服务”理念转变，即以服务为先导、以服务促管理；在手段上也由政府一元化的单方管制向多元化、多中心的公共管理（或公共治理）转变。行政职权的活动形式得到了极大的拓展和创新，在这之中，“社会管理创新”的议题尤其值得关注。

2. 行政法

行政法是公共行政与法的有机结合，它不仅是有关公共行政的法，也是为公共行政所特有的法。行政法有自己的调整对象，作为一个独立的法律部门，它在现代行政管理、公共服务中发挥着显著的社会功能、政治功能与法律功能。可以说，行政法是高度社会主义民主的体现和保障，是行政法治化的重要标志。在这之中，行政立法的科学性尤为重要。基于对各国行政法法典化（而不仅是行政程序法典化）进程的考察和借鉴，我国行政立法应当遵循着实体规范与程序规范相统一的规则，客观看待身处社会变革与转型过程中的中国行政管理法制化，以走出“唯程序论”或“司法审查论”的偏狭视域（朱维究，2001）。

在“一国两制”的政治架构下，我国行政法在总体上形成了“三个法系、四个法域”的法制格局。这一格局为我国的比较公法，尤其是区际公法研究提供了极为特殊和宝贵的研究资源。同时，不同法系和法域在一个国家的框架内交互影响，可以预见，区际冲突法将成为中国行政法的一个新兴领域。“一国两制三系四域”的独特法制格局，对我国行政法学而言不仅是巨大的智识挑战，更是难能可贵的机会，这将是中国行政法学能够为世界的行政法学作出重大理论贡献的宝贵机会。

3. 行政法基本原则

所谓行政法基本原则，是指反映现代民主法治国家的发展趋势，体现行政法的根本价值与特性，贯穿行政立法、行政执法和行政法治监督等各个环节和行政法律关系各个方面的基础性规范。作为一项相对稳定的高度抽象化的行政法指导思想，行政法基本原则有助于确保行政法律体系的统一性、稳定性和连续性。

行政法基本原则，应当是在区分行政法理念、行政法基本原则、基本原则的要求（行政法具体原则）这三个范畴的前提下，在结合各类客观因素与主观因素的基础上所得出的结论。从本质上来说，行政法基本原则应当能够体现行政法的基本矛盾，即“行政与法”的关系。由此，我国行政法的基本原则只能是“合法行政原则”，它是指行政职权的来源、行政主体的一切行政活动都必须符合法的规定（形式法治）和法的精神（实质法治）。该原则在内涵上具有开放性，在内容上也具有相当的可操作性。

4. 行政法律关系

行政法律关系是指由行政法调整的，因行政职权的行使和对行政的监督，在行政主体与其他当事人之间所形成的权利义务关系。作为行政法学研究中的一个基本范畴，其是对行政法上各个主体的各种权利义务及其运行过程的高度抽象，反映了行政法的实践运作过程。基于非强制行政、合作行政、服务行政等发展的趋势，现代社会中的行政法律关系已经大大突破了“隶属型法律关系”的界域，具有更为丰富与复杂的内涵。

5. 行政法主体

行政法主体是指行政法律关系的当事人和参与者，也是行政法律关系中权利义务的承担者。依学界通说，行政法主体包括行政主体和行政相对人两方。二者在行政管理活动中形成管理与被管理、服务与被服务、监督与被监督以及指导、合作等多样关系。此处，我们尤其需要关注社会组织（或第三部门）。近年来，随着政府加大力度培育和扶持社会组织的发展，我们看到政府、公民与社会的三元格局逐渐明晰（而这仍将是未来势在必行的发展趋势）——社会组织不仅可以承担起行政职能中大量的社会管理职能与专业性、技术性要求较高的部分职能，从而有效分摊政府压力和行政成本，也可以成为公众参与的组织依托，以整合分散的个人力量，实现制度化的集聚效应。

6. 行政活动

行政活动是指行政主体实施的影响相对人合法权益的公法活动。“行政活动”是作为包括传统行政行为在内，又涵盖准行政行为、行政事实行为等其他行为形式的上位阶概念而存在。行政活动概念体系是针对“行政行为”这一传统范畴的使用现状而提出，以此避免了因“行政行为”一词多义引起的概念混乱；同时，立足“行政过程理论”，行政活动这一范畴强调全面、动态与系统的方法论，并在体系上保留着较强的开放性，能够适应现代公共行政的发展，使得新型行政活动的纳入顺理成章。

以行政活动法治化状态为分类维度，行政活动可划分为有法律规制的行政活动，亟待法律规制的行政活动，以及其他常见的行政活动。

7. 行政公产

行政公产是指公共行政活动必备的各种物质手段的总和。它是“宪法规定的公民基本权利落实的‘物’的保障，是实现公共利益原则的物质表现形式”（朱维究、闫晶，2007）。行政公产研究作为行政法学的重要内容，对指导我国公产使用、管理及保护的实践不仅意义重大，而且迫在眉睫。

8. 行政法治监督

依据宪法规定的人民主权原则和职权分工合作制，我国必须也能够建立起以人民监督理论为指导的、对行政主体实施法治监督的制度体系。在这个体系中，既有自上而下的监督制度，又有自下而上的监督制度；既有内部的监督制度，又有外部的监督制度；既有法律的监督，又有非法律的监督；既有实体的监督制度，又有程序的监督制度；既有事后的监督，又有事中事前的监督。

作为行政法学研究对象的“行政法治监督”，是对上述中国监督体系的精炼概括。它是指监督主体，包括国家权力机关、行政机关、司法机关和其他监督主体依法对行政主体及其工作人员的行政活动进行监督的制度总和。一方面，该范畴揭示了我国监督体系的外在表现——“监督”，即实际生活中运用的各式各样的监督制度；另一方面，该范畴揭示了我国监督体系的本质内容——“行政法治”，即经由各种监督机制而达至的行政活动的“法治状态”（包括形式法治与实质法治）。在此，我们可以看到，行政复议、行政诉讼等制度只能是“人民监督”的方式，而不可能是“救济人民”的方式。

在长期的实践中，我国已经形成了一套丰富有效的行政法治监督体系，如下图所示：

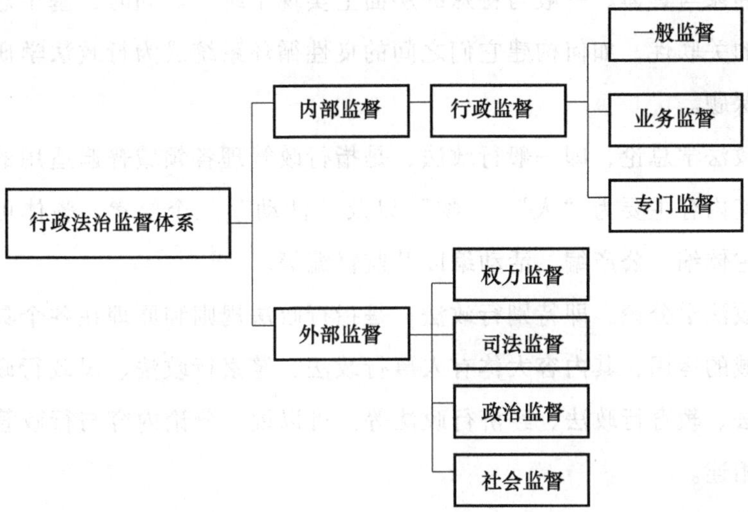

图 1　我国行政法治监督体系

（二）行政法学的理论体系

行政法学科的建立如所有学科一样有独立的理论体系。通常，学科理论体系至少包括两个要素：一是学科的范畴（或概念），犹如学科之“血肉”；二是学科的理论框架及其内在逻辑体系，犹如支撑学科之“骨架”和“神经”。

1. 行政法学的范畴

行政法学的学科内容应是围绕着一个个具体的范畴所展开。可以说，范畴是行政法学研究最基本的理论工具。行政法学的范畴，大致可划分为行政法学的基本范畴和行政法学的非基本范畴。基本范畴前已述及，此处不再赘述。非基本范畴，则是指除行政法学基本范畴以外的其他次级性范畴，如“行政”之下的次级范畴包括“命令行政”“服务行政”“给付行政”“干预行政”等，又如“行政活动”之下包括“行政立法”“行政处罚”“行政许可”“行政合同”等。

2. 行政法学的理论框架

行政法学的理论框架（包括其内在逻辑体系），是指行政法学的各个具体分支，以及各个分支之布局所依据的内在规律或联系。大体而言，行政法学可划分为行政法学总论（或总则）和行政法学分论（或分则）。由此，行政法在抽象与具体、一般与特殊的层面上实现了统一。同时，基于总论与分论之间的关联性，如何构建它们之间的良性循环系统成为行政法学研究不容忽视的课题。

行政法学总论，即一般行政法，是指行政管理各领域普遍适用的规则和原理，其内容主要为“人”、“物”以及“活动”三个要素，整体可包括总则编、主体编、公产编、活动编以及监督编等。

行政法学分论，即特别行政法，是指行政法规则和原理在各个具体行政管理领域的运用，其内容大体有人事行政法、警察行政法、民政行政法、卫生行政法、教育行政法、经济行政法等。可以说，分论内容与行政管理的内容紧密相连。

六、结语

作为我国行政法学中唯一一个具有前后连贯系统的理论基础学说——“新管理论”，在行政法理论基础的争鸣中占据了重要地位，在我国行政法学科体系的建立与完善、基本理念的确立、方法论的创新等方面作出了重要贡献。“新管理论”的提出与发展为改革开放以来政府职能转变与法治政府建设实践提供了理论保障。“为人民服务”揭示了行政法的本质，确立了行政权行使的目的，契合我国坚持以人民为中心的发展思想；管理与服务并举旨在强调行政法对行政主体的约束，同时要求行政主体积极履行并创新公共职能的实现方式，共同推动了我国管理型政府向服务型政府转变的进程；行政过程论主张以“全面、动态、开放”的视野关注纷繁复杂的行政活动，促进行政过程的民主化、理性化与法治化。“新管理论”亦拓展了行政法的疆域，在传统的行政法学范畴中，其更加强调对于“一国两制三系四域”的独特法制格局中区际公法的关注，强调对于行政组织、行政公产等制度的关注。

“行政法唯一不变的就是变化。”置身于世界百年未有之大变局的时代，新一轮机构改革中党政关系的重新配置、公共行政实践的推陈出新，涉外行政、合作行政、区际行政、监管行政、福利行政都已步入行政法的视野之中，由此，对行政法的现实回应能力提出新的挑战，亦要求行政法学基础理论的不断创新。面对行政法的新变迁，“新管理论”也需进一步完善与变革，与时俱进地为新时期行政法学的学术增长与行政法治实践提供有力的思想保障。

参考文献：

应松年、朱维究、方彦，1983，《行政法学理论基础问题初探》，《中国政法大学学报》第2期。

朱维究，1996，《行政法的理念：服务、管理、法制监督》，《中外法学》第5期。

朱维究，2001，《对我国行政法法典化的思考——兼论我国行政法实体规范与程序规范的统一》，《中国行政管理》第4期。

朱维究、闫晶，2007，《论行政法对公产的积极保护》，《上海政法学院学报》第5期。

学术前沿

我国大城市社会矛盾纠纷发展态势及其治理路向概探

□ 张真理*

摘要： 我国大城市社会矛盾纠纷数量明显上升，结构上出现明显变化，治理上表现出功能错位。为了应对当前形势，应当遵循中央对社会矛盾纠纷治理的顶层设计，逐步实现社会矛盾纠纷的源头化解与系统化解，推动我国社会矛盾纠纷治理的现代化。在大城市社会矛盾纠纷治理中，信访工作创新发展表现出了枢纽组织模式和专业部门模式两种趋势。

关键词： 社会矛盾纠纷　诉源治理　信访

进入社会主义新时代，党中央高度重视社会矛盾的源头预防与治理，开创了回应人民诉求、定分止争、维护社会公平正义的新局面。近年来，我国大城市的社会矛盾纠纷出现了一些新特点，社会矛盾纠纷的治理态势也发生了较大变化。在这样的背景下，我国大城市社会矛盾纠纷治理如何贯彻党中央决策部署、不断改革创新，就成为一个既具有理论意义又有实践价值的课题。

一、中国大城市社会矛盾纠纷的发展态势

中国大城市社会矛盾纠纷可以从数量、结构以及治理等方面进行观察。

（一）数量态势

社会矛盾纠纷有一个从萌芽到形成，从形成到加深的过程。鉴于诉讼行

---

* 张真理，北京市社会科学院法治研究所所长、研究员。

为往往需要当事人付出较大的成本，诉讼行为往往意味着社会矛盾纠纷激化到了相当的程度。诉讼案件的数量直接反映着社会矛盾纠纷激化的数量。因此，观察诉讼案件的变化，就成为分析社会矛盾纠纷状况的一个重要方式。为了解大城市诉讼案件变化，专门选择 4 个一线城市（北上广深）和 15 个新一线城市（成都、杭州、重庆、西安、苏州、武汉、南京、天津、郑州、长沙、东莞、佛山、宁波、青岛、沈阳）作为观察对象①。

为了解大城市诉讼案件数量上的变化趋势，首先可采用年均增长率来观察。2016 年，19 个城市收案总数大约为 597.2 万件，而到了 2022 年则增长至 893.3 万件，年均增长率为 6.94%，仍然远高于同期常住人口年均增长率 1.38%。其次可以采用万人收案数（某城市的总立案数与常住人口的比值）作为观察指标。经过测算，可以发现这一指标的数值呈现上升趋势。图 1 所示的万人收案数平均值从 228.4 件上升到 314.7 件，年均上升 6.84%；图 2 所示的万人收案数加权平均值从 222.8 件上升到 305.4 件，年均上升 6.63%。

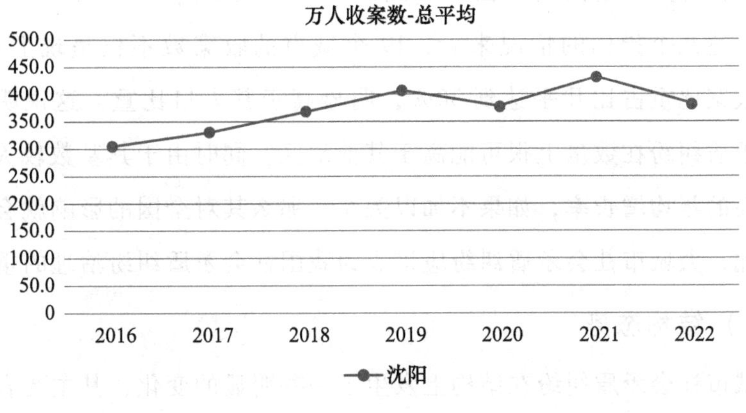

图 1：19 个城市万人收案数的平均值变化

① 判断是否为一线城市的标准，主要依据新一线城市研究所提出的围绕商业资源集聚度、城市枢纽性、城市人活跃度、生活方式多样性和未来可塑性五大一级维度来评估。

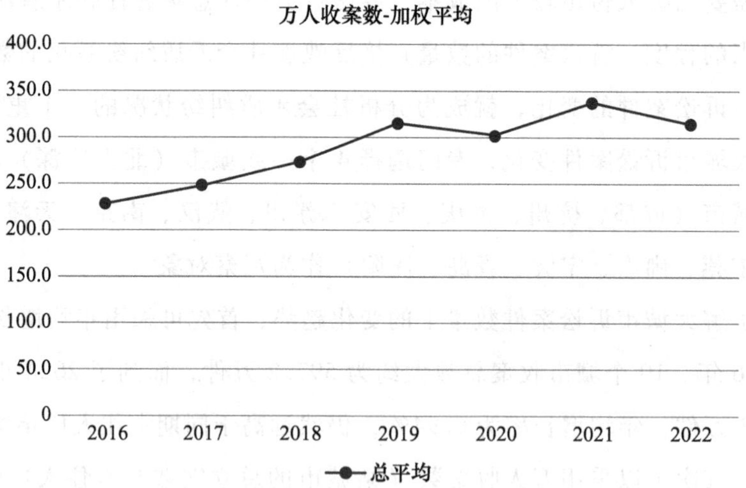

图 2：19 个城市万人收案数的加权平均值变化

同时，大城市诉讼案件量相比全国诉讼案件量而言表现出的特点，可采用以 19 个城市年度收案总数占当年全国收案总数的比重来观察。可以发现，2016 年到 2022 年该比重在 26% 到 29% 之间波动，明显高于 19 个城市常住人口占全国总人口的比重（在 18% 到 20% 之间波动）。

从上述几个指标的情况来看，19 个城市的收案数不仅呈现上升趋势，而且其收案比重占比几乎达到 30%，明显高于其人口比重。这说明大城市的社会矛盾纠纷在数量上很可能高于其他地区。同时由于其基数较大，而且保持较高的年均增长率，如果不加以关注，那么其对全国的影响就会更加突出。因此，大城市社会矛盾纠纷应该成为我国社会矛盾纠纷治理的重点。

（二）结构态势

大城市社会矛盾纠纷在结构上发生了一些明显的变化，其主要表现在：

一是社会矛盾纠纷主体的法治意识明显增强，但有一些倾向值得高度关注。随着我国法治建设的不断完善，社会矛盾纠纷主体的法治意识也不断增强，对依法解决矛盾纠纷的期望也在不断提高。但有 3 个倾向值得高度关注：第一，对法律采取工具主义倾向，权利意识强，义务意识相对弱。这就导致相关人在提出主张时往往只看对其有利的法律规范，而忽略对其不利的法律规范。第二，受到西方法治司法中心主义的影响，认为非诉讼解决机制的权威性低，更容易采取到法院“讨个说法”的行为。第三，缺乏对矛盾纠纷的预防意识，不善于采取一些预防性措施避免矛盾纠纷的发生。

二是社会矛盾纠纷的类型更加多样。当前大城市的矛盾纠纷类型更加多样，包括婚姻家庭纠纷、邻里纠纷、医疗纠纷、交通道路纠纷、电商纠纷、物业纠纷、旅游纠纷、知识产权纠纷等。矛盾纠纷类型多样化实际上意味着对矛盾纠纷化解的专业化水准要求更高。

三是经济转型与社会变迁引发社会矛盾纠纷大量涌现。新一轮科技革命引发数字经济兴起，新业态、新就业群体、新商业模式等势必大量涌现，将会冲击原有利益格局，容易引发社会矛盾纠纷。同时，现行法律体系如何评价这些新情况，往往存在较大的不确定性，这就加大了处理纠纷的难度。社会急剧变迁带来的社会矛盾纠纷也不容忽视。随着大城市城乡一体化发展，大批农业人口转为城市人口，生活方式、思维方式与价值理念碰撞容易引发社会矛盾纠纷。另外，人口老龄化逐渐加重，而城市规划、公共服务、社会治理的适老化改造并不同步，也容易引发社会矛盾纠纷。

（三）治理态势

总体上，大城市社会矛盾纠纷治理呈现出明显的特征，主要表现为：

一是法院超负荷运转带来的功能发挥不足。法院是我国的审判机关，通过运用审判权为社会矛盾纠纷作出有法律强制力的裁判。在一定程度上说，法官队伍是解决社会矛盾纠纷最为专业的力量，诉讼程序是最为正式和规范的解决纠纷的程序。因此，从目的上看，诉讼机制是为解决社会中较为疑难和对抗强烈的矛盾纠纷而设计的。但从大城市社会矛盾纠纷的实际情况来看，近年来大城市收案数量持续上升，法院已经出现了超负荷运转的情况。很多法院的法官人均收案量已经超过了300件，而在北上广深等一线城市情况更为严重，有的基层法院的法官人均收案数量已经超过700件。这种情况导致了严重后果：本该用于解决社会中较为疑难和对抗强烈的矛盾纠纷而设计的诉讼机制不得不处理大量一般性的社会矛盾纠纷，不仅让法官疲于结案，而且让本应通过非诉讼机制修复的社会关系在正式制度下失去了修复的机会，社会主体的对抗加深；像潮水一样涌来的案件不仅让法官难以腾出充沛的精力关注疑难案件、化解重大矛盾纠纷，而且在制度性的结案压力下常常处于结案质量与结案效率之间的两难抉择，更为严重的是沉重的结案负担也会削弱法院推动国家治理调整、减少矛盾纠纷的能动职能的发挥；吸附效应和依赖效应凸显，法院解决的矛盾纠纷越规范和高效，当事人就更愿意找法院解决问题，而法院直接解决的矛盾纠纷越多，社会就越依赖诉讼机制，非诉讼解纷机制建设的社会动力就越被削弱，非诉讼解纷机制越弱，分流的矛盾纠纷就越少，法院的负担就越重。

二是政府职能部门治理社会矛盾纠纷意愿不强、能力不足与属地政府治理社会矛盾纠纷能力不足并存。政府职能部门对社会矛盾纠纷的关注度偏低，在行政程序中解决矛盾纠纷的意愿不高，同时，政府职能部门结合公共服务和公共管理流程的解决矛盾纠纷的体制机制建设、资源配置等滞后，解决矛盾纠纷的能力无法适应当前社会矛盾纠纷发展局势的需要。究其原因，政府职能部门主要为完成某一方面公共职能而设定的工作部门，在社会矛盾纠纷的预防与化解与其工作绩效目标全局之间，既缺乏对其高度关联性的正确的认知，又缺乏制度上的明确挂钩，这就导致了政府职能部门对社会矛盾预防调处化解工作的动力不足。属地政府在规定其职权的法律规范中就已经包含了社会矛盾纠纷预防调处化解工作的内容，如《中华人民共和国地方各级人民代表大会和地方各级人民政府组织法》第七十三条和第七十六条就规定了地方政府负有保护公民和组织的权利、维护社会秩序的职责。在实践中，人民群众一旦产生纠纷往往会直接向属地政府表达不满，属地政府往往成为直面人民诉求的主体，同时如果对辖区内社会矛盾纠纷防控不力，引发重大社会风险的，往往会对属地政府进行问责。明确的职责规定、人民诉求的直接压力以及有效运行的问责机制促使属地政府相对于政府职能部门具有更强的治理社会矛盾纠纷的动力和意愿。但属地政府对社会矛盾纠纷的治理整体架构仍然偏重于矛盾纠纷产生之后的化解与处置，这就导致对社会矛盾纠纷的预防与早期干预的体制机制建设不足，同时，治理社会矛盾纠纷的社会资源整合度不够，社会资源配置与社会矛盾纠纷发生发展的过程不匹配，与社会矛盾纠纷不均衡分布的地区与领域不匹配。由此，属地政府治理社会矛盾纠纷的能力滞后于现实发展的需要。

三是社区治理社会矛盾纠纷能力薄弱。我国大城市社区往往人口众多，房屋产权复杂、居民职业多样，道德观念、行为方式各有不同，管理难度较大，但居民委员会工作人员有限，传统的人力投入密集型管理方式难以为继，新型的管理方式正在探索中。无论是社区自身，还是社区经常求助的街道，都表现出解纷能力弱的情况，从而导致最接近人民群众的自治组织无法有效发挥预防和化解社会矛盾纠纷的作用。目前，在社区参与调解纠纷的主体主要包括社区工作人员、居民、律师、有专业知识的人士等其他社会主体；在街道参与调解纠纷的主要包括街道司法所人员、聘用制的专职调解员、街道其他部门的工作人员、律师、有专业知识的人士等其他社会主体。从调解的实际过程看，所谓的“财政供养人员”（社工、街道工作人员、专职调解员等）在街道社区以调解机制化解纠纷发挥了主导作用。而发挥重要作用的社工、司法所人员、街道专职调解员等重要主体因为属于“财政供养人员”范畴，无法领取调解补贴，而其他途径的激励制度尚未建立，这就导致了实践中缺乏充分调动这些主体积极性的机制。现行的调解补贴标准对居民、律师等非财政供养人员的吸引力不大。居民主要在社区参与调解工作，多参与口头协议类纠纷，其补贴金额极低，往往低于大城市在岗职工的平均工资标准。而其他类型的纠纷的调解过程往往需要律师或者专业人士参加，但其补贴金额也远远低于这些主体的薪酬。这在实践中陷入了恶性循环：因为补贴金额低，无法吸引专业人士参与，街道社区化解纠纷能力减弱；而街道社区化解纠纷能力弱，又导致关系稍微复杂一点、冲突稍微激烈一点的矛盾纠纷往往绕开街道社区，直接去找上级政府或者法院。这一方面导致街道社区实际调解的案件补贴绝大多数执行的是每件数十到上百元的标准，极少出现适用更高标准的案件，进而降低了对专业人士的吸引力，街道社区调解能力被进一步弱化；另一方面，上级政府或者法院解决问题的严肃性、正式性，又有可能增加当事人之间的对立，降低社会关系修复的可能性。

(四)功能错位

根据前述的分析,可以作出如下基本判断:我国大城市是我国社会矛盾纠纷的集中发生地,应当成为我国社会矛盾纠纷治理的重点。而大城市中出现了社会矛盾纠纷治理的功能错位,如图 3 所示:

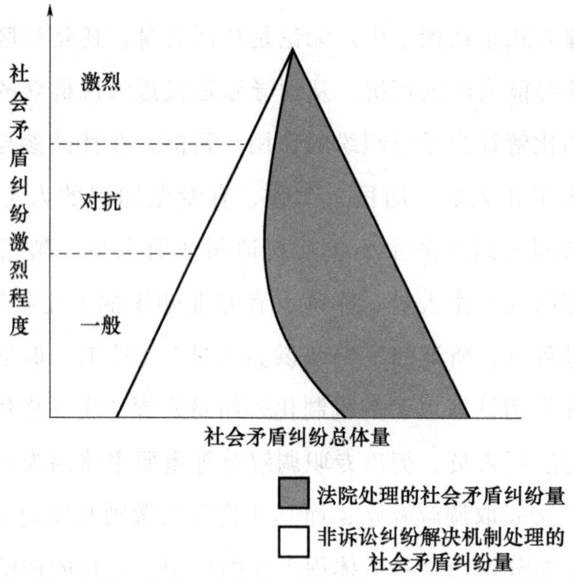

图 3:我国大城市社会矛盾纠纷治理的当前态势

该示意图的纵轴从下往上代表社会矛盾纠纷的激烈程度不断加大,而三角形的总面积代表大城市社会矛盾纠纷的总量。三角形阴影部分代表法院处理的社会矛盾纠纷量,约占三角形面积的一半,因城市的不同,这一面积的占比可能有所差异。而三角形的白色部分则代表各个职能部门和街乡通过人民调解、行政调解等方式解决的社会矛盾纠纷。该示意图说明,大城市社会矛盾纠纷预防调处化解工作,不仅面临着"量"上的矛盾——法院处理的社会矛盾纠纷过多,超负荷运转,而各个职能部门和街乡通过人民调解、行政调解等方式解决的社会矛盾纠纷加起来才与法院相当;而且面临着"质"上的矛盾——本该处理激烈社会矛盾纠纷的法院,不得不分出大部分精力去处理激烈程度较低的社会矛盾纠纷,导致法院陷于大量事务性工作,无法更好地发挥化解激烈社会矛盾纠纷的作用,难以围绕经济转型升级发挥更大的能动作用；本该处理较为缓和的社会矛盾纠纷的职能部门和街乡让大量的这类矛盾纠纷走向法院，而且一旦以司法方式作出裁决，往往意味着当事人之间的社会关系裂痕难以修复，致使事情虽然有了说法，当事人之间的矛盾与对抗反而加深。如果各职能部门和街乡能以非诉讼方式解决这类本来较为缓和的社会矛盾纠纷，相关的社会关系可能得以更大程度地修复，社会合作与信任得到更大程度地维护。

为了解决这一功能错位，应当按照中央对社会矛盾纠纷治理的顶层设计，逐步实现社会矛盾纠纷的源头化解与系统化解，从而推动我国社会矛盾纠纷治理的现代化。

二、中央关于社会矛盾纠纷治理的顶层设计

进入社会主义新时代，习近平总书记高度重视社会矛盾纠纷治理工作，以辩证唯物主义的世界观和方法论，深刻认识新时代社会矛盾纠纷的规律，继承百年来我党处理社会矛盾纠纷的历史经验，从推动国家治理现代化的高度，以“诉源治理”为关键抓手，创造性地提出了一条从根本上化解社会矛盾纠纷的治理道路，开创了回应人民诉求、定分止争、维护社会公平正义的新局面。2021 年 2 月，中央全面深化改革委员会第十八次会议审议通过《关于加强诉源治理推动矛盾纠纷源头化解的意见》，并强调要坚持和发展新时代“枫桥经验”，把非诉讼纠纷解决机制挺在前面，推动更多法治力量向引导和疏导端用力，加强矛盾纠纷源头预防、前端化解、关口把控，完善预防性法律制度，从源头上减少诉讼增量。这一文件是我国在新时代治理社会矛盾纠纷的纲领性文件，进一步完善了诉源治理的顶层设计。

根据我党处理社会矛盾纠纷的指导思想、历史发展进程及现行法律法规的规定，结合社会矛盾纠纷发生发展的一般过程，可以将预防调处化解手段与社会矛盾纠纷发生发展过程对应表示为图 4，解读如下：

（1）分类治理。要根据社会矛盾纠纷的不同性质及其不同的发展阶段、激化程度，采用不同的方式与手段预防化解。合适的方式与手段不仅能够定

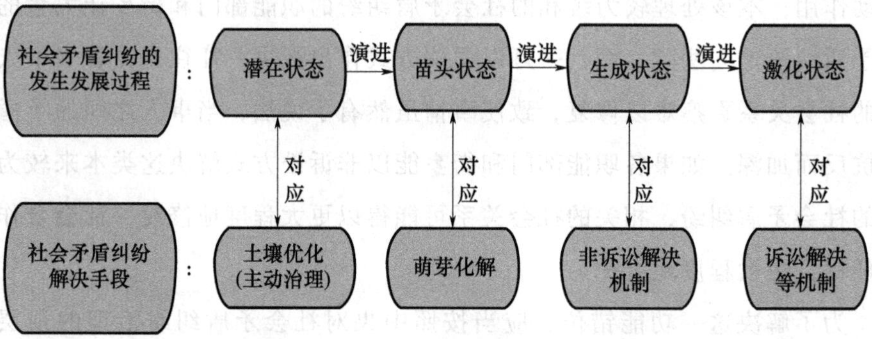

图4：社会矛盾纠纷发展过程及预防调处化解手段的对应关系示意图

分止争，而且能够更好地修复社会关系，推动经济社会的健康发展。一般而言，这种对应关系是：在社会矛盾纠纷处于潜在状态时，主要采用主动治理的方式，建构社会矛盾纠纷的预防与发现机制，消除易于发生矛盾纠纷的社会隐患，提高法治意识、促进社会互信、增强社会活力；在社会矛盾纠纷处于苗头状态时，主要采用萌芽化解的方式，调动人民群众自我管理的积极性，避免社会矛盾纠纷显性化；在社会矛盾纠纷正式产生（有明确的诉求表达或行动）后，主要采用非诉讼纠纷解决机制化解矛盾纠纷，避免社会矛盾纠纷进一步激化；在社会矛盾纠纷激化后，主要采用诉讼等方式，定分止争。

（2）主动治理。主动治理是以社会矛盾纠纷潜在风险为主要对象的综合治理，主要包括对社会矛盾纠纷的主动排查与预警；对金融、环境、食品、药品、旅游等重点行业领域的风险治理；加强基层公共法律服务体系建设，引导人民群众办事依法、遇事找法、解决问题用法、化解矛盾靠法；完善重大决策社会稳定风险评估机制，推动矛盾风险防范与经济社会发展同步规划、同步实施，推动矛盾纠纷防控贯穿规划、决策、执行、监管各领域各环节；健全基层党组织领导的充满活力的村（居）民自治机制，支持社会主体通过规约章程进行自我约束。主动治理，化解矛盾纠纷于未发，不仅避免了社会矛盾纠纷产生之后对当事人、社会造成的负面影响，而且通过治理方式的主动调整，提高了经济社会运行的效率，增强了社会信任，激发了社会活力，是化解社会矛盾纠纷的治本之道。

（3）萌芽化解。萌芽化解，就是对某些矛盾纠纷已经出现的苗头和迹象高度重视，在社区和基层积极采用各种手段避免矛盾纠纷进一步演化。新时代的“枫桥经验”包含着丰富的萌芽化解内容。如浙江省衢州市龙游县贺田村的村规对垃圾源头分类、定时定点投放作出明确规定，有人违反，就罚他给每家每户送 1 斤猪肉、10 斤馒头。宁波市镇海区十七房村为保护河道清洁，在环村河岸边设立了一块“禁碑”，碑上刻着禁止在河边放牛羊、禁止堆积杂物，不准向河里投放污物等。如有人违反，就罚他给每家每户 1 个馒头。充分发挥社会组织萌芽化解功能。枫桥镇有社会组织近 50 个，涵盖了治安巡逻、矛盾化解、网格化管理、心理服务、特殊群体帮扶等方面，平均每 3 人中就有 1 人参加了社会组织。这些社会组织在反映群众诉求、协调社会关系、化解矛盾纠纷中起到了重要作用。

（4）非诉讼纠纷解决机制先行。当事人对某种情形表示不满，并明确表达诉求或者采取某种行动，标志着社会矛盾纠纷正式生成。在这种情况下，应当由恰当的非诉讼纠纷解决机制及时介入，推动当事人达成合意，避免矛盾纠纷的进一步激化。主要包括：充分发挥人民调解的基础性作用；大力推进行业、专业调解；加强行政调解、行政裁决、行政复议工作；充分发挥仲裁机制作用；发挥信访化解矛盾作用；加强诉前调解工作等。非诉讼纠纷解决机制的优势在于，对当事人而言，成本相对较低、效率较高，修复社会关系的可能性更大。

（5）诉讼等解决机制。在社会矛盾纠纷进一步激化，当事人之间对抗性进一步加深的情况下，可以采取诉讼等解决机制对所争议的问题进行衡量，作出带有强制性的决定，从而定分止争。从一般意义上讲，诉讼仅仅是解决社会矛盾纠纷的一种途径，而非主要途径；诉讼仅仅适合解决某些社会矛盾纠纷，并不适合解决所有类型的矛盾纠纷；诉讼往往并不适合在矛盾纠纷初起时介入，更适合作为定分止争的最后手段来使用。因此，诉讼作为社会矛盾纠纷预防调处体系中最后的或者不得已的选择，可能是比较恰当的定位。还要指出的是，获得明确的裁判并不是社会矛盾纠纷治理的目的，真正实现当事人的正当诉求才是中国特色矛盾纠纷治理的根本目的。这也正是诉讼之后，仍然需要社会救助、社会扶持等介入的理论依据。

三、我国大城市社会矛盾纠纷治理的发展研判

(一) 大城市社会矛盾纠纷治理的“四个发展阶段论”

以习近平总书记关于社会矛盾纠纷多元预防调处化解的相关论述为指导，遵循“坚持和完善中国特色社会主义制度、推进国家治理体系和治理能力现代化”的总体要求，综合新时代“枫桥经验”以及国内部分地区社会矛盾纠纷预防调处化解的实践探索，理论上，可以将大城市社会矛盾纠纷多元预防调处化解工作的开展大致分为四个阶段：

第一阶段，以诉讼方式为主体的解纷机制。在这一阶段，治理的主要对象是针对那些已经形成并不断发展的社会矛盾纠纷，调处化解的方式是以诉讼方式为主，非诉讼解纷机制为补充。这一阶段往往可能出现功能错位的问题，如用于解决比较激烈矛盾纠纷的诉讼承担着解决大量一般性矛盾纠纷的任务，而本应解决一般性矛盾纠纷的非诉讼解纷机制却不发达，无法发挥其应有作用。

第二阶段，以非诉讼方式为主体的解纷机制。在这一阶段，治理的主要对象是针对那些已经形成并不断发展的社会矛盾纠纷，调处化解的方式是以非诉讼解纷机制为主体，诉讼方式为辅。第二阶段主要解决的问题是从功能错位向功能复位的转变，即诉讼用于解决比较激烈的矛盾纠纷，而非诉讼解纷机制用于解决大多数一般性矛盾纠纷。

第三阶段，在以非诉讼方式为主体的解纷机制基础上，开始注重化解萌芽状态的社会矛盾纠纷。在这一阶段，治理主要关注通过基层基础工作化解萌芽状态的社会矛盾纠纷，消减社会矛盾纠纷的总体量，同时以非诉讼解决机制化解大部分社会矛盾纠纷，诉讼渠道主要用来处理激烈程度较高的或不适宜由其他方式解决的社会矛盾纠纷。第三阶段主要解决的问题是社区和社会组织借助公共资源，有效发挥调解矛盾纠纷于萌芽的作用。

第四阶段，在前一阶段的基础上，开始通过制度的完善、治理方式的调整、政策措施的优化等，逐步减少那些有可能产生社会矛盾纠纷的社会因素（“土壤优化”），推动更加具有包容性的社会秩序建构，形成更加和谐的社会。第四阶段主要是完善与提升公共治理，真正实现“矛盾风险防范与经济社会发展同步规划、同步实施”“矛盾纠纷防控贯穿规划、决策、执行、监管各领域各环节”。新时代“枫桥经验”以习近平新时代中国特色社会主义思想为引领，贯彻落实群众路线，探索创新了自治、法治、德治“三治”融合、乡村治理与市域治理相得益彰的具体路径，是社会矛盾纠纷预防调处化解发展到高水平的典范。

必须注意的是，上述的阶段划分只是为了方便理解而做的一种理论简化，在实践中，各个阶段之间并不是“由一到四”这样理想化的线性升级发展，往往有着某种交叉和重叠。如深圳市宝安区石岩街道与宝安区人民法院发布的广东首个“无讼”社区创建标准《石岩街道“无讼”社区创建标准体系规范（试行）》，既涉及充分发挥非诉讼纠纷解决机制作用，又涉及萌芽化解的工作，其核心是：一个工作平台、五项过滤机制、五个评估指标。所谓“无讼”社区，就是一种以社区为单位，借助社区居民对权利义务相互统一的认同感，对自身及对他人利益的关注度，将大量的矛盾纠纷通过“非诉讼”来化解的机制。通俗地说，就是有了矛盾纠纷后，不去法庭上剑拔弩张地打官司，而是在社区里心平气和地协调解决问题。一个平台指的是社区矛盾纠纷多元调处平台，即具有“三室一庭两窗口”的社区矛盾纠纷多元调处工作站；五项过滤机制即五项矛盾纠纷调处过滤机制，指矛盾纠纷预防、排查、引导、调处机制和诉调对接机制。

（二）大城市社会矛盾纠纷治理发展的具体样态

习近平总书记指出：“一个国家选择什么样的治理体系，是由这个国家的历史文化、社会性质、经济发展水平决定的。”综合各方面情况，结合前文对大城市社会矛盾纠纷预防调处化解发展阶段的划分，可以利用图 5 和图 6 来表示未来一个时期我国大城市社会矛盾纠纷预防调处工作发展的可能过程。

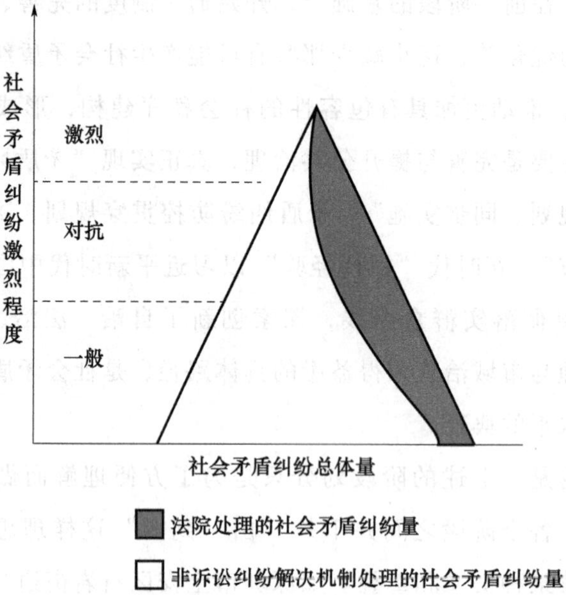

图5：我国大城市社会矛盾纠纷治理过渡形态

图5呈现了我国大城市社会矛盾纠纷治理在中央顶层设计下不断完善与发展所可能发生的一种过渡状态。这种变化首先体现在：法院直接处理的社会矛盾纠纷明显减少、负荷减轻，而各个职能部门和街乡通过人民调解、行政调解等方式解决的社会矛盾纠纷明显增多，逐步成为解决社会矛盾纠纷的主要方式。其次体现在：图中三角形的面积有所缩小，这表示，由于社会矛盾纠纷预防调处化解工作得到各方的协同发力，社会矛盾纠纷的总量有所减少。再次体现在：法院更专注于解决激烈程度较高的社会矛盾纠纷，有更多精力去办理精品案件，为地区的发展发挥更大能动性，司法公信力会进一步增强。最后体现在：有更多比较缓和的社会矛盾纠纷由各个职能部门和街乡以人民调解、行政调解等方式解决，从而相关的社会关系更容易恢复，社会合作和信任得以维持和深化。应该说，在相当长的一个时期内，我国大城市的社会矛盾纠纷治理处于这种过渡状态中。

图6说明，随着我国大城市社会矛盾纠纷治理发展到较高水平，社会矛盾纠纷的整体形势发生根本性变化。首先，社会矛盾纠纷总量大幅缩减。

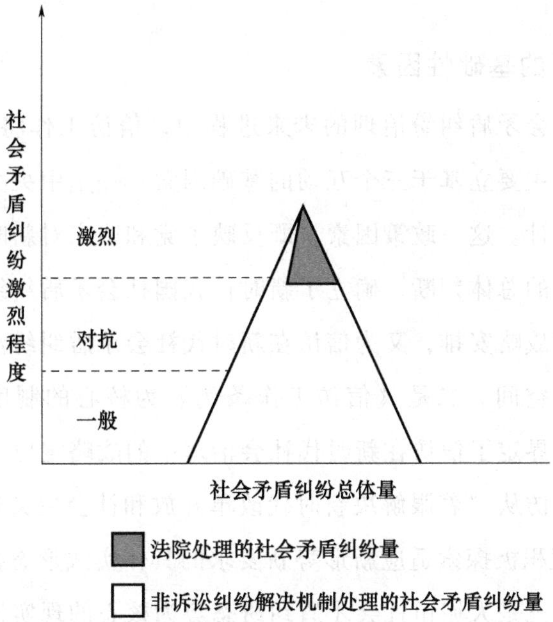

图6：我国大城市社会矛盾纠纷治理的理想状态

由于社会矛盾纠纷的基数大幅缩减，激烈的社会矛盾纠纷数量也随之明显减少。其次，法院专注于解决激烈的社会矛盾纠纷，提升化解激烈的社会矛盾纠纷的能力，增强相关社会关系修复力度，同时，能够有效发挥其能动性，为大城市经济社会发展提供更为积极的服务保障。最后，比较缓和的社会矛盾纠纷基本都由各个职能部门和街乡以人民调解、行政调解等方式解决，社会关系修复的广度和深度进一步拓展，社会合作互信全面增强。

四、我国信访工作发展趋势探讨

新的历史时期，信访制度作为我国国家治理体系的重要组成，是具有中国特色的人民权益保护制度，是国家治理体系中风险预警、政策纠偏的制度设置和替代性纠纷解决机制，是我国公民参与国家治理和实施权力监督的重要制度安排和法定渠道（张宗林、王凯，2019）。在大城市社会矛盾纠纷治理中，信访工作适应新形势和新要求的创新发展，直接关系到大城市国家治理的现代化程度。

（一）发展的基础性因素

在大城市社会矛盾纠纷治理的未来进程中，信访工作将展现何种形态、发挥何种作用，主要立基于三个互动的基础因素：一是中央关于社会矛盾纠纷治理的顶层设计。这一政策因素，既反映了党和国家对新时代我国社会矛盾纠纷发展态势的总体判断，确立了新时代我国社会矛盾纠纷治理的价值导向、总体思路和战略安排，又为信访在新时代社会矛盾纠纷治理中发挥积极作用开拓了广阔空间。二是《信访工作条例》为核心的制度性因素。这一制度性因素，既界定了信访在新时代社会治理中的战略定位、体制机制和发展方向，又为信访从“着眼解决新时代改革开放和社会主义现代化建设的实际问题”的高度积极探索适应新形势新要求的具体实践形态提供了合法性来源和总体框架。三是大城市社会矛盾纠纷态势为核心的现实性因素。这一现实性因素，既是我国主要矛盾在社会领域的体现，又是决定大城市信访工作发展的最直接的客观要素。在这三个基础因素作用下，大城市的信访工作表现出了两种发展趋势：枢纽组织模式和专业部门模式。

（二）发展趋势之一：枢纽组织模式

信访工作的发展趋势之一，就是枢纽组织模式，即信访部门成为处理大城市社会矛盾纠纷的枢纽型组织，在诉源治理的改革中起到规划、推动、调配等作用。具体来说，一是推动社会矛盾纠纷源头预防调处化解的体系化建设，如编制统筹使用、资金整合利用、系统通联应用、激励有效运用等方面完善预防与解纷体系；在不同层级建立预防调处化解的平台或中心；推动属地政府等公共组织与职能部门之间的合作；推动重点区域或重点领域矛盾纠纷化解等。二是社会矛盾纠纷全口径数据的整理分析和系统研判，汇集社会矛盾纠纷全口径数据，并在充分分析各种数据的统计口径和社会含义的基础上，进行深入的整理分析和系统研判，从而更有效地发挥风险预警、协调统筹、资源配置等作用。三是建立矛盾纠纷与适当的解纷机制之间的匹配与流转机制，可以根据实际情况将不同渠道收集的矛盾纠纷匹配对应的解纷机制，在某种解纷机制失败的情况下，及时流转到下一个解纷机制。

这种发展方向的基本逻辑是：以诉源治理为核心应对大城市社会矛盾纠纷整体态势，客观上需要大幅度提升社会矛盾纠纷治理的整合度，而从新时代信访工作的基本性质、实践发展及《信访工作条例》提供的合法性依据和制度支撑来看，信访部门都是比较适宜承担提升整合度的职能，从而发展成为一种大城市社会矛盾纠纷治理的枢纽型组织。如为了减少社会矛盾纠纷的产生或者减轻其烈度，调整不适宜的公共治理或者提升公共治理的水平是其重要路径。而信访本身就承担着推动公共政策制定、执行的科学化，推动政府和官员的依法行政的功能。《信访工作条例》明确规定，信访工作是各级机关、单位及其领导干部、工作人员接受群众监督、改进工作作风的重要途径。同时，《信访工作条例》通过强化信访工作联席会议的权力，建立信访考核制度等，大大提升了信访工作的协调能力。如规定“地方各级信访工作联席会议在本级党委和政府领导下，负责本地区信访工作的统筹协调、整体推进、督促落实，协调处理发生在本地区的重要信访问题，指导下级信访工作联席会议工作”“各级党委和政府应当以依规依法及时就地解决信访问题为导向，每年对信访工作情况进行考核。考核结果应当在适当范围内通报，并作为对领导班子和有关领导干部综合考核评价的重要参考”等。

（三）发展趋势之二：专业组织模式

信访工作的发展趋势之二，就是专业组织模式，即信访部门专注于本渠道发现或者其他渠道转交的社会矛盾纠纷的预防调处与化解，着力提升专业化处置能力。在已经建立了一套提升社会矛盾纠纷治理整合度机制的情况下，信访部门立足职能定位、充分挖掘自身的优势，主要致力于具体矛盾纠纷的预防调处和化解，就会呈现出向更加专业化方向发展的趋势。如在浙江，自2022年起开始建设党建统领、平战一体、集成协同、精密数智的新型网格治理体系，其中的相关制度设计已经大大提升了社会矛盾纠纷治理的整合度，如加快推进“一化两统合”（数字化在网格的深度落地运用、入格治理事项统合和数字应用统合），这就意味着矛盾纠纷预防调处化解的功能已经内置于网格治理的基本架构之中了。由此，信访部门更多的是在落实

《信访工作条例》的相关要求，在增强处置具体矛盾纠纷的能力上下功夫。就目前浙江县市级设立的社会治理中心的实际运行情况来看，信访部门也是作为一个矛盾纠纷的专业化处置组织而纳入社会治理中心这一平台。

参考文献：

贺小荣，2021，《“马锡五审判方式”的内在精神及其时代价值》，《法律适用》第6期。

张宗林、王凯，2019，《国家治理视野下信访制度特性和功能的再审视》，《行政论坛》第4期。

当今我国乡村社区突发事件及其应对问题研究

□ 张永理　刘行思*

摘　要：本文主要运用文献分析、比较分析等研究方法，以2004年至2023年网易新闻板块报道资料汇总的数据库为对象，通过对21世纪以来我国乡村社区突发事件分别从事件类型变化、时间维度、地域分布、未来变化预测以及城乡社区突发事件及其应对的异同点，对自然灾害、事故灾难、公共卫生、社会安全四大类突发事件及其应对问题进行归纳分析。从类型变化来看，社会安全方面最为复杂和变化最显著。从时间维度来看，处于社会转型期的乡村土地流转，基层政府、村委会与村民的社会冲突和传统社会风俗中不适合现代化变迁的因素构成了时空变化的主线。从地域分布来看，我国的东部、中部、西部地区各自都有典型的案例频现，导致突发事件发生的综合性因素较为明显。从应急管理过程来看，乡村突发事件应对的整体水平一直偏低，在风险管理、物资储备、人员队伍、体制机制、制度规范、应急文化等方面的应急准备严重不足，有的甚至处于前现代的原始不设防状态。今后新科技革命及其成果在乡村应用的普及化与生活化、乡村基础设施的完善、国家社会保障制度的推进和对外开放的扩大及人员往来的增加等生活环境变化下的网络舆情与网络安全事件、交通安全事件、涉外事件、孤独死事件、老年人犯罪事件等会成为新的领域。根据乡村社区突发事件的重点变化，结合地方实际情况逐步提升应对能力，不但是提升乡村社区治理能力的一个核心内容，更是推动乡村现代化建设与促进乡村振兴的基本

* 张永理，中国政法大学应急管理法律与政策研究基地执行主任、信访与治理研究中心副主任；刘行思，中国政法大学社会保障专业2023级硕士生。

要求。

关键词： 突发事件　公共政策　社会安全　基层政府　村委会

一、问题缘起、资料来源与研究方法

乡村社区的治理从古代社会到现今都是基层社会治理的重要内容，在中国封建社会始终是历代统治者的治理重点，也是乡土文明的精神载体与极为深厚的社会底蕴。近代中国自从被动卷入世界经济全球化进程以来，在“千年未有之变局”影响下，其代表的农业文明受到工业文明越来越大的持续性冲击，其治理内容也逐步呈现出一些新的特点。自 1949 年 10 月中华人民共和国成立以来，特别是人民公社化时期，半军事化形式的大集体管理方式成为当时农村治理的制度基础，这种制度基础随着 1978 年以来我国战略层面全方位对内逐步改革和对外扩大开放的进程，层层推进从传统管理制度到现代化的治理制度转换，肇始于乡村社区的最初改革推动促进了乡村经济的发展和乡村人口的单向城市化流动，使得乡村社会在这 40 多年间发生了巨大变化。特别是 21 世纪以来，在新科技革命日益深入的影响之下，乡村社区的治理呈现出更加复杂的局面：传统的风险、现存的风险和潜在的风险常常交织在一起，在某些燃点的刺激下会酿成各类突发事件，对乡村社会和村民生活造成巨大影响，有些甚至是毁灭性的巨灾。但是，随着农村人口结构的老龄化加剧和群体性留守人员的常态化，空心村、留守村、癌症村等一定程度的普遍化以及国家制度上对乡村社区资源配置的长期忽略等因素造成乡村社区突发事件的应对乏力，无论是从人、财、物的供给上，还是乡土文明的现代化转化支撑上，都处于薄弱状态，而这些都与人民群众的心理预期有很大的差距。如何在一定时间段内有效提升乡村社区的突发事件应对能力是我国全面走向现代化的一个重要内容，也是当今推动乡村振兴过程中一个越来越迫切的社会问题。

当今我国乡村社区突发事件及其应对的总体状况如何？特别是改革开放和 21 世纪以来我国乡村社区的突发事件类型变迁是什么样的？当今时期我国乡村社区中有哪些突发事件一直占有较大比例？改革开放以来又出现了哪

些新型突发事件？未来潜在并且能够带来巨大威胁与危害的突发事件是什么？城市社区、乡村社区二者的突发事件在类型上存在哪些显著差异？城乡社区之间是否存在同类事件应对上的共性问题？这些都是需要奠定在坚实丰富的材料基础上才能够研究得比较充分的问题，如何通过经验性、实证性的分析进而把握其真实情况和基本规律？但是，根据笔者通过对有关社区治理的专著和论文进行统计分析发现，建立在长期持续性新闻报道文献基础上的学术研究几乎没有，类似于芝加哥学派那样连续百年以上的对某一地域进行持续性跟踪研究基本没有，大部分社区治理研究的学者还是局限于引用社区研究专著与社区研究学术论文的框架内进行研究，在纯学者圈内“内卷式”循环，这也是很多社区工作者对某些社区专家的言论称之为“不了解实际情况”的重要原因，真正接地气的研究也是某些社区治理的典型案例研究和单一维度的社区治理某一层面的纵向研究。基于事件发展脉络、全景角度和以非学术的社区媒体信息公开报道文献为基础的学术研究基本缺失，通过现实生活中丰富的具体材料进行系统性分析乡村社区突发事件及其应对问题的学术性文献也很鲜见。

利用新材料、新文献进行学术研究，有助于提出新观点、新思想和新见解，也是学术创新的一个日益重要的组成部分。为了对乡村社区有一个整体性的分析，笔者自从 2004 年以来，通过持续性跟踪收集与分类整理，分别从社区治理的政策法规、典型案例等多个层面建立了较为完善的数据库。自 2004 以来关于乡村社区媒体报道资料已经有 20 多万份，总体案例数量约 4000 个，内容涵盖各个方面，而且有的典型案例报道汇集起来数量较大，如乌坎事件、钱云会事件（当地称为“寨桥事件”）、博社村事件等每一个典型事件的报道资料都在千份以上，有少数典型案例由于国内外影响大和跨度时间长甚至高达 5000 份以上，一般的案例报道至少也有 30 多份报道信息，而且有的同一个案例的信息仍然在持续增加之中。根据这一自建数据库的资料及其分类整理后的情况显示，从内容上看，当今中国乡村社区治理中的问题，归纳起来主要体现在以下九大方面，如表 1 所示。

表1　2004—2023年网易新闻板块关于乡村社区治理报道信息主要内容分类表

序号	主要内容
1	工业化、城镇化、现代化进程中的乡村社区出现的空心村、无人村与土地抛荒现象、留守群体问题，乡村城镇化过程中的合村并居运动与农民被上楼现象
2	制度变迁中的乡村土地确权及其流转问题，户籍制度、二元结构及其对乡村治理的影响，乡村村民选举与自治法规及其变迁，基层政府及其职能部门与乡村冲突（含干群关系与矛盾、乡镇人民政府定位及其未来论争）问题
3	乡村社区治理的新型主体及其作用发挥，主要集中在大学生村官、空降村官与第一书记、下乡干部、下沉干部与驻村工作队、志愿者等方面
4	乡村社区内部治理问题，主要是村官选举、撤换与罢免问题，村官贪污、受贿、侵占、挪用、私吞等腐败问题，村官暴富、豪宅与大量房产问题，村委会人员待遇、工作强度与过劳死问题，村委会与村干部其他违规违法与不作为问题，村务监督问题（含村委会公款吃喝、豪华办公楼等），村规村约的违规违法条款及其论争，大村庄制建设及其论争等
5	宜居乡村及其文化建设，主要包括美丽乡村建设、传统古村与文物院落保护、良好家风文化教育传承、村小撤并及其影响、农家书屋、乡村非物质文化遗产保护与传承等
6	乡村社区中的经济安全问题，主要是乡村建筑安全与住房安全问题，村民间的民间借贷、非法吸储、被贷款、盲目炒股、沉迷购买彩票以及乡村的贫困与债务问题、农产品滞销与假农资事件等
7	乡村社区建设的传统习俗中落后的方面与移风易俗，主要包括光棍村与买卖婚姻、天价彩礼与外嫁女维权，奢侈丧葬、暴力平坟与乱建活人墓，美化虚构家谱祖宗与兴建宗祠等，赌博风、卖淫嫖娼、酗酒、迷信、沉迷打麻将、铺张浪费、人情礼繁多等方面及其社会危害
8	乡村社区突发事件及其应对问题，主要包括自然灾害、事故灾难、公共卫生与社会安全在内的各类突发事件及其应对问题，其中乡村涉外事件如贪污巨款的村干部外逃事件，越南新娘集体性逃跑事件，沿海沿边地区的村民偷渡与走私事件等也逐步显现
9	乡村社区治理中的某些历史遗留问题、乡村治理中一些地方探索出来的一些好的做法与经验，乡村社区治理中的科技应用及其积极效果等

资料来源：根据自建新闻报道资料库中的资料分类整理而成。

本文专门就其中的第八部分即乡村社区突发事件及其应对问题进行专题分析，主要以网易新闻社区治理信息公开报道资料库为分析基础，从中提取乡村社区突发事件及其应对方面的内容作为分析对象。在研究指标的设计上，分别从乡村社区突发事件类型及其变化、乡村社区突发事件及其应对的时间维度、乡村社区突发事件及其应对的地域状况发布（以省为单位）、与城市社区突发事件应对的异同点、乡村社区未来突发事件变化预测分析等方面进行分析，力图对上述问题进行一个综合性的分析，拓展研究的视角，为未来乡村社区的突发事件应对提供一些具有针对性、可操作性的思路与建议。

二、乡村社区突发事件及其类型变化分析

乡村社区突发事件及其应对问题是当今我国社会转型期乡村社区治理中一个越来越突出的社会问题，也是提升乡村社区治理能力的一个日益重要的核心内容，更是推动乡村现代化建设与促进乡村振兴的基本素质要求，还是和谐社会建设的应有之义，具有很强的现实意义，从长远发展来看还具有非常重要的历史意义。根据自建数据库的资料分类整理情况分析，当今我国乡村社区突发事件的主要类型分布如表2所示。

表2　乡村社区突发事件主要类型分布表

事件类型	类型分布
自然灾害	主要包括暴雨及其引发的洪涝灾害，暴雪及其带来的低温冰冻灾害，台风、龙卷风等带来的大风灾害，大面积的干旱灾害，雷暴、雷电造成的死伤灾害，自然原因引发的森林火灾（即山火），包括泥石流、山体滑坡与崩塌、地面沉陷等在内的地质灾害，破坏性地震灾害，野生动物灾害，外层空间灾害（如陨石灾害与卫星残骸伤村）等
事故灾难	主要包括人为原因造成的火灾，货车侧翻村民哄抢货物事件，村民私藏雷管炸药不慎爆炸事件，化工厂与油罐车泄漏、爆炸导致村民中毒事件，村民在井下、地窖、洞穴、矿坑、沼气池等被窒息死亡事件，家用煤气（液化气）泄漏与爆炸事故，村民河流、湖泊、塘坝（特别是暑期的儿童与中小学生）溺亡事件，乡村鞭炮厂爆炸事件，燃放烟花爆竹爆炸致人死伤事故，一氧化碳中毒事故，乡村道路交通事故，乡村沉船群体性死伤事故（特别是乡村中小学放学回家学生渡船倾覆群体性溺亡事件），乡村建筑安全事件，乡村住房垮塌致多人死伤事件，村民群体性滥挖冬虫夏草、兰花等破坏生态事故，乡村大面积环境污染事故（如土壤污染事件、癌症村事件、垃圾村事件等），矿山大肆开采引发村民伤亡事故，村民触电死伤事故等
公共卫生	主要包括红白喜事聚餐群体性食物中毒事故，群体性假酒中毒事故，问题疫苗（如假疫苗、过期疫苗）危害事件，食用未检测野生菌类、野菜等中毒事件，乡村饮用水安全事故，贫困村民群体性卖血等导致艾滋病群发事故，乡村精神病患者致人死伤事故，看家狗、禁养犬等咬人致伤致死事件，乡村口蹄疫事件，乡村猪瘟事件，乡村传染病疫情，无资质村医看病致患者致死事故，问题药品与药品安全事故，禁止性、有害性食品添加剂引发的安全事故（如毒狗案、病猪肉、地沟油等），毒奶粉事件，全村性制造、售卖山寨假货事件（如假烟制造村、假酒制造村）等

续表

事件类型	类型分布
社会安全	其类型分布最为繁多，也最为突出，主要包括5个大的方面： （1）乡村社区治理中的主要以刑事案件形式出现的重大、极端刑事案件，如高额彩礼引发村民愤恨砍杀事件，村民规模性的种食大麻事件，乡村邪教害人事件，养殖户养殖物被投毒致巨大损失事件，绑架事件，恶性爆炸事件，规模性打砸事件，乡村长期性缠访、闹访事件，拐卖妇女儿童事件，劫杀事件，酒驾醉驾致人死伤事件，恐怖袭击事件（以“独狼式”为主），恐吓他人事件，故意碾死事件，盗窃抢劫事件，村民砍杀、枪击与刺伤刺死他人事件，村民全家被灭门事件，村民群体性斗殴、械斗死伤事件，群体性殴打他人致死事件，乡村诈骗、行骗致人重大损失事件，乡村纵火事件，乡村投毒事件，乡村制毒、贩毒、吸毒事件，蓄意破坏村民财物事件，乡村暴力催债事件，村民因赌博引发的自杀、杀人事件等方面 （2）从政府及其职能部门与乡村社区（含村委会、村民）的冲突来看，主要是村民政策外被强加的违规非法负担引发的事件，村民跪拦下乡检查工作官员事件（如要求解决污染问题等），村民群体性上访事件，村民上访在政府大院喝农药死亡事件，政府违规强制性拆迁村民房屋引发暴力冲突或自焚事件，村民、村干部群体性冲击政府事件，村民围堵政府索偿事件，攻击和围堵派出所与袭警事件，由计划生育政策引发的官民冲突事件，村民聚众堵路事件，基层政府及其职能部门强毁农田、道路、耕苗与耕地事件，强征、强占、圈占村民土地事件，耕地非农化事件，擅自强闯、打砸民宅事件，搬迁移民安置不当、失当引发的群体性事件，挪用巨额救灾款事件，政府强制性平坟事件，三乱（乱收费、乱罚款、乱摊派）引发的群体性事件，恶意对待和非法拘捕采访记者事件，逮捕赠乡政府“最不作为奖”锦旗村民事件等 （3）从村委会、村干部与村民的关系来看，村委会制定的土政策与村干部贪腐引发的事件比较多，主要有村民举报村干部被报复事件，村委会换届选举现场暴力冲突（如砍杀、械斗）事件，贫困村举债（集资、贷款）修建豪华办公楼事件，村干部强迫全村低保户买彩票或手机事件，骗补拆迁款事件，村干部黑化、涉黑涉恶事件（如村霸），村官被村民辱骂致死事件，村民被神经病事件，村民强摘村委会牌子事件，村民自建政府事件，村干部伪造假公章、假手续、假账非法牟利事件，村委会违规非法租售（低价、强租）土地事件，诬告事件，乡村非法拘禁事件，村委会巨额招待费事件，村委会公务消费打白条事件，乡规民约中歧视性、违规非法性条款引发的事件，古村落破坏性开发事件，村委会巨额债务事件，村干部携巨额公款外逃事件，村民外嫁女维权事件，非法套取迁坟款事件等 （4）从乡村社区的自治主体来看，主要是村民狂挖、哄抢新出土古文物事件，村民私设公堂审问殴打小偷致其死亡事件，学生家长联合抵制村小合并事件，村民违法违规私自乱建活人墓事件，村民偷掘、盗挖他人祖坟事件，乡村配阴亲事件，村民自办电视台被叫停事件，村民大范围放弃缴纳医疗保险费事件，乡村留守人员自杀事件，乡村老年人犯罪事件，乡村养老院死伤事件，乡村异兆扩散引发恐慌事件，造假村事件（如假钱村、网络诈骗村、制毒村等），村民滥砍滥伐事件，村民私自设卡收费事件，违法狩猎野生动物事件，拦路讨钱事件，村民孤独死（特别是老年人）事件，乡村家庭家暴、遗弃老年人事件，越南新娘集体性逃跑事件等 （5）从乡村社区治理中的经济行为来看，主要有乡村规模性传销事件，民间借贷崩盘事件，村民被贷款事件，群体性非法集资事件，村民与企业冲突（如阻止开工施工）事件，假农资、假种子等坑农事件，农产品大量滞销引发村民自杀事件，乡村旅游安全事件、乡村旅游纠纷事件，村民偷渡与走私事件等

资料来源：根据自建新闻报道资料库中的资料整理而成。

由表 2 可知，社会安全方面的事件不但类型最为庞杂，而且在数量上占据 60% 以上。其次是事故灾难方面的事件较多，在数量上占据 30% 以上。自然灾害和公共卫生类型的事件相对较少，在数量上二者加起来不到 10%。另外，巨灾和大规模的传染病疫情虽然发生概率极低，但是一旦发生其破坏性极大，溢出效应明显，如 2003 年前后的 SARS 和 2020 年发生的新冠肺炎疫情就是典型例子。这说明常规性的突发事件应对要以社会安全、事故灾难为主，非常规性的突发事件应对要以巨灾和大规模的传染病疫情为主。

从类型变化来看，一是在自然灾害方面，包括暴雨与洪涝灾害、风灾、低温冰冻灾害等在内的气象灾害最为频繁，在当今极端气候变化的大环境下尤为突出，而且很多地质灾害、森林火灾等在大部分情况下是气象灾害这种原生灾害引发的次生灾害，形成具有明显叠加性特点的灾害链。随着近几十年来国家退耕还林、还草、还湖、还田政策的强力实施和野生动物保护力度的加强，自然生态的改善使得野生动物数量逐渐增多，包括野猪群、野象、黑熊、野狼群等群体性出没的野生动物造成村民的生命死伤与财产损失的事件也在逐步增加，今后这类事件发生的频率会更高。此外，在长久的干旱灾害等情形下产生的蝗虫灾害、经济全球化进程中世界性的交通网络便捷化带来的外来物种蔓延造成的生物灾害等都有加剧的趋势。

二是在事故灾难方面，随着改革开放以来工业化向乡村地区延伸，一些污染严重的产业企业在乡村建厂投产，严重污染了乡村的环境，由此导致一些地方的“癌症村”现象较为严重。秋冬季节、早春季节和清明节时期、少数民族火把节时期因为人为原因引发的各类火灾居高不下，加上我国乡村社区的民居基本上前家的后墙就是后家的院墙以及邻里之间共一个院墙、屋脊山头这种连片建筑与居住方式，如果在干燥季节一家火灾加上大风助势，极易造成火烧连营、全村性居屋一损俱损的惨状。21 世纪以来由于国家注重对乡村公路的基础设施建设，乡村公路等级和里程数都有了里程碑式的飞跃，再加上近年来各类机动车在乡村的普及化，加上部分村民的侥幸心理等因素，在一定程度上存在着交通规则遵守的虚化，特别是在隆冬季节和春节时间段，由此造成一次性多人死伤的交通安全事件急剧增加，夏天暑假时期的儿童和中小学生溺亡事件也呈现出居高不下的状态。事故灾难中的环境污染事件、溺亡事件、火灾事故等一直是乡村社区治理问题的常态化问题。随着国家对烟花爆竹的生产、储运、燃放等严格管制和某些替代性产品的推广，这类事件将会逐步减少。

1976年发生唐山大地震以后，国家在吸取这次大地震教训的基础上制定了城乡建筑的抗震性不能低于6级的标准和要求，但是直至目前乡村社区的房屋能够达到6级抗震性要求的并不多，再加上随着房屋年龄的增加和韧性度的降低，有关部门监管缺失，有的房主甚至随意私自在原房屋上加层加高，这些行为导致乡村住房垮塌致多人死伤事件也有增加的趋势，乡村建筑安全事件很可能会成为今后一个时期新的社会热点问题。今后乡村社区治理中的建筑安全、房屋安全、交通安全应该成为新的重要治理领域。

另外，由于城市化建设和城市美化对某些花草树木的大量需求，以及健康养生的社会宣传及经济利益的驱使等催生村民群体性在山上滥挖冬虫夏草、兰花等，破坏生态事故在近年比较突出，这些对某些生态脆弱地区的冲击是致命性的，这种行为在今后还有可能持续一段时期。总体来看，事故灾难中的大多数类型在时间分布上具有全年无差异性特点，少数事故具有一定的季节性特征。

三是在公共卫生方面，乡村精神病患者致人死伤事故，食用未检测野生菌类、野菜等中毒事件，看家狗、禁养犬等咬人致伤致死事件，乡村口蹄疫事件，乡村猪瘟事件，乡村传染病疫情等，近年来媒体报道较多，但是这种现象与改革开放以前相比应该没有显著的变化，笔者有在乡村20多年的生活经历，以前这类事件也很多，只不过囿于当时的媒体信息不发达而难以为外界知晓罢了。改革开放以来逐步凸显的主要是问题疫苗事件、问题药品事件、问题食品事件和全村规模的山寨假货事件等，这些现象的蔓延与科技发展中的实用技术人为地为害性使用直接有关，特别是食品掺假害人致死事件（如硫磺熏制辣椒、双氧水泡竹笋等花样翻新、层出不穷的行为）是近三十年来一个越来越突出的社会问题。在新冠肺炎疫情应对中，疫情的社区防控至关重要，2020年2月10日，习近平总书记在北京市调研指导疫情防控工作时强调:“社区是疫情联防联控的第一线,也是外防输入、内控扩散最有效的防线。把社区这道防线守住,就能有效切断疫情扩散蔓延的渠道。全国都要充分发挥社区在疫情防控中的阻击作用,把防控力量向社区下沉,加强社区各项防控措施的落实,使所有社区成为疫情防控的坚强堡垒。”因此,截至2020年10月,共有400多万名社区工作者在全国65万个城乡社区日夜值守,政府选派大批干部下沉社区,加强城乡社区防控能力,织密织牢社区防控的第一道防线。

四是在社会安全方面,基层政府及其职能部门、村委会、村民之间构成了社会安全事件的主体,乡村很多社会安全事件的发生有非常直接的政策背景、地方历史传统与现实乡情,如高额彩礼引发村民愤恨砍杀事件,乡村邪教害人事件,村民间的家族化群体械斗事件,政府违规强拆村民房屋引发暴力冲突或自焚事件,由计划生育政策引发的官民冲突事件,挪用救灾款事件,政府强制性平坟事件,政府“三乱”(乱收费、乱罚款、乱摊派)引发的群体性事件,村民违法违规私自乱建“活人墓”事件,村民大范围弃缴基本医疗保险费事件等,干群冲突具有一定的普遍性。阻碍当今我国现代化建设和违背国家法律制度的某些传统社会风俗与观念引发的乡村社区社会安全事件始终占据较大比例。随着我国老龄化时代的到来,再加上未富先老和社会心理的变化,近年来老年人犯罪事件越来越成为一个值得关注的社会问题。21世纪以来国家的政策与资源配置逐步向农村和基层倾斜,乡村社会保障制度不断完善,社会保障制度在乡村社区实施过程中引发的社会安全事件逐步增加,主要是以腐败与反腐败的对抗性矛盾与冲突表现出来。

三、乡村社区突发事件应对问题分析

乡村社区突发事件,在当今我国社会转型期和走向乡村现代化的进程中,无论是从数量上还是社会关注度上都处于上升趋势,在今后较长的一段时期内这种总体性趋势不会改变。虽然当今我国乡村社区的突发事件种类繁多,但是大多数属于发生率较高的常规性突发事件,有少数乡村社区突发事件在不同的时间段呈现出较大的差别。突发事件需要及时、科学、有效应对，才有可能真正预防和降低事件的恶劣影响。但是，通过对这些事件的应对过程和结果进行分析来看，不成功的例子占的比例偏高，非常成功的例子的占比较低，导致人民生命财产损失较大。从乡村社区突发事件应对中创造出非常有效的新方法、新制度、新技术的比例也很低，对大量事件应对不成功的典型案例进行经验教训总结、进行事后学习改进机制即借他山之石避免自身再犯此类问题的案例分析以及强化自身风险管理及预防准备的持续性跟踪和优化机制都非常欠缺。总体来说，应对方面存在的突出问题很多，简要归纳起来，主要体现在以下三个大的方面。

一是从人力资源的角度来看，改革开放以来一个持续至今的非常显著的社会现象就是乡村青壮年人员越来越多地向城市单向流动，有的省份甚至早已成为农民工劳动力输出大省，国家有关政策也对农民工从排拒到接纳再到帮助融入城市的转变过程，国家户籍制度的松动、城市化进程的推动和部分城市“抢人大战”的政策优惠，使得广大乡村中青年人成为新市民的过程在进一步加快，乡村户籍人口（多）和常住人口（少）处于不一致状态，导致乡村空心化问题日益严重，加剧了乡村社区老龄化和中青年人口断层的状况，这就导致在一些乡村社区儿童溺水竟然难以找到50岁以下的会水者去施救的现象，在发生严重洪涝灾害的情况下更是捉襟见肘。以2020年的一份报道为例，2020年7月上旬，由于持续性的强降雨等造成长江九江站、鄱阳湖湖口站和饶河、修水、信江等众多河流出现超警戒洪水，防汛形势万分严峻。因为乡村可用人员严重不足，7月10日江西省九江市柴桑区江洲镇防汛抗旱指挥部不得不致信致在外乡亲：“江洲在家常住人口仅有7000余人，且多为留守老人和妇女，实际全部可用劳动力不足1000人。面对34.56千米长的堤坝，我们的防汛人手严重短缺，人员调配十分紧张。……江洲镇防汛抗旱指挥部呼吁，江洲在外的18至60周岁之间的父老乡亲们迅速回赴江洲共抗洪魔，一同保护我们的亲人朋友、保卫我们的美丽家园。”

当下，在全国大部分乡村社区，基本上没有具有一定组织性、规模性、专业性、常态化的突发事件应对人员队伍，而且大多缺乏村民外的社会支持力量。乡村社区的常住人员以老年人、小孩、妇女居多，他们无论在风险意识、应急知识和基本的逃生避险技能方面都近乎处于原始状态，很多乡村社区的突发事件应对能力基本为零。社会性的应急文化知识与基本技能等方面的宣教培训在大多数乡村社区还没有启动，长期性的自发状态、分散状态、临时救急状态的人力资源状况在很多乡村社区仍然是常态，应急队伍的建设在全国大多数乡村社区至今仍然没有根本性改进。

二是从物力、财力资源方面来看，不但整个国家的应急资源比较有限，而且大部分集中在城市，在一定程度上可以说，乡村社区属于相对被忽视的领域。（1）在资金配备上，国家主要是以工程项目等形式、以总体规划或专项规划的方式进行阶段性推进的各种建设，以专门性的应急管理资金提升乡村突发事件应对能力的项目与制度化建设较少。（2）在基础设施建设上，乡村社区突发事件应对方面的基础设施建设主要是水利建设、道路建设、电视广播与通讯建设等方面建设的从属部分，而符合基层社会要求的专项性应急管理基础设施比较少。（3）在科技支撑上，无人机、监测预警技术等高科技技术工具和手段的运用基本上掌握在各级政府及其职能部门手中，乡村社区在这方面基本上处于空白状态。（4）在广大乡村地区，尤其是经济较为落后的乡村，基本上还是自然经济占主导地位，当地的基层政府基本上属于赤字财政、“吃饭财政”甚至主要依靠上级转移支付来维持运转，没有多余的财力投入到公共事业服务中去。当地政府、村民也没有多少财力、物力投入到突发事件应对中去，提升应急能力对他们来说还是一种有心无力、力不可及的中远期目标。

三是从事件应对过程来看，大部分乡村社区在预防和准备环节不充分甚至长期处于缺失状态，很多村民连“风险管理”这一词汇都没有听说过，更谈不上风险意识、风险识别、风险评估、风险控制等一系列风险管理制度与过程了。突发事件应急预案在一些城市也是下级政府抄袭上级政府，企业预案照搬政府预案，流于形式。在乡村社区，教育背景和学历层次较高的人比例较低，很少有人知道应急预案是怎么一回事，连“走过场”与“形式主义”上的预案演练也没有举行过，几乎没有更为专业性的应急准备。直到目前，根据本论文的自建数据库中的资料分析，基本上没有发现乡村社区突发事件应对中存在详细的应急规划、应急管理专家的智力支持和突发事件应对中专业 NGO 的技术和装备支持，在平时也很少见到有通过组织整合、资源整合以及社区内外对接形成应对合力的体制机制建设，鲜见村民在这方面的组织化和常态化应急队伍建设，难以看到村委会在资金、物资等方面的制度化建设与应急物资储备。

在突发事件发生后的应急处置与救援环节，由于地形复杂、天气状况、交通不便、装备与能力缺乏等方面的限制，及时止损的预期一般难以实现，这也是被称为“中国最后的原始村落”云南省临沧市沧源佤族自治县翁丁村老寨在 2021 年 2 月 14 日发生严重火灾导致整个村寨都化为灰烬的基本原因。在善后环节，由于很多乡村社区身处自然环境、生态条件恶劣，交通极为不便的贫困地区，无论是村民还是地方政府都几乎没有资金用于建设符合国家标准的设施以提升恢复重建能力，不但恢复力差，韧性社区建设也无从谈起，只能在低层次的圈子内循环，在下一次突发事件降临的时候再一次回到原点。侧重于人与自然关系的自然灾害应对是这样，技术发展的两面性与人性的贪婪、社会诚信缺失、监管不足等问题与因素相结合造成的人为事故灾难、公共卫生和社会安全事件的应对更加困难，因为社会中的人是社会利益的多元化主体，是这三类突发事件的酝酿者、社会风险与社会矛盾的制造者。对立与冲突是社会矛盾常态化的体现，后三类突发事件的应对难以形成类似于洪涝灾害、破坏性地震等自然灾害应对那样的共同性、整体性应对合力。

从事件的地域分布来看，根据自建数据库的资料分析，以省级行政区为单位划分，按照数量从多到少以及曝光度、影响程度从高到低排列，排在第一梯队的主要有安徽省、北京市、广东省、广西壮族自治区、河北省、河南省、湖北省、湖南省、江苏省、江西省、山东省、山西省、陕西省、四川省、云南省、浙江省。排在第二梯队的主要有福建省、海南省、辽宁省、甘肃省、黑龙江省、重庆市。排在第三梯队的主要有贵州省、天津市、吉林省、内蒙古自治区、宁夏回族自治区、青海省、上海市、台湾省、天津市、西藏自治区、新疆维吾尔自治区，香港和澳门两个特别行政区基本上没有这方面的报道。其中最为典型和集中的区域主要是北京市、广东省、河北省、河南省、江苏省、山东省、陕西省、四川省、云南省和浙江省，东、中、西部地区都有典型的代表省份。在每个省份之内，多集中在省会城市、经济发达城市、地方特色城市。从上述这些省份的事件应对情况来看，总体上很不理想，同一类突发事件在同一个季节时间段在不同地域此起彼伏，在同一个地域每年的某些季节也是多次发生，从应对情况来看，与 20 世纪最后二十年相比基本上没有什么明显的改进。在广大乡村社区至今还没有形成具有普遍性的应急文化氛围与突发事件应对基本技能的群体。

特别需要注意的是：很多乡村社区突发事件的发生原因是国家有关政策在基层的粗暴执行或者地方制定的土政策明显侵犯了村民的合法权益，既不合法也不合理，一些干部打着“贯彻政策”的旗号利用“合法伤害权”等不法行为是引起突发事件的一个重要因素，干群矛盾与干群冲突具有一定的普遍性。“以人民为中心”“执政为民”的原则和服务型政府的理念没有成为一些基层干部的内心准则。因此，在制度完善方面，“我们要坚持和完善基层群众自治制度，发展基层民主，保障人民依法直接行使民主权利，切实防止出现人民形式上有权、实际上无权的现象”。尤其是在社会安全事件方面，政府的应对路径常常是以临时性的新政策取代正在执行中的政策，仍然延续的是政策思路而不是科学、及时、合理的突发事件应对本身需要的逻辑思路和专业要求，有的事件在网络时代的扩散效应之下，结果往往是两败俱伤，导致基层政府及其职能部门的公信力在某一阶段内有所下降。

四、城乡社区突发事件应对比较分析

比较而言，城市社区主要是市民的居住区，其功能相对单一。乡村社区是村民生产、居住、生活、交往的综合性物理空间，其作用是整体性和多元化的。“这里的‘城’和‘乡’，不仅仅是一般地域和行政意义上的‘城市’和‘农村’，而是包括代表城市、乡村不同类型的生活方式、价值观、人格、道德伦理、人际纽带、互动模式、习俗等等文化因素。”当今我国城乡社区突发事件及其应对既有一些共性类型，也有显著差异的内容。

一是关于城乡社区突发事件及其应对的共性，主要体现在以下三个方面。

(1) 从事件类型来看，其共性方面的主要情况如表3所示。

表3 城乡社区共性突发事件分类表

事件类型	共性事件
自然灾害	地震灾害、暴雨引发的洪涝灾害、地陷、低温冰冻灾害、风灾等造成的损害极为相似
事故灾难	人为疏忽引发的火灾事故、煤气中毒事故、房屋与建筑安全事故、停水停电事故、触电事故、煤气泄漏爆炸事故等都是多发的领域
公共卫生	宠物或看家狗伤人致死事故、饮用水安全事故、传染病疫情、食品中毒事故、精神病患者伤人事件等都是相对集中的领域
社会安全	主要包括社区盗窃事件，规模性传销事件，村（居）委会主要负责人涉黑、黑化事件，村（居）委会主要负责人袭警、围堵冲击政府事件，社区孤独死（以老年人居多）事件，社区老年人犯罪事件，社区网络舆情事件，社区邻避事件，居民维权事件，居民聚众堵路事件，居民举报被报复事件，社区灭门事件，社区谣言事件，社区投毒事件，社区邪教危害事件，社区制毒、贩毒、吸毒事件，社区人为纵火事件，社区自杀事件等

资料来源：根据新闻报道资料库中的资料整理而成。

上述事件，大多数属于常规性的突发事件，也有社区孤独死（以老年人居多）事件、社区老年人犯罪事件、社区网络舆情事件、社区邻避事件、社区灭门事件等近年来日益增多的新型突发事件。

(2) 从事件应对过程来看，虽然也有一些关于成功预测、预警、处置和善后等方面的报道，但是总体来看，与失败的事件应对相比数量并不多。很多社区社会安全事件基本上是以刑事处罚为终结，从应急管理全过程的角度来看，预防环节、处置环节和善后环节应对都很到位的偏少，其中预防与应急准备环节是最为薄弱的环节，善后环节由于处理不当引发新的突发事件的情况也比较多，这就使得一些突发事件及其应对需要持续相当长的时间，至今留下不少后遗症。另外，还有一个比较突出的社会现象：当某一地方的乡村社区发生震动全市、全省乃至全国性影响的突发事件时，其他地方很少有跟踪和研究这一具有广泛影响突发事件的发生原因与应对的经验教训，为防范和避免本地出现此类突发事件提供借鉴，也很少请专家寻求这方面的智力支持，地方政府的应急管理专家库组成人员地方化的特征非常明显，囿于本行政区域内的专家组成员极为不利于提升乡村社区突发事件的应对能力，待到以后本地出现此类突发事件的时候，惊慌失措和野蛮、无序应对就成为常态，势必形成较差的应对效果。

（3）从突发事件应对的组织建设、预案建设、制度建设和软环境建设来看，人、财、物和体制机制等城乡基层社区都是资源配置最为匮乏的地方，专业性的人才及其队伍基本上没有，社区突发事件应对的专门、专项应急准备金也基本上不存在，除少数社区有部分常规性的应对物资（如防涝的沙袋等）外，非常态的突发事件应对的物资储备根本没有。

二是从城乡社区突发事件及其应对的差异性来看，主要表现在以下两个方面。

（1）从事件类型来看，城乡社区突发事件的差异性，如表4所示。

表4　城乡社区差异性突发事件分类表

事件类型	主要差异性事件
自然灾害	乡村社区中包括山体滑坡与崩塌、泥石流等在内的地质灾害，阶段性的干旱灾害造成农作物颗粒无收，森林草原火灾（山火）和野生动物灾害等在城市社区中基本上不存在
事故灾难	乡村社区中的公路翻车货物散落后的村民哄抢事件，化工厂与油罐车泄漏、爆炸导致村民中毒事件，村民在井下、地窖、洞穴、矿坑、沼气池等被窒息事件，村民滥挖冬虫夏草、兰草花等破坏生态环境事件，乡村长期环境重度污染造成的癌症村事件，乡村渡船沉没造成多人死伤事件，乡村公交车、小轿车、农用车等倾覆造成多人死伤的交通安全事件，烟花爆竹工厂爆炸事故，乡村危房垮塌导致多人死伤事件等是乡村社区独有的
	城市社区中的社区电梯事故、社区停暖事故、社区伪基站事件、社区下水道堵塞事故等在乡村社区中直至目前还几乎没有
公共卫生	乡村社区中的食用野生菌、野菜等造成多人死伤事件，村民红白喜事在家自办酒席致多人食物中毒事件（或群体性假酒中毒事件），假药、假疫苗事件，艾滋村、麻风村村民受歧视引发的事件等在城市社区较少发生

续表

事件类型	主要差异性事件
社会安全	乡村社区中的村民滥砍滥伐事件，村民私自设卡收费事件，基层政府强毁农田、耕苗与耕地事件，强占、圈占村民土地事件，违规非法租售土地事件，违法狩猎野生动物事件，假农资、假种子等大面积坑农事件，农产品大量滞销引发村民自杀事件，村民非法私建活人墓事件，村委会或村民非法套取迁坟款事件，政府部门、施工单位、开发商、村委会组织和实施的乡村强制性平坟事件，村民等报复性刨挖、偷掘坟墓事件，偷配阴亲事件等具有乡村独特性
	城市社区中的业主与物业管理公司冲突事件，城中村整治与改造利益纠纷引发的事件，住房开发商与业主冲突事件，社区居民楼高空抛物、坠物致人死伤事件，社区内城管与摊贩冲突事件，社区广场舞冲突事件，社区业主信息大规模非法泄露事件，社区业主之间冲突（如因私装摄像头侵犯隐私权引发）事件，社区内车辆车位等纠纷冲突事件，社区车主遗落致婴幼儿死亡事件，非法侵占社区（如绿地）公共空间引发的事件等具有城市生活特性

资料来源：根据自建新闻报道资料库中的资料整理而成。

比较起来，总体而言，城乡社区之间的差异性远远超过共同性，乡村社区中的突发事件无论是类型还是应对的综合性实际上比城市社区更加复杂。

（2）从社区内的主体间关系来看，从当今中国的一些典型案例分析来看，在乡村社区，引发突发事件的诸多诱因中排在第一位的是基层政府及其职能部门与村民之间的矛盾（如制定与强制性实施违法违规的土政策、整治运动中或者在某一阶段临时中心任务扭曲性的过度执行上级政策和某些公务人员的肆意违规违法行为），也就是通常所说的干群关系矛盾和政府部门的越位、错位、缺位等是引发乡村社区突发事件的最重要原因。典型的事例如某些地方的强制性合村并居运动、农民被上楼运动，采取连坐手段强制性平掉延续若干代的村民祖坟，为了环保指标强制在夏初时硬性要求村民用镰刀不准用收割机收割小麦以及出现村民一边使用收割机收割，一边在旁边用洒水车喷淋除尘等有悖常理引发的社会舆情事件，其根本原因在于政府的作为存在问题，这些事件经过媒体披露引起社会广泛质疑和抨击，政府迫于社会舆论的压力才有所收敛。关键是这类事件在不同的年份、不同的省份先后出现，这本身就是一个值得反思的问题。

排在第二位的是村委会与村民之间的矛盾与冲突，村官选举、撤换与罢免中暴力冲突，村官贪污、受贿、侵占、挪用、私吞等腐败问题，村委会主要负责人的黑化、涉黑以及村官暴富、短时间内拥有豪宅与大量房产，村委会与村干部的其他违规违法与不作为都是导致乡村社区社会安全事件的又一个直接因素。

排在第三位的是村民之间的矛盾与冲突引发的突发事件，其中既有历史传统与风俗文化方面的因素，也有社会变革过程中的利益分化因素。在城市社区，排在第一位的是业主与物业公司之间的矛盾与冲突，其次是业主与开发商之间的冲突，最后是社区居民之间的冲突。其中，城市社区中的科学技术的运用（如人脸识别技术与公民信息保护）带来的问题越来越成为一个重要诱因，乡村社区中的基于交通工具的机械化和乡村道路的普遍硬化等带来的交通安全问题在今后很可能长期存在。

五、结语：未来变化预测

从本质上看，当今我国乡村社区突发事件中的大多数是由我国从传统走向现代化过程中产生的，是社会变化发展和处于社会转型期的副产品，我国现代化进程的最终目标是完成现代性。塞缪尔·P. 亨廷顿曾经说过：事实上，现代性孕育着稳定，而现代化过程却滋生着动乱。所以，乡村社区中突发事件的发生甚至在某些时间段内频繁发生，其在一定程度上是正常的社会现象，是各类风险和社会矛盾的外在体现，做好突发事件应对是我国全面实现现代化的必修课，更何况我们国家现在还处于社会主义初级阶段。

在今后的乡村社区，突发事件的类型有变的一面，也有不变的一面。始终不变的一面除常规性的火灾、气象灾害、食品安全事件等之外，主要是围绕土地问题产生的各类主体（特别是政府、村委会、开发商、村民）之间的利益冲突，这是一条重要主线，由土地问题引发的乡村突发事件一直居高不下，涉及面都很广，造成全国性影响的也大都是这类乡村社区突发事件，应对起来也是难度最大的。从深层次来讲，地方政府推行的强制性平坟事件和村民外嫁女维权事件，其本质上是土地问题而不是移风易俗问题。今后的乡村振兴战略实施也必须在解决好土地流转等问题的基础上才能够进一步推进。变动相对缓慢的一面主要是由历史传统与社会风俗中一些落后的因素再次泛起与现实利益的结合引发的突发事件，而且有时还会加剧，如天价彩礼引发的恨杀事件，村民违法私建豪华活人墓事件，村民拆迁暴富后豪赌导致家破人亡事件，侮辱性刨挖、偷掘仇家祖坟、坟墓事件等，还会在不少地方再次发生。很久以来，“传统上中国人很相信风水、五行生化会影响人的命与运。无论阴宅、阳宅都要选好地点才能开工，而且还得考虑阴阳宅的方位和格局是否配合五行的变化。而祖先的坟墓遭到破坏，不但使先人灵魂受到诅咒，更会祸及子孙”（黄树民，2002）。因为祖宗崇拜是中国民间真正的宗教，人们在潜意识中有“很大一部分家庭很多是由祖先的无形权力控制的。中国家庭或个体所做的许多事情基本上是为了讨祖先神灵的喜欢。比如人们刻苦学习以求在官场飞黄腾达是为了光宗耀祖；而人们不愿当乞丐、小偷和妓女，也是因为那会使祖先丢脸。……中国人总是尽最大努力保护早些的墓地、祖宗祠堂和祖宗牌位，它们代表了祖先的神灵，是家庭中真实的、活生生的一部分”（杨懋春，2001）。

今后变化较大的应该是新科技革命的应用在乡村社区的广泛使用带来的网络舆情与网络安全事件，在婚姻等领域发生的涉外事件，乡村交通安全事件，种粮大户、养殖大户的农产品滞销导致的破产自杀事件，野生动物灾害，老龄化、空心化与留守化导致的空巢老人孤独死事件，老年人违法犯罪事件，“独狼”式灭门事件，乡村旅游安全事件，乡村旅游纠纷（如欺客宰客）事件，乡村社会保障政策实施过程中的基层政府经办人员、村委会工作人员的贪污腐败引发的村民维权事件，对乡村社区带来灭顶之灾的重大灾害（如泥石流、震级 8 级及以上巨灾地震、重大传染病疫情等）等，这些应该是今后乡村社区突发事件应对必须重点关注的新领域。在乡村社区突发事件应对方面，基层政府及公务人员的法治意识与依法行政自觉性维护、村民的风险意识培育、村委会与村民之间的协商民主以及全社会需要养成的应急文化和自救互救基本技能是改进应对能力的基本前提，更是重要基础。同时，还有从现代化的战略高度看，把成熟的乡村社区治理作为我国实现现代化的一个必不可少的重要内容。对于社区治理来说，需要进一步反思的是：“散存在地方社区的人力资源和物力资源是否适应现代化的需要，这些资源深深埋置的地方上吗？”（罗兹曼，2003）。

参考文献：

黄树民，2002，《林村的故事：1949年后的中国农村变革》，素兰、纳日碧力戈译，生活·读书·新知三联书店。

杨懋春，2001，《一个中国村庄：山东台头》，张雄等译，江苏人民出版社。

论坛与点评

《信访工作条例》的学习与信访实践思考

——『蓟门信访论坛』第1期会议综述

王凯 杨丽

《信访工作条例》的学习与信访实践思考

——“蓟门信访论坛”第1期会议综述

□王　凯　杨　丽*

摘要：中国政法大学信访与治理研究中心“蓟门信访论坛”第1期在北京举行，基于论坛的专家观点与讨论，本文围绕《宪法》与《信访工作条例》、从《信访工作条例》看信访的实体与关系、信访工作法治化的实践探索、加强信访的基础理论研究、大数据人工智能时代信访工作的创新完善等系列议题，对《信访工作条例》的理论研究与实践探索进行了论述。

关键词：《宪法》　《信访工作条例》　信访工作法治化　信访实践创新

2022年中共中央、国务院颁布实施《信访工作条例》，条例是我党深化对信访工作规律性认识的重大理论成果，总结了党长期以来领导和开展信访工作经验，特别是党的十八大以来信访工作制度改革成果，推进了信访制度的改革完善与信访法治化建设，为加强和改进新时代的信访工作提供了制度保障。

为构建信访实务工作者和理论研究者的深度交流平台，中国政法大学信访与治理研究中心特别创设“蓟门信访论坛”。论坛旨在推动信访实务界与

* 本文系国务院台办投诉协调局委托项目“当前信访工作的形势、挑战与对应对”、北京市科学技术研究院项目“面向数字经济时代的首都社会矛盾源头预防及治理机制研究”项目的阶段性成果。

王凯，中国政法大学信访与治理研究中心秘书长、北京市科学技术研究院创新发展战略研究所研究员；杨丽，北京市科学技术研究院创新发展战略研究所副研究员（通讯作者）。

理论界的互动交流，推进信访与治理领域的理论探索与实践创新。“蓟门信访论坛”第1期于2024年5月11日在北京成功举办。论坛由中国政法大学信访与治理研究中心主办，北京市科学技术研究院创新发展战略研究所、中国政法大学政治与公共管理学院、中国政法大学数字社会治理研究院、中国政法大学城市发展与治理研究院与《信访与治理研究》刊物编辑部共同协办。本次论坛主题为“《信访工作条例》的学习与实践思考”。来自全国10余个中央部委、省份信访机构的领导以及高校和研究机构的50余位专家学者参加了论坛。与会专家学者关注新形势下信访工作法治化建设，深入研讨《信访工作条例》实施中的系列理论实践议题，呼吁持续强化信访领域的基础理论研究，助力推进新时代信访与治理领域的理论探索与实践创新。现将与会领导、专家、学者的主题报告和交流的主要观点综述如下，以飨读者。

一、信访、《宪法》与《信访工作条例》

中共中央、国务院于出台的《信访工作条例》，为加强和改进新时代的信访工作提供了制度保障。《宪法》的相关条款是信访制度运行的法律基础和依据，深入学习和贯彻《信访工作条例》，需准确把握《宪法》相关条款的内容，并对信访的概念内涵有深入理解。

北京市信访办原副主任、全国第一家信访领域专业智库创办人张宗林强调，准确把握《信访工作条例》的内涵，需深刻地理解《宪法》第41条的内涵。该条款明确规定：“中华人民共和国公民对于任何国家机关和国家工作人员，有提出批评和建议的权利；对于任何国家机关和国家工作人员的违法失职行为，有向有关国家机关提出申诉、控告或者检举的权利，但是不得捏造或者歪曲事实进行诬告陷害。对于公民的申诉、控告或者检举，有关国家机关必须查清事实，负责处理。任何人不得压制和打击报复。由于国家机关和国家工作人员侵犯公民权利而受到损失的人，有依照法律规定取得赔偿的权利。”该条款明确三个方面的内涵：（1）中华人民共和国公民对于任何国家机关和国家工作人员有提出批评建议的权利，对任何国家机关和国家工作人员的违法事实行为有申诉、通告或检举的权利。这一规定赋予了公民两项基本权利——批评建议权和申诉控告权；（2）任何国家机关如接到公民的控诉、申诉，就需要负责调查处理；（3）当国家机关工作人员给公民造成了损失，公民有权获得赔偿，这一赔偿规定强调了国家机关及工作人员需要对自身履职行为负责任。张宗林主任强调，深刻把握《信访工作条例》的内涵，需深入理解《宪法》第41条对于信访的六大方面重要意义：第一，明确了信访制度是一项国家制度，是国家赋予公民权利的重要制度设置；第二，信访指向的是国家机关、国家工作人员与公民之间的事项；第三，信访主体强调的是公民；第四，信访的源头指向国家机关、国家工作人员的违法失职行为；第五，信访更多地强调公民的控告申诉权；第六，信访是国家赋予公民的一种监督权。

"信访"概念的模糊及混用是长期以来造成信访工作面临诸多困境的重要原因之一，如何界定"信访"概念是当前信访理论研究和实务工作探索创新中的重大议题。张宗林主任认为，从表层去看"信访"概念，有四个方面的内涵：一是"信访"是一种社会现象，较为广泛地存在于社会生活的方方面面；二是"信访"是一种社会行为，是动态的，不是静态的；三是"信访"具有"负反馈正效应"，即从信访窗口看到的是负面消息，却可发挥正向的治理效应。作为"负反馈机制"的信访，能够及时反馈治理过程中存在的偏差和问题，有利于党委政府及时了解民生需求，准确锁定社会风险点，促进相关政策的优化完善，推动政府和官员的依法行政；四是"信访"具有非单一性，由于矛盾是"信访"的核心，是矛盾就一定会有矛盾的双方，否则就无法构成"信访"，因此"信访"具有非单一性。进一步而言，从更深层次来看"信访"：首先，信访是利益的冲突。信访是因为利益发生了冲突；其次，信访是一种监督。因此，提出信访制度是国家治理体系的重要组成部分，就是强调信访制度是一种监督的制度；最后，信访是一种博弈，信访就是信访主体双方一个博弈的过程。

清华大学社会科学学院全球学习中心主任曲炜强调信访的概念内涵具有多元复杂性，由于信访制度与诉讼、复议、仲裁等多元制度具有复杂关联，厘清信访制度与多元解纷机制之间的边界和关系，也是准确界定信访概念内涵的关键。中国政法大学李倩老师指出，厘清信访的概念内涵需要注重整合多元学科的视角，信访本质上不仅是法律问题，还涉及政治问题和社会治理问题。

二、从《信访工作条例》看信访的实体与关系

中国政法大学信访与治理研究中心创始主任李程伟教授指出，信访与国家转型、经济改革和法治化的进程紧密相关。改革开放后，我国经济生活领域发生的深刻变化就是社会利益关系从对国家的依从性，快速地实现了主体化。对于公权力所造成的利益损失和侵害，社会成员大多是从利益主体的资格和视角介入信访的。经济生活的这一深层次变化，给作为一种利益表达和利益维护制度而运行于政治生活领域的信访，提出了诸多深层次的课题。基于此背景，信访不仅是理论探讨的课题，更是政府与市场主体实际互动的重要环节。在治理信访问题中，既要考虑政治因素，又要注重法治化方向，为应对治理现代化建设进程中面临的挑战提供有效解决方案。

《信访工作条例》的发布和施行，是党和国家在新时代推动信访制度改革完善的重要举措，为具体信访问题的治理提供了规范和遵循。中国政法大学政治与公共管理学院翟校义教授关注新形势下信访治理运行过程中的实体及其互动关系，强调准确认识《信访工作条例》涉及的实体及其相互关系是理解和执行条例的关键。翟校义教授认为，《信访工作条例》明确了信访的五大实体：第一个实体是中国共产党；第二个实体是国务院；第三个实体是群众性团体组织。这里的群团组织特指全国总工会、共青团中央、全国妇联等 22 家团体；第四个实体是信访人。这个实体是比较复杂的，整体上来看信访人从宪法角度来讲是公民，但在实际意义上来讲，不是所有信访人都呈现为公民；第五个实体就是各方齐抓共管辅助者，如群团组织之外的社会组织等。翟校义教授进一步探讨了《信访工作条例》涉及的系列关系：第一个关系是领导关系。即党对信访工作的全面领导，除了政策规范之外，更重要的是要依赖党的干部队伍及其组织管理系统；第二个关系是党与其他社会体制构成部分的关系。这些同样都是由党的干部队伍和组织管理来完成，

除了领导关系，还体现为层级关系，如上级对下级的指导、督促、监察，还有下级对上级的工作汇报；第三个关系是工作关系。工作关系涉及具体的工作怎么处理，包括协调协商、信访部门的对话等，信访具体可分为三大类不同的工作关系，包括意见建议类、申诉求决类和检举控告类；第四个关系是比照关系。信访工作部门，或各级党政班子，基于信访工作责任制，各个机关单位之间形成的比照关系，也就是信访工作排名。比照关系对相关领导的晋升产生影响；第五个关系是代表关系。代表关系针对信访中的群体访涉及的五个人代表，在制度设计上是党对群众性的回应。对代表关系进行延伸思考，涉及信访人有没有权利委托律师代理的问题。此外，上述五个关系可产生相应延伸：如管理者与被管理者的问题；强者与弱者的关系；精英与大众的关系；个体与社会的关系等。

三、《信访工作条例》与信访工作法治化的实践探索

《信访工作条例》的颁布实施，提升了信访工作的法治化水平，为新时代信访工作发展发挥重要的规范、引领和保障作用。全面贯彻落实《信访工作条例》，需持续推进依法决策、依法行政，将条例转化为具体工作的理念、方法和措施。《信访工作条例》将适用范围扩展到各级党的机关、人大机关、行政机关、政协机关、监察机关、审判机关、检察机关以及群团组织、国有企事业单位等机构，间接明确了党组织机构都需要承担信访工作任务。同时，这一适用范围的扩展也使信访工作在各机关各系统各领域具有了统一性。在推动《信访工作条例》适用过程中及推进信访工作法治化建设进程中，不同单位和部门有针对地开展了相应地实践探索。

最高人民法院司法案例研究院研究部副主任李晓果介绍了最高人民法院信访工作的概况，最高人民法院信访部门重视信访问题的源头治理、全过程治理，着力解决信访后端的信访积案等问题。李晓果副主任重点介绍了人民法院系统在推动信访社会矛盾源头预防治理领域的实践探索，介绍了人民法院的案例库在推动矛盾纠纷的溯源治理和预防方面的重要意义。2023 年 7 月，最高人民法院党组研究部署案例统筹管理和人民法院案例库建设工作。

2024年2月，人民法院案例库正式上线并向社会开放。通过最高人民法院的人民法院案例库，公众可以查询和参考信访案例，能够对案件的处理结果有合理预期，从而增加服判率、降低信访率，助力各类涉法涉诉信访案件的有效预防化解。

全国妇联权益部信访处二级调研员段琼综合分析了全国妇联系统信访数据的情况，整体反映的问题日益多元化，具体呈现如下特点：一是来电的比例不断地增加；二是婚姻家庭方面的矛盾比较凸显；三是金融领域、房地产领域的信访问题持续增加；四是信访人心理方面的风险和问题日益突出。针对妇联系统信访工作实践的特点，为深入贯彻落实《信访工作条例》的要求，全国妇联积极优化信访工作的流程，并结合《反家庭暴力法》等法律法规，聚焦破解婚姻家庭领域相关信访问题；同时，积极吸纳心理咨询师、社会共工作者等第三方的力量，推动相关信访问题的有效治理。国务院台办投诉协调局四级调研员王聘介绍了台办系统信访相关工作的情况，作为投诉协调局，除解决具体信访的问题，还需推动台商合法权益的保障。因此，台办系统的信访工作具有一定特殊性，呈现来访量占比大、信访案件处理难度高等特点。近年来，通过台办系统信访渠道反映的建言献策也不断增加。针对台办系统信访问题的特点，国务院台办重视与最高人民法院等部门沟通协同；并积极引入调解机制等多元解纷机制，如重视台籍调解员的使用等，通过发挥多元解纷机制的作用，形成矛盾纠纷治理的合力。

北京市城市管理综合行政执法局法制处处长安沛认为，深入推进信访工作法治化建设，职能部门内设信访机构在信访工作实践中需关注以下五个关键问题：第一，进一步厘清接诉即办与信访的关系。二者在反馈渠道、目的和类型有一定重叠性，在处理程序、时限、文书和考核等方面也存在差异。明确二者关系有助于提高工作效率，避免资源浪费；第二，明确信访与行政复议、行政诉讼的功能关系。有必要结合新修订《行政复议法》等新的背景，加强行政复议、诉行政讼与信访功能的协调，更好地发挥治理的综合效能；第三，加强信访问题的程序办理与实质推进的衔接；第四，持续优化对信访工作的层级监督指导和激励。如何有效地监督和指导下级信访工作，并确保其按规定履行职责，仍是一个亟待解决的问题；第五，优化信访重心落在基层的途径。实践中，基层面临的任务链条较长，权责不匹配的问题仍然客观存在，需在制度设计和执行中，平衡信访的责任问题，确保信访工作在基层的有效落实。

重庆市信访办公室处长李晓强调，当前信访干部的法律政策运用能力、防控风险能力和群众工作能力仍有待进一步提升。实践中，重庆市将信访与社会治理工作密切关联，通过开展源头治理、社会稳定评估、领导干部下访接访、推进初次信访办理、促进矛盾多元化解等措施，积极建立常态长效矛盾化解机制，规范信访工作流程，提升工作人员素质，推进了信访工作法治化建设。

信访工作法治化建设是一项复杂的工作，需协调和融合多方面的因素和逻辑。山西大学信访与社会治理研究院负责人廉如鉴教授认为当前的信访工作法治化强调如下方面的内容：一是突出信访工作流程的规范化，包括受理、办理、督办等环节。这方面工作的技术支撑是信访信息化建设，没有信访信息化建设的提升，整个流程很难规范化；二是强调信访部门在信访工作中的程序性推动，实体性的解决则更多交给职能部门；三是重视持续强化监督，《信访工作条例》进一步强化对信访工作各环节的监督。实践中，未来深入推进信访工作法治化建设，需要深度思考如强化程序规范与重视结果导向之间关系等系列理论与实践议题。山西大学信访与社会治理研究院原超副教授认为，信访工作法治化要关注信访工作的政治逻辑与行政逻辑之间的关系。信访工作原本是通过政治逻辑来缩短行政程序，避免官僚主义、提高行政效率。实践中，信访工作形成相应的行政逻辑，这一行政逻辑与原有政治逻辑之间存在的微妙关系，值得深入思考探讨。

四、加强信访的基础理论研究

张宗林主任基于长期对信访领域研究的跟踪思考认为，信访工作所面临的挑战其根源在于信访领域缺乏清晰的、统一的、规范的“基础认知”，致使很多最基本的东西和情况说不清、道不明，没有形成共同的“基础认知”，就很难进行科学地判断和评价，也影响了信访工作的创新与发展。信访领域所遇到的很多尴尬和问题，其根本是“基础认知”问题。张宗林主任指出，任何行业如果没有清晰的、统一的、规范的“基础认知”，在具体工作中就容易出现各自为政、乱象丛生的现象。当前，特别需要加强信访领域“基础认知”的系统研究，应从为什么会有信访、信访制度存在的依据是什么等基础性问题开始研究。当前及今后很长一段时间内信访领域的研究，应高度重视基础性理论的研究。对于信访基础性理论的探索研究，属于信访理论研究中最高端的议题，就像时钟上的时刻表，“0 点”与“24 点”是重合的，“0 点”是最低点也是最高点。未来谁能够把信访领域的基础性概念、问题和理论讲清楚，谁就是信访领域的真正的“大咖”。实践中，信访基础性理论问题如何取得共识？特别需要依靠大学。大学拥有一项非常重要的功能——实现对社会行业行为的规范，即通过为专业领域的学生提供系统全面的专业性“基础认知”教育，帮助其形成专业领域的“基础共识”，从而实现对于行业行为的规范。因此，亟需推进信访领域高等教育的创新发展，强化信访领域基础性问题的系统研究，深入开展信访领域的专业高等教育培训，培养新时期信访专业性人才，推动信访工作的“科学化、学科化、专业化、数字化”，推进新时期信访工作的创新发展。

中国政法大学行政管理系主任王丽莉教授认为，应更深刻地认识到信访制度及信访工作的复杂性和重要性。作为具有浓郁中国特色的制度设置，信访制度的设置及其运行，信访工作法治化建设进程的深入，直接关系党和政府与人民群众的联系，关乎党的执政根基，意义十分重大。当前的信访工作实践中，涌现出系列关键且亟待解决的重要理论议题，如“信访”的概念内涵、信访法治化的内涵、新时代信访工作的职能定位、信访与接诉即办的关系，信访法治化中的程序规范与结果导向的平衡等，这些探讨对深入理解并持续推进新时代信访工作法治化建设的意义重大。

五、大数据人工智能时代信访工作的创新完善

当前，大数据和人工智能等新技术正前所未有地深刻改变着社会治理领

域，掀起了生产方式、生活方式和治理方式变革的现代化进程，而ChatGPT的问世则标志着通用人工智能时代的来临。当前，我国正在经历智能技术与治理实践深度融合的大规模社会实验，而机器智能与社会智能深度融合，催生当前我国信访与社会风险治理领域的深层变革。中国政法大学信访与治理研究中心秘书长、北京市科学技术研究院创新发展战略所研究员王凯认为，大数据人工智能时代，信访数据的治理价值日益凸显，综合分析，信访数据具有特质数据、负正效应、隐性推力和刚性依赖四大治理属性，信访数据的治理价值值得珍视。当前，各地积极运用信访数据开展社会风险治理的实践探索创新，集中表现为深挖式探索、衍生式探索和延展式探索等模式：深挖式探索，即立足信访基础数据，设置信访指数等行业指数把握信访形势的现状及特点；衍生式探索，指融合多域数据开展信访与社会风险的量化综合评估；延展式探索，将信访数据纳入基层治理数字化的全链条建设，重视基层数据协同、社会风险评估、矛盾预防与化解等模块的系统集成，推动复杂社会风险的闭环治理。

清华大学政治学系助理研究员黄敏璇认为大数据技术推动了新时期信访工作的创新发展，具体体现为两点。第一，从发生端上看，大数据深度开展问题导向的数字挖掘，对海量的数据进行深层分析，探索信访问题演化的内在机理。此外，通过大数据可实现对信访主体的人物画像，量化剖析信访人的特质，透视信访主体的行为特征，这些均能有效助力把握新时期信访与社会风险的深层规律。第二，从解决端看，大数据分析可赋能实现对信访和社会矛盾的预测预警，如赋能实现对群体性事件、极端性行为等进行预测预警，推动实现敏捷治理，助力信访与社会矛盾的有效预防化解。就未来而言，大数据和人工智能的技术赋能，将推动信访与社会风险治理领域日益精准化、智能化，深入推进信访与社会风险治理领域的创新发展。

调查与案例研究

李 薇

改革推动枢纽型社会组织创新社会治理的路径研究

改革推动枢纽型社会组织创新社会治理的路径研究

□ 李　薇*

摘要：虽然越来越多的研究关注到枢纽型社会组织在推进国家治理现代化过程中发挥的重要作用，但较少研究对改革前后枢纽型社会组织与党政部门的关系及协调机制进行对比分析。本研究基于在上海和广东 S 区调研枢纽型社会组织的一手资料，采用比较案例分析法，考察党和政府的改革措施，如何推动枢纽型社会组织创新社会治理。研究发现，改革后枢纽型社会组织一方面继续获得党和政府的资源支持，另一方面运用市场和网络的协调机制来动员社会资源支持社会组织和企业的发展，配合党和政府实现政策目标，进行行业自我监管。枢纽型社会组织通过参与地方治理化解社会风险，改善营商环境，就社会、环境等议题开展公众教育，向决策机关提供政策建议，成为全过程人民民主制度的重要载体和渠道。

关键词：枢纽型社会组织　市场机制　网络/社群机制　社会治理　全过程人民民主

引言

近年来，越来越多的研究关注到社会组织，特别是枢纽型社会组织，在推进国家治理现代化、政府职能转变、有序高效的民主参与、化解基层社会矛盾等方面发挥的重要作用（杨莹，2016；康晓强，2018；谭伟，2022）。枢纽型社会组织是一种支持型社会组织，扮演着中介的角色，一方面实现资助

* 李薇，华中科技大学公共管理学院副教授。

者的目标，同时为成员或服务对象提供资助（Carroll，1992）。枢纽型社会组织不仅为成员组织争取资源和提升社会影响力，还发挥着规范行业发展的自我监管作用（Pfeffer and Salancik，2003；Friedman and Philips，2004）。这一作用国内有关枢纽型社会组织的研究较少提及。

在我国，“枢纽型社会组织”一词最早出现在2008年北京市委、市政府发布的文件中，旨在配合政社分开的改革。按照法律法规规定，由政府行政部门授权，承担社会组织业务主管单位的职责，这些组织包括人民团体、学会、联合会、行业协会、社会组织服务中心等（李璐，2012）。一些枢纽型社会组织（如北京商业联合会）的成员还包括企事业单位。

上海市普陀区委于2006年提出加强对民间组织的枢纽式管理，“既要把党和政府的声音和工作要求传递到区域内民间组织，还要把这些民间组织的需求、意见和建议向党和政府部门反馈”。

广东省社工委2012年提出各级党委、政府要在政策、资金上为工、青、妇等人民团体发挥枢纽作用提供必要支持，组建联合型、服务型、项目型等枢纽型社会组织，增强党和政府对社会组织的领导和带动作用，加强与相关社会组织的联系与合作。

《民政部关于大力培育发展社区社会组织的意见》则提出要鼓励在街道（乡镇）成立社区社会组织联合会、社区社会组织服务中心等枢纽型社会组织，发挥管理服务协调作用，规范社区社会组织行为，提供资源支持、承接项目、代管资金、人员培训等服务。

目前关于枢纽型社会组织的研究多为单一案例或单一类型的研究（刘洋，2017；顾丽梅、戚云龙，2021）。较少对改革前后枢纽型社会组织与党政部门的关系及其运作机制进行对比分析。本研究基于在上海和广东S区调研枢纽型社会组织的一手资料，采用比较案例分析法，考察党和政府的改革措施（包括群团组织转型、行业协会商会与政府行政机关脱钩、党建引领社会组织的培育与发展、政府采购社会组织服务等），推动枢纽型社会组织创新社会治理的路径。

一、枢纽型社会组织参与社会治理的路径

随着政府鼓励公益慈善类、城乡社区服务类、行业协会商会类和科技类社会组织的发展、群团组织改革，以及行业协会商会与行政机关脱钩改革的推进，枢纽型社会组织协助党和政府间接管理和引导社会组织有序发展的社会治理功能愈加得到重视（乔东平、高克祥，2015）。

枢纽型社会组织参与社会治理的路径多元。有的发挥着政府和社会组织之间资源流通和转换的中介作用，寻找社会民众、社会组织和政府部门的利益共同点（王川兰、陈艳诗，2021）。有的由政府扶持成立，又被政府赋权增能，常采取一种韦伯式科层的协调机制去联系社会组织（刘耀东，2020）。有的社区枢纽型社会组织采用市场竞争和网络合作机制，通过培育、孵化社会组织和社会企业，联合小微企业资源，利用商业反哺公益，建立社区虚拟共同体（刘妮娜，2023）。

枢纽型社会组织参与社会治理的路径与其成立背景、资金来源有着密切的关系。资源依赖理论认为，所有组织都在关键资源上与其他组织彼此依赖，为了增加自主性（autonomy）与合法性（legitimacy），适应环境变化，会调整与其他组织的关系，如董事会成员互兼、成立合资公司、内包、并购等（Drees and Heugens，2013）。Provan（1983）认为，若中介组织对外部某一组织的资源依赖程度较高，那么其管理自主权就会较低，并采用科层机制来要求成员实现该组织的目标。在法团主义的视角下，当中介组织对政府部门人事任命、财务拨款、项目管理等方面高度依赖时，就会缺乏自主开拓服务的积极性，以行政科层制的逻辑，将会员视为下属部门（范明林，2010）。

本研究将“资源依赖”细分为“财务资源依赖”和“组织依赖”。“组织依赖”是指一个组织的内部战略、行动者的态度、结构、技术、物理安排等对其他组织的依赖（Fligstein，1991），可以独立于财务资源依赖。即枢纽型社会组织与其支持者在组织上关系密切，并不意味着一定获得后者高额资金支持。前者可能获得后者的非财务资源（如免费使用场地和设施），这些支持对枢纽型社会组织的发展也很重要。

枢纽型社会组织参与社会治理的路径受制于以往与党政部门、会员等主体间的关系。根据组织间合作理论，影响不同主体间合作的因素包括先前关系和权力动态、正式和非正式规则、态度和观念，以及组织主体之间的相互依赖性及对共同目标的认同（Mandell and Steelman，2003）。

枢纽型社会组织参与社会治理的路径与组织环境有关。根据权变理论，影响组织的环境变量可分为一般环境变量和特定环境变量，后者会直接而显著地影响组织，而前者则为组织系统提供了一个背景（context）。特定环境变量包括客户、供应商（包括劳动力）、竞争者、科技和社会政治因素。一般环境变量（背景因素）包括文化、社会、科技、教育、法律、政治、经济、生态和人口（Luthans and Stewart，1977）。

理论上，枢纽型社会组织采用基于不同机制的管理策略，来协调与政府和会员组织之间的关系。

第一，基于科层或威权（authority）机制的管理策略。这一策略能保证常规性工作效率较高，但较难胜任创新性和不确定性的工作（Adler，2001）。

第二，基于市场或价格机制的管理策略，利用财务激励、竞争和保护私人产权来促进有效和高效的服务供给，但不利于扩大公共物品的分配（Adler，2001；Klingner 等，2001）。

第三，基于社群或网络机制的管理策略，指的是组织间建立起互信关系，寻求共同的目标和共识，以促进信息、知识和资源的交换及联合生产（Klijn and Edelenbos，2007）。

为保持自主性、合法性，获取所需资源，枢纽型社会组织往往整合科层、市场、社群/网络机制。经济学家 Oliver E. Williamson 称之为混合治理模式（hybrid governance mode），综合发挥市场机制的激励作用以及科层机制的控制作用，促使组织适应外部环境的变化。

基于以上讨论，改革推动枢纽型社会组织创新社会治理的路径有以下几种。

路径1：当枢纽型社会组织对某党政部门[①]有高度的财务资源依赖和组织依赖时，该组织可能采用基于科层机制的管理策略来协调党政部门的期望与会员（或服务对象）的期望。

路径2：当枢纽型社会组织对某党政部门具有较低程度的财务依赖和较高程度的组织依赖时，该组织可能采用基于科层和网络/社群机制的混合管理战略来协调该党政部门与会员（或服务对象）的期望。

路径2中的枢纽型社会组织由于无法从单一党政部门获得所需的财务资源，不得不通过建立声誉和基于信任的网络/社群机制，来获得其他党政部门或社会的资源。由于对单一党政部门有较高程度的组织依赖，该组织可能受制于科层式行政监督，较少通过市场机制获得外部资源。

路径3：当枢纽型社会组织对某政党部门具有较高程度的财务依赖和较低程度的组织依赖时，该组织可能采用基于科层、市场和网络/社群机制的混合管理策略来协调该党政部门与会员（或服务对象）的期望。

路径3中，当枢纽型社会组织高度依赖某党政部门的资金资源，即使其与后者没有上、下级关系，也会非常重视前者的期望。但同时，当该组织提供的服务能与党政部门形成共生性依赖关系的时候，后者也会采用平等协商而非科层式的方式来寻求前者的帮助。此时，枢纽型社会组织也可能采用市场和社群/网络机制来协调党政部门的目标与会员（或服务对象）的需求。

路径4：当枢纽型社会组织对某党政部门具有较低程度的财务依赖和较低程度的组织依赖时，该组织可能采用混合市场和社群机制的管理策略来协调该党政部门与会员（或服务对象）的期望。

此类枢纽型社会组织更多地依靠社会化资源来服务会员或支持者。

二、研究方法和数据来源

本研究采用多案例比较法，基于2014年至2023年对广东S区和上海的

① 在我们的样本中，该党政部门通常为枢纽型社会组织的业务主管单位，但一些新成立的支持型社会组织，该党政部门通常是采购其服务的购买方。

枢纽型社会组织及其会员或服务对象的半结构式访谈、档案资料等。这些枢纽型社会组织包括群团组织或其扶持成立的联合类社团和社会组织服务中心、政府部门扶持成立的有公募资格的慈善组织、社会人士发起成立的社会组织孵化器等。

半结构式访谈问卷获取的信息包括：①党政部门提供给枢纽型社会组织的资金资助比例和资助模式；②党政部门是否参与枢纽型社会组织的日常管理；③党政部门对枢纽型社会组织的工作要求；④枢纽型社会组织与会员或服务对象联络的频率及为后者提供的服务内容；⑤枢纽型社会组织采用什么样的管理策略来发挥中介功能。

三、改革促进枢纽型社会组织的会员获得更多社会资源

改革前，一些枢纽型社会组织的会员是由基层政府资助的分支机构，科层化管理模式限制了分支机构调动社会资源的能力。改革后，这类枢纽型社会组织及其分支机构对政府的组织依赖减少了，拓展了后者获取社会资源的渠道。

案例：

由共青团在广东S区成立的区义工联，原本在10个街镇设立了义工代表处，每处设有1名义工专干。由于义工联和代表处主要依靠团委和街镇政府的资金和场地支持，因此在财务和组织上高度依赖后者，义工代表处开展活动所需的开支需要街镇团委审批。改革后，义工代表处注册成为社团，有了独立的法人、资金账户，吸纳社会人士加入理事会并担任会长，获得区团委、街道、社会组织、企业的资金支持，举办更多的活动。区义工联负责人认为，改革提升了街镇义工团队的能动性："现在变成他们有什么活动，什么服务，报备给我们就好了，不用报批。我们和他们的关系就变成了一个指导的关系，不再是主管的关系。"（访谈YGL工作人员）

一位该区某街道的义工专干确认，代表处注册为社团后，通过承接各类主体的购买服务，获得了更多的资金支持。不过，由于街镇义工联的业务主管单位为街道团委，区义工联作为区团委扶持的枢纽型社会组织，其发布的

文件仍然是街镇义工联“必须要执行的”（访谈DLG工作人员）。

此案例验证了改革促成了路径1向路径3的转化：当改革赋予了枢纽型社会组织的会员市场独立主体的身份，会员对街道政府的组织依赖降低了，从而弱化了（但不是完全取消）前者基于科层的协调机制，强化了基于市场和网络/社群的协调机制。

四、改革促进枢纽型社会组织实现政策目标

改革前，有些枢纽型社会组织由政府成立，通过政策上的支持，可以获得较多的社会资源，不需要政府太多的财政投入，但该组织的不少业务需要得到政府主管部门的审批（科层机制），降低了运作效率。改革后，这些枢纽型社会组织的日常管理获得了更多的自主性，提升了效率，更好地协助政府落实政策。

案例：

SCS是广东省S区一个拥有公募资格和免税许可的慈善会，改革前就能募集到很多捐赠资金，对业务主管部门的财政依赖程度较低，但SCS每一笔救助款的拨付需要业务主管部门的审批（科层机制），流程漫长。同时，街镇的慈善会是SCS的分支机构。改革后，50万元以下的救助款可以由SCS自主审批拨付，其街镇分支机构也注册为社团法人，成为SCS的会员。为了提高街镇慈善会的运作效率，SCS推动部分街镇慈善会获得为捐赠人开免税捐赠票据的资格，这些措施使这些街镇慈善会更高效地募集社会资源，而不必再委托SCS来接收和管理捐款。

改革后，SCS仍然与街镇慈善会保持合作关系，共同执行政府业务主管部门的救助政策。SCS工作人员认为该组织“是在政府指导下的，在社会领域中成立的一个组织”（访谈），目的是服务好困难群众。为了实现这个公共政策目标，SCS不仅要求街镇和村、社区的慈善会寻找符合政策的受助对象，也要求后者拿出其捐赠资源，与SCS的捐助款按比例用于救助，以防止滥用SCS的救助款。

此案例验证了改革促成了路径2向路径3的转化。与预想的不同，SCS

主动支持自己的分支机构注册为慈善会，获得独立自主地管理慈善资源的能力，使得SCS与部分会员的关系从科层式的分支机构关系转为社群/网络式的合作关系。但过往的科层关系使SCS与会员之间保持信任关系，后者愿意配合执行SCS的救助政策。

五、改革促进枢纽型社会组织参与地方治理

一些枢纽型社会组织的成立本身就是改革创新举措。该类组织在人事、财务报销等日常管理上，相对于政府业务主管部门有较高的自主性。政府以单一来源采购的方式购买该类组织的服务，既保证了其资金来源稳定，又保持了其管理上的自主性。这类组织作为联系党和政府与社会组织的桥梁纽带，通过网络/社群机制为会员反映诉求、促进会员之间的交流合作、维护会员的权利，成为社会组织参与地方治理的重要渠道，是实践全过程人民民主的一个路径。

案例：

上海J区的社会组织联合会（JSL），其服务对象为J区1000多家社会组织，其中400多家为自愿加入的会员。JSL的所有收入来自政府业务主管部门的单一来源采购资金，并不向会员收取会费，所有的会员服务也是免费的。这些服务包括党建指导、调查研究、指导咨询、业务培训、交流合作、反映诉求、协调服务、维护权利、宣传联络。

JSL的负责人认为该组织与政府业务主管部门的关系是“平等伙伴关系”（网络/社群机制），双方通过协商来合作。而JSL与会员的关系则是“服务与被服务”（市场机制）的关系，而不是用政府权力去“管”会员。

JSL以各种方式和渠道向政府建言献策，为会员争取政府和社会资源的支持。JSL向区委、区政府提交专报，与区党政部门建立双向沟通制度；又梳理政协委员提案，将其中社会组织可以做的事情，变为公益服务项目。JSL是区党代会、人大、政协会议的两代表一委员人选的推荐单位之一。J区社会组织中的两代表一委员有20多个，每年区两会召开之前，JSL召集这些代表委员，收集建议，统一反映给相关部门，不少建议被政府采纳后，增加了对社会组织服务的需求。

此案例验证了路径3：当枢纽型社会组织对某政党部门具有较高程度的财务依赖和较低程度的组织依赖时，该组织采用基于市场、网络/社群机制的管理策略来协调该党政部门与会员（或服务对象）的期望。

虽然JSL的资金来源高度依赖其业务主管部门，但采购关系使得JSL在组织上相对于后者有较高的自主性。JSL通过动员社会组织的力量，化解了不少房屋拆迁（如上访户问题）、疫情防控（如被隔离对象的生活和负面情绪问题）、少数民族社会融入（如不同民族居民间因琐事产生争执）等社会风险，促进了经济发展与社会和谐，因此该区的党政部门也较为依赖JSL提供的服务，两者形成了共生性依赖关系。

六、改革促进枢纽型社会组织参与行业监管

对于枢纽型社会组织，政府职能部门支持其成立行业协会，改革旨在将两者在人、财、物上脱钩。改革使得这类组织更多地依靠服务好会员，以市场机制增加收入，并继续发挥改革前的行业监管职能。改革也鼓励新兴居民自治组织的成立，引导其参与行业监管治理。

案例一：

GJL是上海的一家联合型社团，有400多个会员，绝大部分为协会和企业。GJL正式注册于20世纪90年代初，其业务主管单位为市政府的一个职能部门。GJL成立初期就建立了党组织，并承担了行业指导和管理的职能。在GJL与政府部门脱钩后，其收入的83%依靠会员会费，来自政府的竞争性采购仅占13%左右（2022年）。因此，改革后GJL的重点工作就是通过举办各种活动，如沙龙和展会（网络和市场机制），服务好现有会员，并拓展新兴行业的会员。虽然GJL与业务主管部门仍然保持每月一次左右的联系频率，但不如与会员的联系频繁。“现在跟xxx（业务主管部门）的关系其实就是一种指导。最多它对你有一些行业规范的要求，其他的都不给你指导。不像过去跟政府在一起的时候（改革前）①，它会经常找你们开会。它们不

① 括号内的文字为作者添加，下同。

会找我们开会的，除了党组织（的会）。”（访谈 GJL 工作人员）

GJL 改革后仍然保留了行业监管的职能。“我们这是历史遗留下来，也不是政府规定，我们一定要去指导行业协会。……我们形成了这么一个运作机制了。很多协会都觉得，加入你们的行业协会他会得到很多支持，所以才加入。”

案例二：

YZD 是广东 S 区的一家业主代表协会，成立于 2013 年。其成员为该小区的业委会成员及业主。协会的成立得到了政府的支持，但来自政府的资助却很少，仅有一位政府兼职工作人员，偶尔获得来自政府拨付的宣传工作项目经费。YZD 主要依靠热心又有经验的业主的志愿服务，如提供免费的法律咨询和组织业委会沙龙，促进业委会之间的交流，并争取政府的支持。据一位小区业委会主任及 YZD 理事介绍，其所在业委会与协会联合起来去帮助没有成立业委会的小区，帮助他们去化解小区治理中的矛盾纠纷，解决问题。同时，业委会也通过协会的牵线搭桥，申请政府职能部门的项目资金，在业委会成员和业主中开展法律法规的宣传活动。

案例一验证了路径 1 向路径 4 的转化：GJL 有较长的时间在财政和组织上较为依赖政府主管部门；改革后，GJL 有更大的自主性，但也面临较大的生存压力，因而有更大的动力以市场和网络/社群机制来服务好会员，并将改革前的行业监管职能，转化为特色服务。

案例二验证了路径 4：YZD 的成立虽然得到政府的扶持，但运作中更多依赖自身的资源，通过网络/社群的机制来服务会员。改革为 YZD 的会员提供了链接政府资源的契机，并以市场机制（购买服务）与政府开展合作，参与协助和监管居民社区自我治理的工作。

结论

本研究发现，改革后枢纽型社会组织一方面继续获得党和政府的资源支持，另一方面运用市场和网络的协调机制来动员社会资源支持社会组织和企业的发展，配合党和政府实现政策目标，进行行业自我监管。枢纽型社会组织积极为行业发声，通过参与地方治理化解社会风险，改善营商环境。枢纽型社会组织就社会、环境等议题开展公众教育，向决策机关提供政策建议，成为全过程人民民主制度的重要载体和渠道。

与过往研究的观点（彭善民，2012；刘妮娜，2023）不同，本研究认为，党和政府对枢纽型社会组织的资源支持并不一定会限制后者创新社会治理。通过政府采购的方式购买枢纽型社会组织服务，有利于后者采用基于市场、网络/社群机制的管理策略，来与政府采购方保持密切而自主的合作关系。

参考文献：

Adler, Paul S. 2001. "Market, Hierarchy, and Trust: The Knowledge Economy and the Future of Capitalism." *Organization Science*, 12 (2).

Carroll, T. F. 1992. Intermediary NGOs-the Supporting Link in Grassroots Development. *Konn Kumarian Press*.

Drees, Johannes M. and Pursey P. M. A. R Heugens. 2013. "Synthesizing and Extending Resource Dependence Theory: A Meta-Analysis." *Journal of Management*, 39 (6).

范明林，2010，《非政府组织与政府的互动关系——基于法团主义和市民社会视角的比较个案研究》，《社会学研究》第3期。

Fligstein, N. 1991. The Structural Transformation of American Industry: An Institutional Account of the Causes of Diversification in the Largest Firm. In W. W. Powell, & P. J. Dimaggio (Eds.) The New Institutionalism in Organizational Analysis. *University of Chicago Press*.

Friedman, A. and M. Philips. 2004. "Balancing Strategy and Accountability: A model for the governance of professional association." *Nonprofit Management & Leadership*, 15 (2).

顾丽梅、戚云龙，2021，《资源依赖视角下枢纽型社会组织的发展逻辑探析——以M市社会组织总会为例》，《浙江学刊》第3期。

康晓强，2018，《国家治理视野下群团组织转型的困境与出路——以改革开放

40年来的中国共青团为例》,《中共中央党校学报》第3期。

Klinger, D. E., Nalbandian, J. and B. S. Romzek. 2001. Politics, Administration, and Markets: Conflicting Expectations and Accountability. *American Review of Public Administration*, 32 (2).

Klijn, E. H., and J. Edelenbos. 2007. Meta-governance as network management. In E. Srensen and J. Torfing (Eds.) *Theories of democratic network governance.* Palgrave Macmillian.

李璐, 2012,《分类负责模式:社会组织管理体制的创新探索——以北京市"枢纽型"社会组织管理为例》,《北京社会科学》第3期。

刘妮娜, 2023,《依赖与自主:枢纽型社会组织的创新实践与逻辑建构——以北京市C区社会组织发展服务中心为例》,《华北电力大学学报(社会科学版)》第3期。

刘洋, 2017,《共青团枢纽型社会组织发展探寻》,《中国青年社会科学》第3期。

刘耀东, 2020,《中国枢纽型社会组织发展的理性逻辑、风险题域与应对策略——基于共生理论的视角》,《行政论坛》第1期。

Luthans, Fred and Todd I. Stewart. 1977. "A General Contingency Theory of Management." *The Academy of Management Review*, 2 (2).

Mandell, M. and Steelman, T. 2003. "Understanding what can be accomplished through inter-organizational innovations: The importance of typologies, context and management strategies." *Public Management Review*, 5 (2).

彭善民, 2012,《枢纽型社会组织建设与社会自主管理创新》,《江苏行政学院学报》第1期。

Pfeffer, J. and R. S. Gerald. 2003. *The External Control of Organizations: A Resource Dependence Perspective.* Standford, California: Standford University Press.

Provan, K. G. 1983. "The Federation as an inter-organizational linkage network." *Academy of Management Review*, 8 (1).

乔东平、高克祥等, 2015,《政府与社会组织的合作:模式、机制和策略》,

华夏出版社。
谭伟，2022，《社会组织参与民族地区社会治理的风险与化解——国家治理现代化的视角》，《四川行政学院学报》第6期。
王川兰、陈艳诗，2021，《政社关系转型背景下的枢纽型治理及其治理结构创新——以上海市J区为例的单案例研究》，《上海行政学院学报》第5期。
Williamson, Oliver E. 1996. *The Mechanisms of Governance*. Oxford University Press.
杨莹，2016，《社会组织助推国家治理现代化探讨》，《宏观经济管理》第10期。
Yin, R. 2018. Case Study Research and Applications: Design and Methods (6th ed.) COSMOS Corporation.
张起帆、彭善民，2021，《基层枢纽型社会组织与社区协同治理》，《都市文化研究》第1期。

《信访与治理研究》刊物

约 稿 函

《信访与治理研究》刊物是全国唯一公开发行的信访理论刊物，是原《信访与社会矛盾问题研究》刊物（2010 年，时任北京市信访办副主任、北京市信访矛盾分析研究中心创办人张宗林同志主持创办本刊）的改版和升级，本刊的公开发行填补了相关研究领域的空白。《信访与治理研究》刊物设于中国政法大学（“全国信访高等教育联盟”发起单位，全国首个信访博士、博士后培养方向培养单位，“信访大数据实验室”建设单位）。刊物由中国政法大学地方治理与危机管理研究中心主编，期刊编委由中国政法大学、北京大学、清华大学、中国人民大学、北京师范大学等高校研究院所的知名专家学者担任。刊物协作单位包括清华大学中国社会风险评估研究中心、北京大学社会治理研究中心、北京师范大学法学院、中山大学地方治理与公共政策研究中心、武汉大学法律与科技研究中心、西南政法大学中国信访与法治中国研究中心、中南财经政法大学中国信访与社会稳定研究中心、华东政法大学信访制度比较研究中心、西北政法大学中国信访与地方法治政府研究中心等。

本刊主要栏目包括专家观点、理论视野、信访观察、学术前沿、社会调查与案例分析等。

现特向您征集信访与治理相关研究领域的稿件。

一、征稿要求

论文字数以 10000 字为宜，最多不超过 20000 字。

本刊不接受已经发表的论文和一稿多投的论文。依国际惯例，曾在国内外会议做主题发言的论文，视为未曾发表的论文，欢迎投稿。

欢迎相关领域的研究机构及时提供研究活动的消息动态，字数限制在 500 字以内。

本刊编辑部收到稿件后，恕不退稿，请作者自留备份。

二、论文体例

来稿应包括标题、摘要、关键词、正文、注释及参考文献等。

（一）封面（首页）：

封面需注明论文题目和所有作者的姓名、工作单位、职称、联系方式（包括移动电话和电子邮箱）。

（二）摘要和关键词（并附英文摘要和关键词）：

1. 摘要200—300字，要体现出以下几点：

写作目的（必写）

研究设计/研究方法/路径（必写）

发现（必写）

研究的局限性/启示（可写）

应用性的启示（可写）

社会影响（可写）

独创性/价值（必写）

2. 关键词：请在文题页上提供能够浓缩文章主要议题的5个关键词，我们将尽力在发表的文章中使用作者提交的关键词。但是，所有关键词须得到内部编辑组的批准。为保证一致性，它们有可能被替换为意思相同的其他术语。

（三）脚注/尾注：只在确实必要的地方使用脚注，文章中使用当前页起始编码。

（四）标题以及层级：标题必须简洁明了，并清楚标明层级结构。

（五）参考文献：

参考文献采用"作者—年份制"，具体要求如下：

行文中采取这种体系的标注格式为（作者，年份：页码），示例如下：（周雪光，2004：25）或者（Adams，2006）。其中页码部分视需要确定有无。注意，在行文中，中文作者使用的是全名，而英文作者使用的只是作者的姓，比如（马克思，1962），（Marx，1868）。引用同一作者同一年份的不同文章，可在年份后面加 a、b、c 来加以区别，比如（马克思，1956a）（马克思，1956b）。在同一处引用同一作者不同年份的多部作品，年份之间用逗号隔开，比如（韦伯，1949，1958）。引用多种文献时，不同文献之间用分号隔开，比如（韦伯，1949；马克思，1956）。引用多个中文作者合作的作品时，中文作者名之间用顿号隔开，英文作者名之间用逗号隔开，比如（苏国勋、夏光、张旅平，2005）。采用这种方式时，作品的最后必须附有一个详细的、按照首位作者的姓的首字母排序的参考文献。

例如：

专著：梁漱溟，2006，《乡村建设理论》，上海人民出版社。

（梁漱溟，2006）

Pollan, Michael. 2006. *The Omnivore's Dilemma: A Natural History of Four Meals.* New York: Penguin.

（Pollan, 2006）

Ward, Geoffrey C, and Ken Burns. 2007. *The War: An Intimal History*, 1941-945. New York: Knopf.

（Ward and Burns, 2007）

文集：高丙中，2000，《民间的仪式与国家的在场》，载郭于华主编《仪式与社会变迁》，社会科学文献出版社。

（高丙中，2000）

张静，2000，《“雷格瑞事件”引出的知识论问题》，《清华社会学评论》第 2 辑，鹭江出版社。

（张静，2000）

Kelly, John D. 2010. "Seeing Red: Mao Fetishism, Pax Americana, and the Moral Economy of War" In *Anthropology and Global Counterinsurgency*, edited by John D. Kelly, Beatrice Jauregui, Sean T. Mitchell, and Jeremy Walton, pp. 67-83. Chicago: University of Chicago Press.

（Kelly, 2010）

期刊：张其仔，1999，《社会网与基层经济生活》，《社会学研究》第3期。

（张其仔，1999）

Weinstein, Joshua I. 2009. “The Market in Plato’s Republic.” *Classical Philology* 104：439-458.

（Weinstein，2009）

会议论文：马勇，2012，《王爷纷争：观察义和团战争起源的一个视角》，“政治与精英与近代中国”国际学术研讨会会议论文，杭州。

三、投稿方式

来稿请以Word文档用电子邮件附件的方式发送至本刊邮箱xinfangyanjiu@126.com，并在邮件主题中注明“投稿”。收到稿件后，编辑部将提交编委会审阅，如通过审核，我们将第一时间回复用稿通知。

四、联系方式

联系人：王凯　杨丽

电话：010－68719236

通信地址：北京市海淀区西三环北路27号北科大厦西区410

邮政编码：100089

因地址变更给您带来的不便敬请谅解，如有疑问，敬请致电。

《信访与治理研究》编辑部

中国民主法制出版社

全国唯一公开发行信访理论刊物
《信访与治理研究》
公开征订

为深入贯彻落实党的二十大精神，深入贯彻落实习近平总书记关于加强和改进人民信访工作重要思想，持续推进信访与治理领域前沿理论与实践议题的研究，积极打造新时代信访理论研究者与实务工作者沟通交流的前沿理论阵地，2022 年，《信访与社会矛盾问题研究》刊物正式改版为《信访与治理研究》刊物。

作为全国唯一一份公开发行的信访理论期刊，《信访与治理研究》刊物（原《信访与社会矛盾问题研究》刊物）填补信访与治理领域的研究空白，是信访研究领域的重要创新。《信访与治理研究》刊物设于“全国信访高等教育联盟”发起单位，全国首个信访博士、博士后培养方向培养单位，“信访大数据实验室”建设单位——中国政法大学。刊物由中国政法大学地方治理与危机管理研究中心主编，期刊编委由中国政法大学、北京大学、清华大学、中国人民大学、北京师范大学等高校研究院所的知名专家学者担任。刊物的协作单位包括清华大学中国社会风险评估研究中心、北京大学社会治理研究中心、北京师范大学法学院、中山大学地方治理与公共政策研究中心、武汉大学法律与科技研究中心、西南政法大学中国信访与法治中国研究中心、中南财经政法大学中国信访与社会稳定研究中心、华东政法大学信访制度比较研究中心、西北政法大学中国信访与地方法治政府研究中心等。

本刊为季刊（2022 年度改版阶段为半年刊），主要栏目包括专家观点、理论视野、信访观察、学术前沿、社会调查与案例分析等，力求突出理论创新性、前瞻性和问题导向性。刊物坚持理论联系实际，从信访视角探究当代中国国家治理、政府治理和社会治理领域的前沿议题。刊物运用多元学科的视角，把握前瞻学术动态、总结深层实践规律，致力于构建信访理论研究者和实务工作者的交流平台，积极推动新时期信访与治理领域研究的深入，为推进新时期信访工作的创新完善提供支持。

现向广大读者公开征订《信访与治理研究》刊物，每辑定价60元。期待您的关注和支持！

订购回执

<table>
<tr><td>订购单位</td><td></td><td>邮政编码</td><td colspan="2"></td></tr>
<tr><td rowspan="2">详细地址</td><td rowspan="2"></td><td>联系人</td><td colspan="2"></td></tr>
<tr><td>电　话</td><td colspan="2"></td></tr>
<tr><td colspan="2">刊　名</td><td>定价</td><td>订数</td><td>金额小计</td></tr>
<tr><td colspan="2">《信访与治理研究》 2022 年全 2 辑</td><td>120.00 元
（全 2 辑）</td><td></td><td></td></tr>
<tr><td colspan="2">《信访与治理研究》 2023 年全 2 辑</td><td>120.00 元
（全 2 辑）</td><td></td><td></td></tr>
<tr><td colspan="2">《信访与治理研究》 2024 年全 2 辑</td><td>120.00 元
（全 2 辑）</td><td></td><td></td></tr>
<tr><td>合计金额</td><td colspan="4">万　　仟　　佰　　拾元</td></tr>
<tr><td colspan="5">备注：此款已通过□邮局 □银行于　　年　　月　　日汇出
汇票号码为：
发票抬头：
纳税人识别号（选填）：
电子发票邮寄邮箱：
是否开具正式发票：□是 □否
发票项目：□图书 □具体书名
发票类型：□电子发票（推荐）□纸质发票</td></tr>
</table>

订购须知：

1. 汇款时请务必注明“汇款单位名称＋信访书款”，以个人名义汇款的，无法开具对公发票；

2. 请务必将本订购回执传真至（或电子版发至）《信访与治理研究》编辑部，作为订刊凭证。

联系人：王凯　杨丽

电话：010－68719236　　传真：010－68719236

汇款信息（请务必注明“汇款单位名称＋信访书款”）：

☆ 银行汇款：

收款人（户名）：中国民主法制出版社有限公司

开户行：中国工商银行股份有限公司北京玉林支行

账号：0200226019200047445